宮台真司　おおたとしまさ

子どもを森へ帰せ

「森のようちえん」だけが、
AIに置き換えられない人間を育てる

集英社

子どもを森へ帰せ

「森のようちえん」だけが、ＡＩに置き換えられない人間を育てる

装丁　トサカデザイン（戸倉 巌、小酒保子）
本文組版　マーリンクレイン

はじめに　迷子になった現代人のための道しるべ

おおたとしまさ

なぜ「森のようちえん」が地球や人類を救うのか――。社会学はもちろん、哲学、人類学、心理学、生物学、経済学、政治学、宇宙物理学、そして宗教まで、古今東西の人類の叡智を総動員した「宮台社会学」が明らかにしていきます。

逆にいえば本書は、森のようちえんという入口から、壮大な宮台社会学の世界を旅するためのガイドブックです。メーテルリンクの『青い鳥』の主人公、チルチルとミチルのように、大冒険してもらいます。

宮台さんの足が速すぎて、「おいおい、ちょっと待ってくれよ」と思う部分もあるかもしれませんし、迷子の気分を味わうこともあるかもしれませんが、宮台さんが使うちょっと難しめの言葉には、いちいち注釈を付けました。注釈だけでゆうに2万字を超えました。

旅を終える頃には、「私たちは、どこから来て、どこへ行くのか」が見えてくるはずです。

いま「森のようちえん」という幼児教育のスタイルが注目されています。いわゆる野外保育のことです。「青空保育」などといって、日本では昭和の時代からなじみがありました。

要するに、自然の中に子どもたちを放牧するわけです。お絵かきしましょうとかお遊戯しましょうとか、大人の指示に従うのではなく、自然環境に誘われるままに子どもたちが自由に動き回ります。保育者は、子どもの目が輝く瞬間を見逃さず、学びをドライブするための必要最小限のかかわりをします。すごく大雑把にいわせてもらえれば、モンテッソーリ教育とシュタイナー教育とボーイスカウト教育のおいしいところを合わせたような教育です。さらには、日本の里山の環境が非常にいい仕事をしています。

本書は、教育ジャーナリストとして全国の「森のようちえん」を取材して『ルポ　森のようちえん』（集英社新書）をまとめた私（おおたとしまさ）と、社会学者の宮台真司さんの対談形式で始まります。第2章、第3章では、森のようちえんの実践者たちも対話に加わります。『ルポ　森のようちえん』を読んだ宮台さんが「これ、すごい本だよ！」と著者自身も気づいていなかった意味を指摘してくれたことが本書のきっかけでした。

いま世界では、気候変動、戦争、民主主義の機能不全……と、さまざまな次元での課題が山積みです。その一つひとつをトラブルシューティングしていたらキリがありません。

また、コンピューターやインターネットに加え、ウエアラブル端末やＡＩ（人工知能）が日常生活に実装され始めています。これらの技術は世の中の発展を良いほうにも悪いほうにも加速させます。

そんな状況でこそ森のようちえんが注目される必然を、壮大なスケールで解説します。

私はネイティブ・アメリカンの世界観が大好きです。本書の導入として、エスキモーの伝説を紹介させてもらいます。

はじまりのとき、
人間と動物のあいだには、
ちがいはなかった。
その頃はあらゆる生き物が地上に生活していた。
人間は動物に変身したいと思えばできたし、
動物が人間になることもむずかしくはなかった。
たいしたちがいはなかったのだ。
生き物は、ときには動物であったし、
ときには人間であった。
みんなが同じことばを話していた。
その頃は、ことばは魔術であり、
霊は神秘な力を持っていた。
でまかせに発せられたことばが
霊妙な結果を生むことさえあった。
ことばはたちまちにして生命を得て、

願いを実現するのだった。
願いをことばにするだけでよかったのだ。
しかし、説明したらだめになる。
昔は万事がそんな風だった。

（ミッシェル・ピクマル編、中沢新一訳『インディアンの言葉』より）

本書を書き終えたとき、宮台さんは「森羅万象を書き込みました」と満足げに語ってくれました。本書を読み終えたとき、この詩《うた》のクオリアが深く深く理解できるはずです。

目次

第2章 「森のようちえん」実践者との対話 vol.1

第3章 「森のようちえん」実践者との対話 vol.2 宮台真司×おおたとしまさ×関山隆一 in 横浜 353

第１章

なぜいま「森のようちえん」なのか?

宮台真司
×
おおたとしまさ
in
下北沢

（2022年1月10日、下北沢・本屋B&Bにて収録）

「森のようちえん」とは何か

おおた　みなさん、こんばんは。今日は拙著『ルポ　森のようちえん』（集英社、２０２１年）の出版を記念して、「日本の劣化を止める」という壮大なテーマで社会学者の宮台真司さんとお話をさせていただきます。宮台さんのファンであれば「日本の劣化を止める」というトークイベントのタイトルだけでなんとなく文脈が想像できるのではないかと思うのですが、そうでない方もいると思うので、最初に少し説明が必要かなと思っています。

宮台　はい、よろしくお願いします。

おおた　簡単に自己紹介させていただきます。この、木のぬくもりが感じられるネームプレートは、昨年秋に奈良で「森のようちえん全国交流フォーラム」というイベントがあって、それに参加をしたときに、森のようちえんの方々につくっていただいたものです。今日、ご覧になっている関係者の方もいらっしゃるかなと思いまして、感謝の気持ちも込めて持ってきました。

宮台　それはどういうフォーラムなんですか？

おおた　全国の森のようちえんの実践者たちが集まる勉強会です。お互いにどんなことをやっているのかの情報共有などを、毎年1回、秋に実施していて。もう十何回実施されているイベントですね。２００５年に始まって、このイベントの仲間たちが現在、森のようちえん全国ネットワーク連盟*という組織を運営していて、それが今の森のようちえん活動の中心になっています。

私自身は、フリーの教育ジャーナリストとして、教育の現場を取材しています。教育学の研究者でもないですし、どこかの学校のカリスマ教師だったわけでもなく、イチ保護者とほとんど同じような立場から教育の現場を取材して、雑誌の記事にしたり、本に書いたりしています。中には「中学受験の人でしょ」みたいに思っている方もいらっしゃるんじゃないかなと思うんですけれども（笑）、必ずしも中学受験のことばかりを書いているわけではなくて、幼児教育のこととか、大学受験のことも幅広くやっている。子育ての全般について書いている中で、今回はこの「森のようちえん」に焦点を当てました。

簡単に言うと、教育の現場を取材している中で、教育の「核」の部分、本質的な部分が、この森のようちえんの中にありそうな直感がすごくしたものですから。しっか

森のようちえん全国ネットワーク連盟
森のようちえんの実践者たちをつなぐＮＰＯ。２００５年に第１回森のようちえん全国交流フォーラムが行われ、２００８年に任意団体に。２０１７年にＮＰＯ化。広く一般市民を対象として、森のようちえんの諸活動を通して、子どもの権利の保障・自然環境の活用・保全を推進し、未来を見据えた持続可能な社会をめざし、子育て、保育、乳児・幼少期の教育に寄与することを目的とする。

りと取材をして一冊にまとめてみようと思って書きました。
そして今日は、なぜ宮台先生が森のようちえんなんだ？　というのが、みなさんの最大の謎かもしれません（笑）。元々のご縁を説明すると、高校の先輩です。で、何度かインタビューをさせていただく機会があって、いろいろ教えてもらっていまして。さらに言えば、最近は宮台さんのゼミにも参加をさせてもらって勉強しています。つまり宮台先生は、文字通り僕にとって先生なんですね。そんな関係があって「新しい本ができたんです～」ってお渡ししたら、「これいいじゃないか」っていうことでですね。

宮台　素晴らしい本ですねえ。うん。

おおた　ありがとうございます。後でご紹介しますけれども、新聞の推薦文も書いていただきました。その推薦文の内容が、今日の話のメインにもなってくるかなと思っています。

宮台　僕も自己紹介しましょうか。僕はおおたさんの中学高校の先輩で、以前、とても貴重なインタビューをしていただいて、「麻布」っていう変な学校を紹介した『麻布という不治の病』（小学館新書）という新書に載せていただいた。それを読めば、僕らの中学高校時代がいかにメチャクチャであったのかが本当によく分かると思います。

おおた　一応言っときますけど、僕と宮台さんではだいぶ世代のギャップがありますけどね（笑）。宮台さんの頃は相当メチャクチャだった。

宮台　中学高校紛争の時代だしね。授業中にラーメンの出前取ってたし、廊下をバイクで走ってたし。

おおた　メチャクチャ度合いが想像を超えていた時代ですね。

宮台　はい。小学校教員の岡崎勝氏と対話した僕の性教育の本（『大人のための「性教育」』『こども性教育』、ともにジャパンマシニスト社）や、書籍化する予定の雑誌『季刊エス』の連載「性愛に踏み出せない女の子のために」を読むと、どうして僕が森のようちえんに関心を持つのかを理解できると思います。

性的劣化の最大のポイントは、「同じ世界」で「一つになる」能力の低下。「共同身体性の欠落」です。デートでも、相手を喜ばせることより、自分をどう見せるかにあくせくします。デートでもそうですが、セックスでも、独りよがりな達成課題にどう近づくかみたいな発想しかできない。

おおた　達成課題。

宮台　うん。今回のデートでは、次のセックスでは、こうするぞみたいな。

おおた　目的設定があるわけですね。

宮台　はい。相手の、例えば表情とか、体温とか、身体の色とか、バイブレーションとか、そういうものに自動的に反応できる力が全然ないんですね。

おおた　なるほど。相手の心や体と共鳴しながら親密さを深めていくのではなくて、あくまでも自分本位な目的を設定していると。そして、相手は、自分の目的を達成するためのパーツでしかないと。

宮台　なぜこんなに劣化したのか。劣化とは、要は「言葉の自動機械、法の奴隷、損得マシン」*になることです。ボットのように借り物の言葉を繰り返し、自ら思考を停止して無批判に法に従属し、ものごとを損得でしか判断できなくなることです。受験偏差値に全然関係ないどころか、高偏差値の男女ほどまずいんです。後でいろんなデ

言葉の自動機械・法の奴隷・損得マシン【宮台用語】
言葉の自動機械とは、本当の意味を理解しないままいわゆるバカの一つ覚え的に借り物の言葉をただくり返すだけの存在。法の奴隷とは、複雑な社会生活を回すために本来便宜上設けられているだけのルールや制度に縛られて思考停止に陥り、自律的な判断力を失った存在。損得マシンとは、自分にとって損か得かという観点でしか物事を判断できない存在。

ータを紹介します。

こういう人たちをどうしようかということで、10年ぐらい前から恋愛ワークショップを始めました。そこで分かったのは、例えば、男は言葉を理解しても踏み出せない。「同じ世界」に入って「一つになる」という言葉のクオリア（体験質）が想像できないからです。想像できないのは、子ども時代にそうした体験がないからです。

それで途中から、誰がそんな子を育てたのだということで、親業ワークショップに変えました。そこで問題になったのは、親がすでに「同じ世界」で「一つになる」という体験を知らないケースが大半だということです。そういうダメな親に抱え込まれていたら子もダメになります。

ダメな親が、子を抱え込まずに、「同じ世界」で「一つになる」能力を持つ子を育てる方法なんてあるのか。あるんですよ。それをお伝えするのが僕のワークショップで、その記録が『ウンコのおじさん』（ジャパンマシニスト社）という本になりました。僕が頭の上にウンコを載せている表紙絵です（笑）。

おおた　はい。読みましたよ。

宮台　この『ウンコのおじさん』の上位互換としておおたさんの今回の『ルポ 森のようちえん』がある。『ウンコのおじさん』より包括的に、つまりより広い文脈の中で、森のようちえんを位置づけておられる。これはもう素晴らしい本だから、多くの人に読んでいただかなきゃいけなくてね。

おおた ありがとうございます。

宮台 おおたさんには中学受験の本もいっぱいあるけど、そんなものを読んでいる暇があったら『ルポ 森のようちえん』を読まなきゃダメだよ。

おおた はい、とは言えないな（笑）。

宮台 でも、読むべき順序としては『ルポ 森のようちえん』が最初なのは、明確だと思うな。

おおた はい。ありがとうございます。今日のイベントには、おそらく、宮台先生を入り口に参加されている方と、森のようちえんを入り口に参加されている方と、両方いらっしゃると思います。宮台先生を入り口にして来ると、「森のようちえんってそもそも何なの？」という話になるでしょうし、森のようちえんを入り口にして来ると、「宮台先生がなんで？」となる。そういうわけで今、入り口についての説明を簡単にさせていただきました。

　次に、どういう視点で今日の話が始まるのか、というところの前提共有として、私から前説的なプレゼンテーションをさせていただきます。『ルポ　森のようちえん』の内容をかいつまんで、ご説明していきたいと思います。

　まず、森のようちえんというのは、要するに自然の中で、子どもたちが思い思いの遊びをしながら過ごすというスタイルの幼児教育です。いわゆる園舎がなくて、とにかく毎日森に繰り出すスタイルの幼稚園が、北欧をはじめ海外では正式な幼稚園として認められていて、まさに「森の幼稚園」というんです。現在の日本の「森のようちえん」はもう少し定義が広くて、園舎は持ちながら、そこから毎日のように森に繰り出していくスタイルをはじめ、いろんなバリエーションがあるんですけれども、とにかく、メインの保育の場所が森の中であるということです。それから、焚火をしましょう、これをしましょう、と大人が先導するのではない。その場に行った子どもたちが思い思いに、いざなわれるままに、遊びを始めるというスタイルの保育でもあります。

　例えばこの写真①は、「じゃあみんなで移動するよ！」と大人が目的地だけを告げて、子どもたちはそれぞれに移動しているところです。子どもたちはそれぞれに自分の目の前の状況を見ながら、自分の身体能力的な限界なども勘案しながら、「じゃあここを通ってみよう」とか、「周りのお友達が先に行っちゃった。じゃあちょっと近道通ってみよう」とか、自分が選ぶルートを自分でスキャニングしながら進んでいます。たぶん、考えてはいないんですよね。「ああ、ここ通ろう」って直感的に思いながら歩いていく。だから、この手前の子なんかは、わざわざこの石のゴツゴツ、岩のゴツゴツしたところを通ってみたりとか。一方で岩がないところを選ぶ子がいたりとかね。そういうところも子どもたちが自分で判断する。というか、判断する以前の……。

写真①

宮台　「岩にアフォードされて」って、僕の言葉では言いますね。

おおた　アフォードされているわけですね。アフォード。「いざなわれる」というのかな。自然に。だから、能動的にでもなく、受動的にでもなく。

宮台　そうですね。

おおた　中動態*的に、って最近は言いますね。そういうスタンスで子どもたちが動いてしまう状況をつくっているわけです。

目的地がどこだか分かっていて、そこに至るいろんなルートがあって、自分の脚力とか気分とか、お友達の様子だとかをすべて無意識に勘案して、瞬時に自分が進むルートが浮かび上がってくるんだと思います。これって、人生を歩むときも同じだと思うんですよね。いちいち頭で考えなくても自分が進むべき道が見えてくる状態。

次に、こちらの写真②は田んぼです。まだ田植えする前の田んぼで遊んでいるわけです。これも一つ、日本の森のようちえんの特徴だと思うんですけれども、日本の里山的な風景も舞台にしちゃうんです。森のようちえんって言いながら、必ずしも緑深い山の中だけではなくて、田畑みたいな場所を舞台にしているところも多いということです。いわば「里山のようちえん」ですね。

そしてこちらの写真③は、大雨です。みんなめちゃめちゃずぶ濡れなんですよ。でも「今日は雨だから室内にしましょう」じゃなくて、「雨だからこそ外に出よう！」みたいな。雨も自然の恵みですからね。その中でできる遊びを始めるわけです。数時間後には子どもたち、ぶるぶる震えてましたけど（笑）。それも含めて体感してみる。これが森のようちえんのスタイルです。

写真④は森のようちえんの関係者がやっている、日野市のプレーパーク*の入り口に

中動態
能動でも受動でもない、動詞の使われ方。古代ギリシャ語やサンスクリット語に見られる。主体が活動の発出点でも帰着点でもなく、主体を包む大きな流れに巻き込まれて動いていることを表す。日本では哲学者・國分功一郎の著書『中動態の世界』などで注目された。

プレーパーク
大人が意図を持って設計・設置した遊具がある従来の公園とは違い、廃材などがあるだけの広場で、子どもを自由に遊ばせる活動。あるいはそういう場所。プレーリーダーと呼ばれる指導員がいることもある。冒険遊び場とも呼ばれ、「日本冒険遊び場づくり協会」のホームページでは全国のプレーパークを検索できる。

写真②

写真③

掲げられている看板です。面白いことが書いてあるので読みますね。

おとなの方へ　「自由に遊ぶ」って？　子どもたちは今、自由に遊んでいますか？「やってみたいこと」に挑戦するのがあそびです。挑戦なので時には失敗したり、ケガをすることもあります。子どもがケガなしで健全に育つことはありえないのです。いっしょに遊ぶと、ケンカもおきます。ケンカできる相手がいて初めて学ぶことができるのです。

遊びに対するスタンスが書かれているわけですね。これ、意外と忘れがちですよね。ともすると、「ふざけないで遊びなさい！」みたいなおかしなことが起こるという（笑）。宮台さんもよく例として挙げられますけど、すべり台を、逆から上ると怒られちゃうとか。えっ、何がい

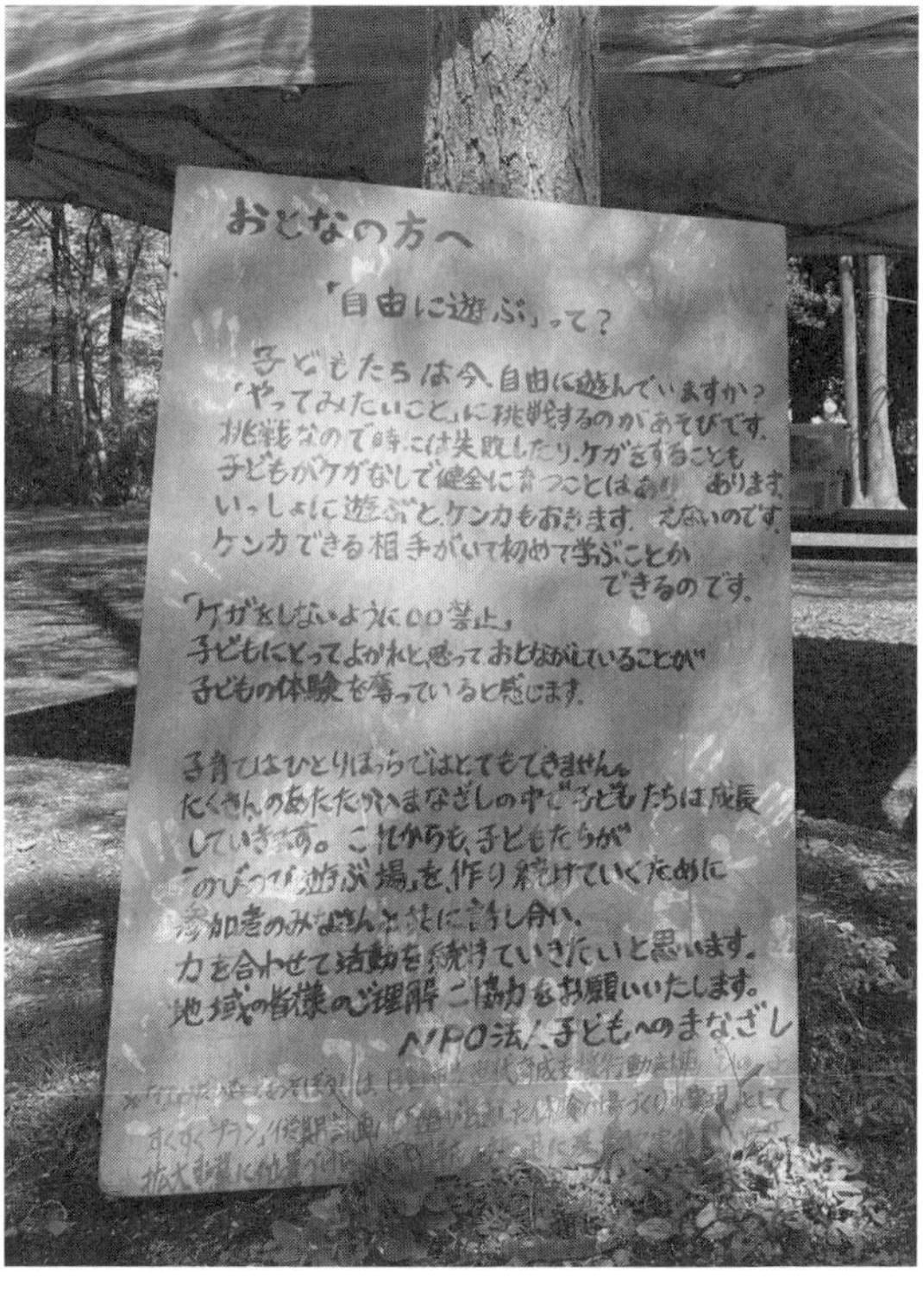

写真④

けないの？　って思うんですが。

宮台　まったくです（笑）。

おおた　階段から上ってスロープを滑り降りるようにつくられてはいますが、逆から上っていったってそれはそれで遊びになります。もし両側から上ってくる子どもたちがいて、上でハチ合わせしちゃったら、そこでどうするかを子どもたちが考えればいいわけです。体を斜めにして譲り合ってすれ違ってもいいし、じゃんけんして勝ったほうが前に進めるというゲームが始まるかもしれない。それこそ生きた学びです。取っ組み合いが始まって落っこちたりしないようにというところだけ、大人がしっかり見ていてあげればいいわけです。

でも、すべり台は階段から上って滑るのが社会のルールだと思っている大人は、ルール違反を咎めてしまう。そういう社会のルールを学ぶことも場面によっては大切ではあるんですが、それではそれ以前の生きた学びの機会を子どもから奪ってしまうことになる。

「過度な社会化」と言われるように、社会に適応させることに過度に大人の意識が向いてしまうと、「ふざけないで遊びなさい」「正しく遊びなさい」みたいな本末転倒なことが起こります。そういうのをやめましょうね、というのがプレーパークや森のようちえんに共通する理念です。「正しさ」とか「物差し」みたいなものを、大人の側から意図的に当てはめるのはやめてくださいね、という思想が根底に流れています。

宮台　そうですよね。一方で、「遊具なんて使わないで遊びなさい！」ということで、プレーパークオタクみたいなのが騒ぐケースもありますけどね（笑）。

おおた　そうですね。遊具があるならあるで、子どもが思うように使ってくれればいいわけなんですけれども、「遊具＝子どもの遊びを制約するもの」だという思い込みが強いと、遊具があること自体に対して、アレルギー反応が出てしまう。悪いのは遊具ではなくて、周りの大人の思い込みなんですけどね。周りの大人が〝常識〟にとらわれていなければ、遊具があっても子どもたちは自由に遊ぶと僕は思います。おせっかいなテレビゲームとは違って、すべり台もブランコも基本的に寡黙で、子どもに指示は出しませんから。

さて、ここから簡単に『ルポ　森のようちえん』の本の構成の説明に入ります。第1章は森のようちえんの環境的な構造を説明しています。第2章は、森のようちえんにおける大人の立ち位置や役割みたいなものを説明しています。第3章で、じゃあその森のようちえんでどういう子が育つの？　どういう力が身に付くの？　というところを簡単に説明しています。第4章が制度とか行政的なこととの兼ね合い。森のようちえんが今後普及していく上でこれらがボトルネックになっていたりもするんですけど。で、最後の第5章。森のようちえんというと、「ああ、じゃあ東京じゃ無理よね」みたいな発想になりがちだと思うんですけど、いやそうじゃないんですよ、という話です。

結論を言ってしまうと、単に外にある自然だけでなく、自分の中にある自然性みたいなものに気づこうよと。外にある自然との一体感、共鳴性みたいなものに気づける人になりましょうよと。そこに本質があるよという話が第5章に書かれています。

ここが、先ほど宮台さんがおっしゃった共同身体性と、恐らくつながってくるところです。「一つになる」とか「同じ世界に入る」という言い方を、よく宮台さんもされますけれども、そういう感覚が分かる人に育つのが、森のようちえんの本質だろうと思っています。

つまり、自然体験ができるとか、サバイバル術が身に付くとか、そういう話ではないということです。もしくは「昔はよかった」みたいな懐古主義的な子育てでもありません。

教育工学的に考えてもすごく理にかなっているということを、この図①で表そうとしています。人間がつくった建物の中で、教室の中で学ぶ、いわゆるフツーの幼稚園の場合が、左側ですね。人間がつくった枠組みがあって、その中に人間がつくった遊具や教具がある。これらははじめから「きっと子どものためになるだろう」という大人の意図があってつくられています。だから「正しい遊び方をしなさいよ」といった、

図①　自然の力を借りる

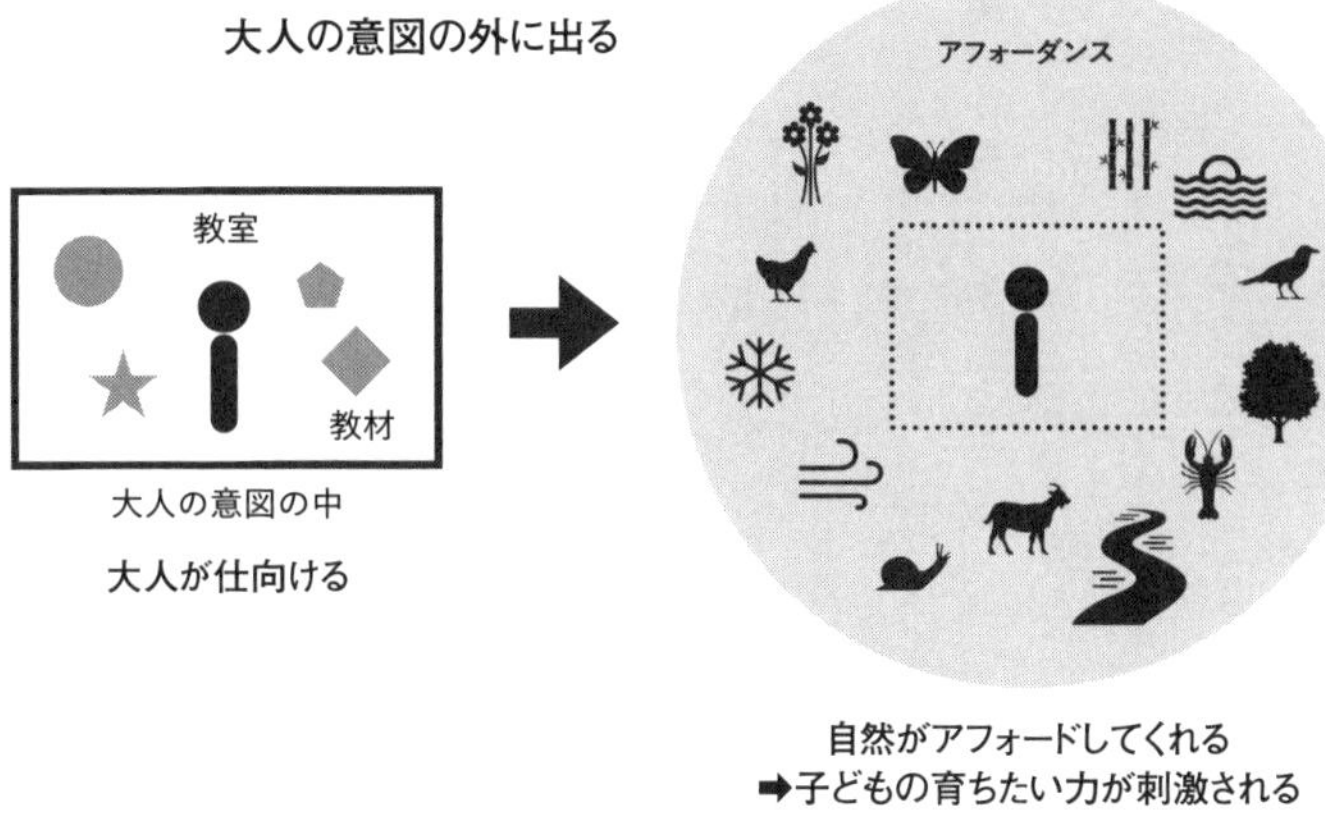

大人の決めたルールが予《あらかじ》めあって、その枠の中で子どもたちは遊ぶことになるわけですね。

　子どもの場合、「遊び」がそのまま「学び」になるということは、幼稚園教育要領や保育所保育指針にも書かれていて、教育学的には間違いないし、幼稚園教諭や保育士さんたちも十分に分かっているんですけれども、そこにどうしても大人の意図が強く働いてしまうのが、一般的な幼稚園の構造です。できるだけ普通の幼稚園の先生たちも、そうならないように頑張って子どもたちの主体性を伸ばそうとしているわけなんですけれども、そこにはある種構造的な限界があると思います。

　それに対して図の右側は、森の中に子どもを、いわゆる「放牧」したような状態です。周りに動物や小動物や虫がいたり、川が流れていたりしていますよね。自然の環境の中で、先ほど宮台さんがおっしゃったように、子どもがアフォードされるわけです。いざなわれていく。

気づいたら虫を追っかけているとか、気づいたら川をせき止めているとか、気づいたら棒切れを拾っているとか、大人の意図のない部分で子どもたちが自動的に動き出すということが同時多発的に起こるわけです。

森の環境、自然豊かな環境には、子どもたちをアフォードする刺激が、あるいは子どもたちが必要とする刺激が、もう十全にそこにあるわけです。自然の中では自然と子どもとの言葉を介さない対話があり、そこに寄り添うプロの保育士さんたちの関わりがあります。子どもの遊びをより効果的な学びに変えていく、その子の豊かな経験に変えていくサポートを、気配を消しながら大人が行っていく。これが森のようちえんの教育工学的な構造かなと思います。

ちなみに、枝を拾うって、森のようちえんではめちゃめちゃあることなんですけれども、森のようちえんに慣れていない大人が近くにいると、「危ないから置いてきなさい」とか「ほらそんなものを振り回したら危ないでしょ」とか言って、とりあげちゃったりするんです。せっかく子どもがアフォードされているのに、もったいない。

ではなぜ、自然の中に十全な刺激があると言えるのか。いろんなところを端折《はしょ》りますけど、『エミール』のルソー*にしても、『森の生活』のソロー*にしても、人類の知的

ジャン＝ジャック・ルソー
18世紀に活躍したフランスの思想家、文学者。ホッブズやロックと並び、社会契約説の提唱者の一人。一般意志という概念を民主政の根本に置いた。著書『エミール』は現代に続く教育論の源流ともいわれている。

ヘンリー・デイビッド・ソロー
19世紀に活躍したアメリカの思想家。池畔での自給自足生活体験を記した『ウォールデン　森の生活』が代表作。

な成長というのは、人類の知的な進化を追体験することだと述べています。人類の知的な進化を追体験することが重要であると言っているわけです。

そうすると、ここからは私の分類・解釈なんですけれど、いわゆる幼児期、赤ちゃんから幼児の頃は、人類の「原始人」の時代にあたると思うんです。幼児期って要するに原始人。これは実際にいろんなところを取材して、教育現場を取材していて感じていることです。

小学生ぐらいになってくると、「なんで？　なんで？　なんで？」って始まるじゃないですか。いろんな「なんで？」に気づくじゃないですか。これは「古代人」です。で、中高生ぐらいになってくると、「なんで？」を科学や論理の力で解き明かしていく。中世とか近代の人たちが行っていたことを追体験するわけです。

その段階を経てようやく「現代人」のフロンティアに立つんです。大学でそこから先の新しいことを学んだり、もしくは21世紀の世界というこの現実の中でどうやって糧《かて》を得るかを考えたりするようになっていく。

こうやって進化の段階を辿って考えると、幼児期には原始人の体験をすることが大事だということが見えてくるんです。これをすっ飛ばしちゃいけません。原始人の状態なのに、中世人とか近代人の真似をしたり、現代人の真似をしたりする、そんな暇はないはずです。

その点、原始人が過ごしていたような環境に子どもを置いてあげさえすれば、昔のアニメの「ギャートルズ」*みたいな原始人体験が存分にできます。そういう意味で、森に幼児を連れていくことはものすごく理にかなっていると言えると思うんですね。もっと言えば幼児期だけじゃなく、小学生になってもやっぱり森との関わりはなくさないほうがいいだろうなとも思います。距離感は変わってくると思いますけれど。

そうやって、自然との応答性を備えた人間が育っていくんだという説明が可能かなと思っています。

先ほど「森のようちえん」と言いながら、実は「里山のようちえん」も多いという話をしました。この「里」と「森」の違いは何か。

人間が住んでいる「里」と、それを包み込む未規定な全体としての「森」、という説明ができると思います。人間にとっての日常と非日常みたいな分け方をしてもいいですね。

とりわけ西洋的な自然観で言うと、人間の社会とワイルドな自然が対比されてしまうことが多い。でも、日本の場合、その二つがオーバーラップする緩衝帯としての「里山」という環境が非常に豊かで、そこで文化が育まれてきた事情があると思うんです。ゆえに日本の森のようちえんは、ワイルドな森よりは、むしろ里山の環境で発展しています。

これが何を意味するかというと、要するに里にも行けるし、そして森にも行ける。森と里を行ったり来たりできる存在に子どもたちがなれるということです。

ギャートルズ
架空の原始時代の原始人たちの生活を描いた園山俊二によるギャグ漫画。1974年から1976年にかけてテレビアニメも放映されていた。

福岡伸一
生物学者・作家。1959

どっちにも〝たゆたう〟ことができる環境で、たゆたうような身体性を持った子どもを育てるのが「里山のようちえん」だと思うんですね。

ピュシスとロゴス

おおた　『ルポ　森のようちえん』を書いた後に、生物学者の福岡伸一*さんと対談をする機会をいただきました。そこで僕、一つの補助線をいただいたんです。「おおたさん、自然って、もともとはギリシャ語でピュシス*という言い方をしていました」と。

それは人間も社会も含んでいる意味での全体としての自然です。すべてを含んだ概念としての自然をピュシスと言っていた。でも人間が言語を司るようになって、ピュシスの中にロゴス*という領域ができたと。特に近代以降、人間はロゴス的な世界を広げていって、文明社会をつくり、そこに学校ができたり、会社ができたりしていく。で、次第に、特に西洋では、ロゴスというものが本来の自然であるピュシスから切り離されていってしまった。

福岡さんとの対談のテーマは「ポストコロナの教育はどうあるべきか」みたいなことだったんですけれども、コロナは、彼に言わせればピュシスからの逆襲だということでした。要するに、あまりにもロゴスの世界に人間が閉ざされてしまったことによ

年～。青山学院大学教授、米国ロックフェラー大学客員教授。サントリー学芸賞を受賞した『生物と無生物のあいだ』、『動的平衡』シリーズなど、〝生命とは何か〟を動的平衡論から問い直した著作を数多く発表。

ピュシス
初期ギリシャ哲学者が思索した「全体あるいは一体としての自然」。現在の「自然」という単語の意味と区別するため、宮台は「万物」という訳語を当てる。

ロゴス
言葉、言語、論理、理性。ここでは、ピュシスから人間を区別し切り離すものとして使用されている。人間はロゴスを使いこなすことで、文明や都市や法律や経済活動を発展させ、現代の社会のあり方を維持している。

って、ピュシスを感じることができなくなっている。その人間の危うさがコロナの大流行にあらわれているんじゃないかと。

だからポストコロナの時代においては、「ピュシスの歌を聴け」と福岡さんは訴えるわけです。ピュシスは言葉で語ってくれない。だけど、歌を――歌なのか曲なのか分かりませんけれども、奏でているものがあって、それを聴くことはできるはずだとおっしゃるわけです。頭で理解するのではなく、身体で感じろというニュアンスですね。

例えば、出産は人間が持っているピュシスをものすごく感じられる営みだと思います。あるいは、排泄もそうですね。まさに『ウンコのおじさん』はピュシスの歌を聴くわけですよね。それから性愛も、もろにピュシスのなせるわざ。人間が保持しているピュシスの部分による反応です。

うんちとかおちんちんとか、子どもが下ネタ好きなのは、子どもがまだまだピュシス90％みたいな存在だからですよね。反対に、近代社会に過剰適応してロゴス一辺倒になっている〝大人〟たちにとっては単に下品なモノ、性犯罪につながりかねないものとして攻撃の対象にされてしまう。

これは恐らく後で出てくる、宮台さん用語の「感情の劣化[*]」ともつながっています。感情も、ロゴス的にコントロールできないピュシス的なものですから。

宮台　そうですね。感情も降ってくるものだからです。アリストテレス[*]はパトス

感情の劣化【宮台用語】
言葉（ロゴス）以前の感受性を失った人間の状態。ピュシスから切り離され、ロゴスで表現できる次元のことしか感受できない。言葉や理屈に頼りすぎるため、もっと大きな流れに乗れない、もっと大切なものを見落とす。そのため、言葉の自動機械になり、損得勘定にとらわれる。思いやりがないとか、喜怒哀楽を表現しないとか、そういう話ではない。

アリストテレス
紀元前4世紀の古代ギリシャで活躍した哲学者。プラトンの弟子で、ソクラテスの孫弟子。西洋最大の哲学者や万学の祖と呼ばれる。

(pathos）と呼んだけど、そもそもパトスという言葉が「降ってくるもの」という意味です。古代ギリシャ人にとっては、天変地異もパトス、あそこに山があるのもパトス、感情が訪れるのもパトス。パトスにおいて、人は主体というより客体なんです。

おおた 人が主体的に感情を生み出しているわけではなくて、降ってくる感情を受け止めることしかできないということですね。

宮台 受動態ですね。

おおた 感情というのは自分ではどうにもコントロールできないもので、そういう意味で、ロゴスというよりはむしろピュシスから湧いてくるものだと言えると思うんです。だけど、これも福岡先生に教えてもらったんですけど、ロゴスはピュシスを苦手分野としている。だからロゴスは溢れ出すピュシスにフタをして見えなくしようとする。

例えば、排泄に関しては水洗トイレで全部見えないように流しちゃう。人が死んだら、火葬場という、社会とはちょっと区切られたところで燃やして見えなくしちゃう。それから水着で隠す部分は、よく「プライベートゾーンだから見せたり触らせたりしてはいけない」と言いますが、これも結局、ピュシスが溢れ出すところだから隠していると解釈できる。そういうところにフタをしていくのが、ロゴスの営みなんですね。

じゃあロゴスって悪いものなのかというと、もちろんそんなことはありません。例えば基本的人権を発見・発明することによって、人間はピュシスの命令から自由になったと福岡先生は言います。基本的に生き物はピュシスから「産めよ増やせよ」という命令を常に受けていますが、でも基本的人権を認めることによって、その命令から自由になった。自分たちには「産まない権利」もあるし、生殖から離れたところで「個」としての自己実現を追求する権利もあるし、それらをお互いに認め合う約束を交わすことができたよね、と。

このロゴス的ふるまいを身に付けるために重要な役割をしているのが、学校です。その学校に進むために、受験という制度が生まれたのも、やはりロゴス的な営みの延長線上においてです。当然ながら資本主義とか民主主義もロゴスがつくり出した概念です。

もっと身近なところでいうとインターネットもそうですし、今日あとでこの話もできたらと思っているんですけど、最近話題のメタバース*も、ロゴスの延長線上に出てきたこと。ちょうどこのまえ、津田大介さんのポリタス*とか、神保哲生さんのマル激*（マル激トーク・オン・ディマンド）に宮台さんが出演されたとき、森のようちえんに何度か言及してくださいましたよね。それもメタバースとの関わりの文脈の中で。森のようちえんとメタバースをつなげて語った人って今までいないんじゃないかって思うの

メタバース
現実社会（ユニバース）に対して、インターネット上につくられた別のユニバースという意味の仮想空間。ゴーグルなどを装着してメタバースに入ることで、将来的には、あたかも現実社

図②
里山のようちえん

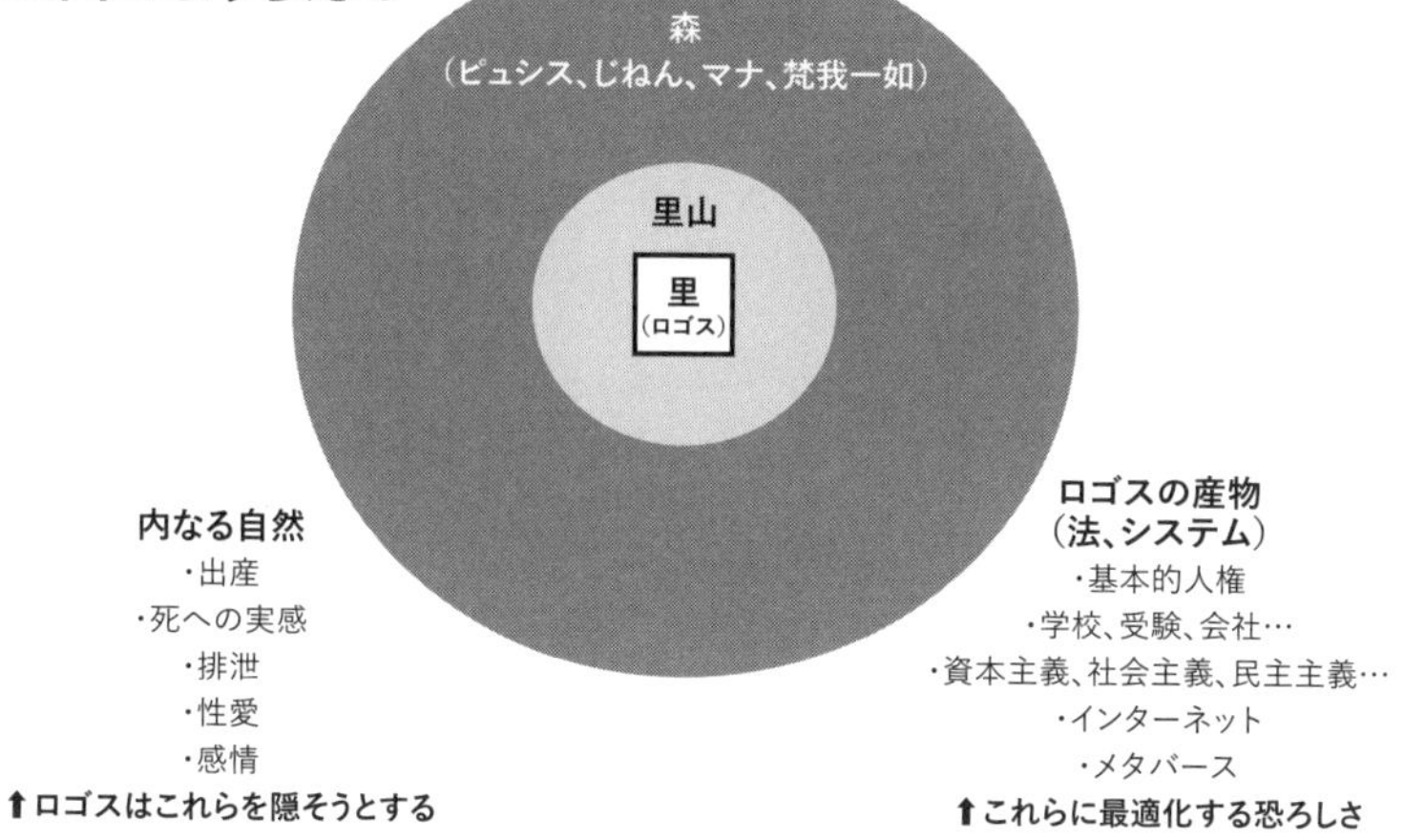

で（笑）。

宮台　そうだねえ〜。

おおた　いずれにしろ今日は、森のようちえんをテーマにした一般的な講演とはちょっと違う視野でのお話が聴けるかなあと思っています。

　それで、この図②に書いてある象徴的な意味での「森」は、今説明した「ピュシス」という言葉に置き換えてもいい。あるいは、それと似た概念として日本には、「じねん」がありました。

　もともと自然という字を書いて「じねん」と読んでいたんです。自《じ》然薯《ねんじょ》の自然ですね。これは人間を含めた大宇宙的な意味での森羅万象で

会を歩き、人と会い、話しているような没入感を得ることができるようになるといわれている。SNSで発展したFacebook社は2021年、メタバース開発に舵を切るために社名をメタ（通称）に変更した。すでに存在する複数のメタバースで、「土地」が売りに出されたり、「モノ」が売り買いされたりしている。

ポリタス　ジャーナリストの津田大介が運営するインターネット番組。

マル激トーク・オン・ディマンド　ジャーナリストの神保哲生が運営するインターネット番組。1999年から宮台がレギュラー出演している。

す。ところが明治以降、西洋的な自然観が入ってきて、Natureに「自然《しぜん》」と、読み方を変えた上で当てた、と言われています。繰り返しますが、もともと日本には自然《じねん》という総括的な概念があった。

似たような概念は他の地域にもあって、例えばハワイには「マナ」という言葉があるし、ネイティブ・アメリカンには「ワカンタンカ」という概念があります。ニュージーランドのマオリでは「カイティアキタンガ」という言葉が同じ意味を持っています。それからインドのバラモン教とかヨガには、「梵我一如《ぼんがいちにょ》」という、宇宙と自分は一体であるという概念が根本にあります。つまり東洋とかネイティブ・モンゴロイド*と括られる文化には割と馴染みがある概念なのだろうと思います。広い意味での森、自然《じねん》の中にロゴスの領域があるんだけれども、その端境に里山の領域があります。

これも福岡さんが言っていた表現ですけれども、人間というのは「ロゴスとピュシスの間をたゆたう存在」であると。行ったり来たりする存在であると。だからこそロゴス的なことだけにとらわれてしまうと危険だと、彼は警鐘を鳴らしています。

そういった意味でいうと、この森のようちえん、あるいは里山のようちえんで育つことによって、ロゴス、つまり社会にももちろん適応していくわけなんですけども、一方で常にピュシスの歌を聴くことができる存在にも育つ。ここでいうピュシスは、社会の外にある自然だけではなく、自分の中にある「内なる自然性」も指しています。宮台さんの言われる「共同身体性」のような、他者との一体感とか、相手と溶け合っ

ネイティブ・モンゴロイド
北米大陸の先住民族であるネイティブ・アメリカンや南米大陸の先住民族であるインディオ、あるいは南太平洋の島々に暮らす先住民族のように、アジアから世界に広がったと考えられる民族を大きく括る俗称。

って一つになる感覚を得ることも、人間の内なる自然性のなせる業なのではないかと思っています。

センス・オブ・ワンダー

おおた　最後に、森のようちえんを語る上で欠かせないキーワードとして、レイチェル・カーソン*の言葉を紹介したいと思います。彼女の遺作に『センス・オブ・ワンダー』という有名な本があります。もともと彼女は海洋生物学者で、『沈黙の春』という本で、すでに１９６０年代に環境破壊への警鐘を鳴らしていたんです。

宮台　主に農薬ですよね。

おおた　はい。農薬に頼り切った農業が環境に与える影響の大きさを訴えていました。もっと自然の生態系を信頼して、そこにうまく人間が付き合っていくべきだと。もっと自然と調和しながら、人間社会をつくっていかなければいけない、と指摘をしていたんですね。生涯を通じていろんな現状打開策を考えていたんだと思うんですけれども、最終的に彼女が残した言葉が、「センス・オブ・ワンダー」でした。ちょっと読み

レイチェル・カーソン
アメリカの海洋生物学者。１９０７〜１９６４年。１９６２年の著書『沈黙の春』で、農薬による環境破壊を告発し、世界に衝撃を与えた。没後に出版された遺作『センス・オブ・ワンダー』は、子どもが自然と触れ合うときに何が起きているのかを繊細に描いた詩的な作品。

ますね（カッコの中はおおたによる補足）。

もしもわたしが、すべての子どもの成長を見守る善良な妖精に話しかける力をもっているとしたら、世界中の子どもに、生涯消えることのない「センス・オブ・ワンダー＝神秘さや不思議さに目を見はる感性」を授けてほしいとたのむでしょう。

この感性は、やがて大人になるとやってくる倦怠と幻滅、わたしたちが自然という力の源泉から遠ざかること（ピュシスから遠ざかっていくということですね）、つまらない人工的なものに夢中になることなどに対する（「人工的なものに夢中になる」というのは、今でいえば例えばインターネットに夢中になること、当時は当然ないわけですけれども。未来でいえばメタバースなのかもしれません）、かわらぬ解毒剤になるのです（そこに入り込んでしまって抜け出せない、閉ざされてしまうことに対する解毒剤になる、と彼女は言っている）。

妖精の力にたよらないで、生まれつきそなわっている子どもの「センス・オブ・ワンダー」をいつも新鮮にたもちつづけるためには（要するにこのセンス・オブ・ワンダーは、人間がみな本来は持っているものである）、わたしたちが住んでいる世界のよろこび、感激、神秘などを子どもといっしょに再発見し、感動を分かち合ってくれる大人が、すくなくともひとり、そばにいる必要があります。

センス・オブ・ワンダーは、福岡さんの言葉でいえば「ピュシスの歌を聴く」ということになるわけです。『ルポ　森のようちえん』の最終章には、教育の世界では有名なスーパースター教育学者の汐見稔幸《としゆき》*さんのインタビューも収録されているんですが、その中で汐見さんは、「内なる自然と外なる自然を共鳴させる」という表現を使っています。これ、ピュシスの歌を聴くということとまったく同じですね。

汐見さんによると、それが森のようちえんの究極の目的になるだろうと。過酷な環境でのサバイバル術を教えるとか、自然環境について詳しくなるとか、そういうことじゃなくて、子どもたちが持っている内なる自然と外なる自然を共鳴させることを目的とした幼児教育全般を森のようちえんと言っていいんじゃないかと訴えていました。

要するに、子どものセンス・オブ・ワンダーを大切にしてあげる。そのために自然と子どもを出会わせて、その出会いを周りにいる大人が見守ってあげて、「あっ、君にもピュシスの歌が聴こえたんだね。僕にも聴こえるよ」と共感してあげるのが森のようちえんの深層構造だということだと思います。

汐見稔幸
教育学者、東京大学名誉教授、元日本保育学会会長。1947年〜。著書に『教えから学びへ』などがある。

宮台真司が推す理由

おおた　ここで、宮台さんが『ルポ　森のようちえん』の新聞広告用に寄せてくれた文章を読みますね。

いま大学生の大半には悩みを話せる友達や恋愛相手がいない。みんなバラバラ。かつて街では誰もが「同じ世界」を生きたが、今はスマホを眺めて自分の世界にこもる。みんなバラバラ。
日本は社会も人もひどく劣化した。自分の損得へと閉ざされ、大切な他者のために思わず体が動くことがなくなった。
なぜそうなったのか。かつてあった「何か」が失われたからだ。読者は本書を通じてその「何か」を見出すだろう。

もう一つ、Ａｍａｚｏｎに推薦文として載せさせてもらっている文章があります。実はこれ、宮台さんが僕に個人的にＬＩＮＥで送ってくれた言葉を、あっ、これは美味《おい》しいぞと思って、「これ、使っていいですか?・」って、ＬＩＮＥで許可をもらったんです。

宮台　（笑）。

おおた　先ほどの推薦文と、つながりで読んでいただくとすごくいいと思うんですけど。

この本をたくさんの人が読んでくれて森のようちえんがどんどん増えれば、僕のワークショップなんかよりもはるかに実効的になります。

と、おっしゃっていただきました。二つの文章を読んでいただくと分かると思うのですが、これまで宮台さんは、森のようちえんとはまったく関わりのないところで、自身の問題意識や危機感を表明されていた。それへの解決策を、ウンコのおじさん活動だったり、性愛ワークショップだったりという形で提示されていたわけです。そうやって、失われた「何か」を奪還しようという試みをずっとされてきたわけなんですけれども、その試みと同じものを、この森のようちえんの中に見出してくださった。

宮台さんが今までどんな問題意識でどんな活動をしてきたのか。そして「かつてあった『何か』」とは何なのか。そしてなぜそれがこの森のようちえんで奪還できるかもしれないと言えるのか。私の前説がだいぶ長くなりましたが、ここからはそんな話を聞いていきたいと思っています。

一方で、これからのメタバース時代の子育てという観点からもお話を伺っていきたい。「メタバース時代の子育て」といったときに、一般的な親のリアクションとして、二つの方向性があるのではないかと僕は思っています。一つは、「メタバース時代になるんだからプログラミングが必要だね」という発想です。もう一つが「だからこそ、例えば感性とか実体験が大切になるよね」という発想です。大きく、この二つに分かれるだろうなという気がしています。そんな時代背景も踏まえながら、これからの森のようちえんに期待するものを伺っていければと思います。

失われた身体性・感受性を取り戻す

宮台　今日はものすごく沢山しゃべることを準備してきました。メモもいっぱい。

おおた　ありがとうございます！

宮台　でも、メモを見るとつまらないことになるので（笑）、おおたさんが話したことと、僕がゼミで使っている伝統的な学問の言葉をつなげるところから話します。「フィジックス（physics）」は「物理学」と訳されているけど、もともとは「万物学」という意味です。そして、万物学とは「ピュシス（physis）の学」ということなんです。

つまり、フィジックスを「自然学」とか「物理学」と訳すのは間違いで、「万物学」と訳さなければなりません。そのようにずっと言ってきましたが、それと同じで、ピュシスも「自然」と訳すのは間違いで、「万物」と訳さないといけない。4冊ある僕の映画批評本では〈世界〉と呼んできました。

おおた　なるほど。

宮台　「自然」はNatureで、「万物」とは違います。万物にはもちろん人が含まれる。動物も入るし、無機物も全部入って「万物」。古代ギリシャの全盛期は紀元前5世紀の初期ギリシャですが、対岸のエジプトの一神教*の「神の言葉＝ロゴス」を敵として意識しました。かわりにギリシャは、ピュシスと結びついた言葉＝詩を、大切にしてきました。

理由は、神の言葉に逆らうと良くないことが起こり、神の言葉通りにすれば良いことが起こるという「条件プログラム」は、自発的に従う奴隷を生み出すから。対照的に、全盛期ギリシャ＝初期ギリシャでは、良いことにつながるからやるんじゃなく、

一神教
エジプトの太陽神信仰から発展し、のちのヘブライズム（ユダヤ人風の文化性。ユダヤ教、キリスト教、イスラム教の系譜）につながる。ヘブライズムはヘレニズム（ギリシャ風の文化性）と対置される西洋文化の源流の一つ。多神教との違いは、神の数の違いではなく、神を唯一無二の創造主とする点にある。

やりたいからやるんだという「目的プログラム」で突き進む内発的な営みを称えました。

ロゴスが損得勘定に基づく自発性をもたらすのに対し、ピュシスは内から湧く力である内発性をもたらす。つまり、ピュシスと結びついた言葉を維持しようとしたわけです。アテネ*がスパルタに負けたペロポネソス戦争（紀元前431年〜紀元前404年）までアテネで思考していた前期プラトンは、それを詩人の言葉だとしています。

さて、この戦争を挟んでアテネがダメになっていった。共同身体性や共通感覚が一挙に崩れた。そこで、ピュシスを愛でていたプラトン*が、敵視していたロゴスに移行した。ピュシスに開かれた詩人から、ロゴスに開かれた哲人へ。複雑な社会を統治できなくなったからです。

おおた　プラトンが生きている間にそんなにドラスティックな社会変革があったのですね。社会の捉え方がまったくひっくり返るという意味では、天変地異といってもいい。今我々の周りで起きている社会の変化とはちょっと次元が違う変化ですね。

宮台　戦争に負けるまでの初期ギリシャでは、万物＝ピュシスは「流れ」。社会＝ノモス*は「流れに浮かぶ孤島」。「孤島を生きつつ、流れを意識すること」を奨励した。ところが、島がでかくなり、島外から異人も沢山入って、流れを意識できなくなった。

アテネ
古代ギリシャの政治の中心地。ペルシア戦争ののち、再度のペルシアからの攻撃に備えるため、諸ポリスはアテネを中心に結束した。アテネのポリス内では、下層市民の発言力が増し、紀元前5世紀半ばには民主政治が完成した。

プラトン
紀元前5世紀から4世紀にかけて古代ギリシャで活躍した哲学者。ソクラテスの弟子であり、アリストテレスの師。主著に『ソクラテスの弁明』や『国家』がある。

ノモス
法律や規則など社会を成り

それで戦争に負けたと考えたプラトンは、今度はロゴスを意識させようとしました。

同じ森の中でずっと遊んできた幼馴染みの仲間たちだったら、ずっと「同じ世界」にいたから、すぐに「同じ世界」に入れるでしょう。共同身体性や共通感覚があるので、詩人がヒューってホイッスルを吹けば、みんな一斉にブワーってダイナミックな動きが生じるんです。それが、知らない人たちの集まりだったら、どうなりますか。

人口が二十数万人になり、外国人（奴隷）だらけになって貨幣が浸透し、重装歩兵である市民への質貸しで金持ちになった奴隷や、落ちぶれて甲冑を質入れする市民が出てきて、みなが「同じ世界」に入ることが不可能になった。やむなくプラトンは、ピュシスを超えた「イデア」――万物を超えた抽象的真実――と結びついたロゴスを重視するようになった。

おおたさんは「個体発生は系統発生を模倣する」と話されたけど、これはエルンスト・ヘッケル*の有名な学説です。胎盤に受精卵が引っ付いてからの発生プロセスは、エラができて、肺ができて、足ができて、しっぽができて、最後はしっぽがなくなって、と進化のプロセスを繰り返しているっていうことです。

実は出生後も同じです。最近までの子どもたちは、ロゴスを使わないで、掛け声と歓声と怒声で仲間感覚を育み、仲間感覚と共同身体性だけで前に進んだわけです。他の哺乳類や鳥類と同じようにね。定住以前、小集団で移動していた遊動段階では、大人もそう生きていました。その頃の大人の生き方が、子どもたちの生き方として残っ

立たせるもの。古代ギリシャのアテナイ（アテネ）では、ピュシスからノモスへと関心が移り、政治家志願者は哲学者から弁論術を学ぶようになった。そのような哲学者はソフィストと呼ばれたが、彼らが教える弁論術は詭弁術に堕落していく。ソクラテスはソフィストを痛烈に批判した。

エルンスト・ヘッケル
ドイツの生物学者。1834〜1919年。

ているんです。

おおた　そうですね。だから話す言葉が違っても幼児同士はすぐにいっしょに遊べちゃう。

宮台　それが大人になると、言葉や法や計算に縛られるようになります。さもないと複雑な社会を回せないし、複雑な社会を生きられないからです。それを「社会化される」（社会的な存在になる）と言います。定住で大きく複雑になった集団を回さなければいけないという「社会の都合」で、人はロゴスへと——条件プログラムへと——閉ざされるんです。

でも人類が定住するようになったのは、たかだか1万年前です。つまり「社会化」された大人にならなきゃいけなくなったのは、人類史的には最近なんですね。非常にショボい。

おおた　ショボい（笑）。

宮台　「ショボい」はちゃんと定義できます。内から湧く力を失わずに進み続けられるという持続可能性が乏しいこと。だから定住社会は例外なく、定住以前を思い出すための定期的な祝祭を伴いました。祝祭では性愛を中心に法的タブーとノンタブーを反転します。そこでは祝祭も性愛も「社会の外」になります。

150人以下だったバンドが定住で連合してクランになると、リアル血縁（リネージ）が疑似血縁（トーテミズム）になり、定住を支える農耕の必要から、種播きから収穫までの計画ルール、協働ルール、収穫物の保全・配分・継承ルールに従う法生活――言葉で語られた法に罰を嫌がる損得勘定で従う――が始まる。それが「社会」です。

でも法生活で人は力を失うので、一部が離脱して非定住民になり、法生活を生きる定住民から差別される一方、定期的な祝祭に、定住以前の作法を生きる存在である被差別民が呼ばれます。こうして「力が失われる時空＝俗*」対「力が湧く時空＝聖*」という区別が持ち込まれ、祝祭時の被差別民は「聖＝力を湧かせる存在」となります。

あらゆる全体を〈世界〉、コミュニケーション可能なものの全体を〈社会〉と呼ぶと、定住で始まる「社会」＝法生活の時空は、その周辺に「社会の外」＝祝祭と性愛の時空を伴うようになります。こうして、〈社会〉＝「社会（言葉・法・損得の界隈）」＋「社会の外（言外・法外・損得外の界隈）」という恒等式が成立し、最近まで続いてきました。

さて、人間関係から便益を得る界隈である生活世界を、市場と行政から便益を得るシステム世界へと置き換える「汎システム化」が、1980年代以降の先進国を覆う。新自由主義化の本質です。人口学的流動性が増して土地にゆかりのない新住民が多数化し、言葉の自動機械・法の奴隷・損得マシンが湧き、「社会の外」が消される。

聖／俗【宮台用語】
力が湧いてくる時間・空間が聖、力を消費する時間・空間が俗。「ハレの日、ケの日」のハレは聖、ケは俗。

とりわけ80年代の日本では、生活世界を織り成す地縁共同体が空洞化し、新住民化*による汎システム化が急展開します。結果、80年代半ばの小学生が成人になる96年から、過剰さを回避して平均を装うキャラ&テンプレ化が進み、KYを恐れる自己防衛で「政治の話題・性愛の話題・本当に好きな趣味の話」をしなくなります。

予兆が90年頃に話題をさらったひきこもり（当初は登校拒否）と摂食障害。並行して生きづらさという言葉が拡がります。生きづらさは、〈社会〉から「社会の外」が消去されて「社会」だけになる動き──英語では法化 legalization──によります。友達は知り合い（友達未満）に縮み、恋人がカレシカノジョ（恋人未満）に縮みます。

実りがないので直後から性的退却が進み、高校生男女・大学生男女の性体験率・交際率・交際経験率が四半世紀で半減します。KY（空気が読めないこと）を恐れる者だらけになり、新入社員の空気の読めなさを嘆く人事担当者が2005年頃から増えます。これは、自己防衛ゆえに自己に意識が集中した状態によってもたらされたものです。

若い人の劣化が1996年から始まったと言い続けていますが、当初は誰も聞いてくれなかったのが、さまざまな統計が出てくるにつれて当事者たちが意識するようになりました。並行して「非認知能力*を鍛えるブーム」が興る。要は認知に還元できない内発性（内から湧く力）で、19世紀前半からプラグマティストが強調してきたものです。

1997年から指摘してきた「人の劣化」に関する言説がやっと出てきました。

新住民化
土地に縁のない新住民が多数派になり、町づくりにおいて安心・安全・快適が優先され、土地に独特の文化や価値観が失われていくこと。

非認知能力
ノーベル経済学者のジェームズ・ヘックマンの研究によって、広く知られるようになった言葉。ペーパーテストで測定できる学力以外

２０１６年からは経済指標と社会指標を掲げて「社会の劣化」を指摘し続けてきました。そうしたら、オリンピックが終わった頃からやっと「日本はダメらしい」という雰囲気になり、「日本スゲエ系」の番組や本が激減しました。遅えんだよ！

おおた　今おっしゃった統計的なものというのは、一人当たりＧＤＰだったりとか。

宮台　経済指標は、労働生産性を意味する一人当たりＧＤＰと、平均賃金、最低賃金。

おおた　最低賃金か。日本だけずっと上がらない……。

宮台　意味があるのは、額面＝名目ならぬ、購買力＝実質。韓国と比べると、平均賃金は２０１５年に抜かれ、一人当たりＧＤＰは２０１８年に抜かれ、最低賃金は２０２２年に並んだ。先進各国（ＯＥＣＤ）で１９９７年に比べて実質賃金が下がったのは日本だけ。一人当たりＧＤＰはアメリカの半分以下。ダメっぷりが「日本スゲエ」。

　理由は、既得権益を動かす産業構造改革ができないから。既得権益を動かせない理由は、ＫＹを恐れてキャラを演じる理由と同じ。ヒラメ・キョロメで空気に縛られるから。しかも腹を割った仲間たちの空気じゃなく、ＳＮＳやマスコミの空気。これには社会指標が関連します。どこよりも自尊心が低くて、家族生活に幸せを感じない。

の何かが子どもの将来の社会的成功に影響を与えているとして、その何かを、研究者が認知できない能力という意味で非認知能力と呼んだ。円滑に人間関係を構築する力や、コツコツと努力を重ねる力など、多種多様なものが含まれる。逆にペーパーテストなどで研究者が測定しやすい能力を「認知能力」と呼ぶ。ただし発達心理学で「子どもの認知能力」といった場合、「認知」の主体が異なり、子どもが物事を認識し理解する能力のことを指すので、意味を混同しないように注意されたい。本文で宮台はプラグマティズムを援用し、研究者が認知できない能力を、人に限らず万物を体験したときに湧く力としてまとめている。

ホームベースが盤石な人はバトルフィールドで冒険し、ホームベースがスカスカな人は日和る。なぜホームベースがスカスカか。損得勘定を超える人間関係がない、つまり家族や性愛の私的領域でさえ交換ベースが専らで贈与ベースがないから。なぜ法と計算を超える絆がないのか。80年代新住民化で、身体的・感情的に劣化したから。
80年代半ばの小学生は90年代後半に成人し、恋人未満の「コクってイエス」のカレシカノジョで結婚。2010年頃に子育て世代になり、今子どもは小中学生。安全・便利・快適なシステムに囲い込まれた子どもは、「法より掟」「交換より贈与」のモードを知らずに大人になる。身体能力と感情能力の劣化は今後30年は止まりません。
処方箋は単純です。失われた身体と感情の能力を取り戻す。つまり、ピュシスの問題で、万物に開かれた感受性を取り戻す以外ない。万物から人を隔てる言葉の内部に閉ざされがちな子どもを、外に連れ出す。それが僕の恋愛ワークショップや親業ワークショップやキャンプ実践ですが、今回そこに森のようちえんが加わりました。

おおた　僕らは今の社会が当たり前だと思っているけれど、人類史から見たら一時的なバグかもしれないということですね。

宮台　はい。1万年前からの「言葉と法と損得」に縛られた定住生活は、人類の直接祖先で、火を使い始めたホモエレクトゥス亜種から数えて180万年間の遊動生活に

週末のサウナ【宮台用語】
クソのような社会でクソまみれになっていても、週末のサウナでリフレッシュすると、またクソのような社会で1週間生活するための元気が回復する。だから毎週サウナを求めるようになるが、実はそれこそがクソ社会を維持してしまうという矛盾を表す。ここでは、ピュシスとしての「森」ではなく、ピュシスから隔離された都市に付属する外部装置としての「森」を週末のサウナにたとえている。

プラグマティズム
知識とは行動の結果を予測するものであり、知識をもとにした行動が有用であれ

比べて、200分の1という一瞬です。僕らのゲノムは「法より掟」「交換より贈与」に向けて最適化されているから、損得勘定で法生活を続けると力を失うんです。

だから「社会＝法生活」は「社会の外＝祝祭と性愛」を必ず伴い、「言葉・法・損得」の時空で失った力を「言外・法外・損得外」の時空で回復した。「つまらなさ」に対する「わくわく」。でも「週末のサウナ*」ではない。定住の社会＝法生活の、非本来性についての認識を新たにし、社会をあくまで「仮の姿」で生きさせます。

非認知能力は機能を横並びにして、人を「俄か訓練」に促します。でも知覚より動機付け、認識より関与、知識伝達より体験デザインを重視する200年前からのプラグマティズム*の思考伝統に従えば「法より掟」「交換より贈与」が基軸の、子どもから大人まで貫く日々の「生活形式」が重要です。だからホームベースの再興が不可欠です。

「非認知能力がないと勝ち組になれない」という指摘自体が劣化の表れです。言外・法外・損得外の「同じ世界」で「一つになる」身体能力と感情能力が劣化すれば力が奪われて「つまらない毎日を送る」という認識だけが重要です。要は「なぜあなたの毎日はつまらないのか」「なぜあなたはつまらない奴なのか」という問いが大切です。

次に身体能力と感情能力の関係。身体能力は感情能力の前提です。シュタイナー*いわく、7歳までの第一臨界期の焦点「世界にわくわくする身体能力」が14歳までの第二臨界期の焦点「世界を言語外で味わう感情能力」の前提。これを最新の生態心理学

ばそれが真理だとする考え方。その真理をもとにしてさらに行動した結果が有用であれば、それも真理だということになる。チャールズ・サンダーズ・パース（1839〜1914年）からウィリアム・ジェイムス（1842〜1910年）そしてジョン・デューイ（1859〜1952年）へと受け継がれ発展した。

ルドルフ・シュタイナー ドイツを中心に活躍した思想家、教育者。1861〜1925年。1919年、ドイツに自由ヴァルドルフ学校を設立。独自に考案した人智学にもとづく独特な教育法は、ヴァルドルフ教育として世界に広まり、現在では世界60カ国に1000校を超える学校ができている。日本ではシュタイナー教育の名で知られている。

で記述できます。「言外・法外・損得外」の「同じ世界」で「一つになる」とは何か。

答え。複数の身体が、同じ事物や互いの身体に同様にアフォードされ（コールされて自動的にレスポンスし）、互いがそれを弁《わきま》えている状態で、「共同身体性」とも言います。被差別民だろうが年少者だろうが身体能力の高い人が横にいると「この人と一緒なら怖くても怖くない」となって崖から川に飛び込める。幼少期の外遊びが培います。

この共同身体性が「カテゴリーを超えたフュージョン*」を体験させ、この「言外・法外・損得外」の「同じ世界」で「一つになる」身体的営みが、「法より掟が優位」「交換より贈与が優位」の感情的営みを可能にします。「この人と一緒なら怖くても怖くない」という体験を思い出せる人は、例外なくこうした記述に納得できるでしょう。

80年代からの新住民化＝安全・便利・快適化で、冒険的な外遊びが失われ、「この人と一緒なら怖くても怖くない」という共同身体性が劣化すると、親の生業などのカテゴリーを超えてよそんちで夕ご飯を食べて風呂に入る営みも消え、カテゴリーが違う相手に対する自己防衛機制が働きはじめます。僕は「育ちの悪さ」と呼びます。

「育ちが悪い」子どもが成人した90年代後半から、過剰を恐れて平均を演じる（KYを恐れてキャラを演じる）営みが拡がったのは、水が高い所から低い所に流れる自然過程。こうして友人がただの知人に、恋人が「コクってイエス」のカレシカノジョに縮んだ。友人関係にも恋愛関係にも「交換ならぬ贈与」が失われ、実りがなくなりました。

現在そんな「育ちが悪い」子どもが親になって中高生を育てる。親自身に、共同身

フュージョン【宮台用語】もともとは融合や溶解という意味の英語。宮台はこれを、複数の人間が調和的に対等に一体化する意味で使う。その文脈で宮台が対義語として使うのがコントロール。コントロールは、誰かが誰かを支配する力関係にあること。

体性に裏打ちされた、カテゴリー（言語範疇）を超えてフュージョンする能力がない。親の身体・感情能力が劣化した。そんな「劣化親」に囲い込まれた子どもは、祝祭や性愛の微熱も眩暈も体験できず、力が湧かず生きづらい鬱ベースの大人になります。

共同身体性に裏打ちされた言外・法外・損得外でつながる感情能力を子どもに取り戻すべく、小学生相手のウンコのおじさん実践、中高大生相手の恋愛ワークショップ、親相手の親業ワークショップ、全世代相手の宗教ワークショップをします。子どもの構えを書き換えても「劣化親」に書き戻されるので、親も相手にします。

目標は、「ピュシス（万物）に開かれた感受性を取り戻し、取り戻した者同士がつながる実践」。映画批評では「一緒に屋上に昇って天空とつながり、手をつないで地上に降り立つ」「社会から世界へ踏み出したあと、世界から社会へ戻る」と表現します。この往還で社会＝法生活を「なりすまし*」の相で生きられるようになります。

おおた　なるほど。『ルポ　森のようちえん』に、三重県にある「森の風」という森のようちえんが出てきます。そこの園長さんは、森のようちえんを始める前には普通の幼稚園の園長さんをやっていました。この園長さんが、20世紀の末ぐらいから急激に「いのちの感覚の薄れ」を感じて危機感を持った、って言うんです。宮台さんがよく、1996年以降に街から微熱感*が消えたと言っているのと一致します。

なりすまし【宮台用語】　表面的に社会に適応しているようにふるまうこと。状況に応じて意識的になりすましを行えるようになると、過度な社会化から自分を守ることが可能になる。

微熱感【宮台用語】　街や社会全体を包み込むかすかな高揚感。ロゴスによってつくられているはずの都市のすき間からもれてくる、ロゴス以前の人間の感情活動のうごめきの総和。

宮台　はい。渋谷や新宿などの街で、誰もが全力で視線を回避するので目が合わなくなり、援交女子高生は、取材してもテンプレを反復して内面を話さなくなり、また援交している事実を友人にあけすけに話さなくなり、ディスコと違って人目を気にせずまったりする場所だったクラブが「お洒落《しゃれ》マウンティング」の場になります。

おおた　というのを、まったく別のところで、でも同じことを感じている方がいらっしゃった。で、その方が、「じゃあ、森のようちえんやろう」って思われて、始めたということなんですよね。

宮台　僕のフィールドワークは1985年から1996年にかけて北海道から沖縄まで全国規模。他県より動きが遅い沖縄に限れば2011年から2014年にかけてやりました。限られた場所で限られた年代だけ調べている他の社会学者の、見たいものだけ見るお笑いフィールドワークとは違う。園長さんとの一致は自然だと思います。

ざっくり問題意識を話しましたが、学問的な概念でいくらでも深められます。先のアフォーダンス（Affordance）はジェームズ・ギブソン*（米）が発案した概念です。従来の心理学が、主体による認知・評価・指令（＝意志）という情報処理を枠組にしていたのを刷新しました。意識による選択に負荷をかけすぎるからです。

従来「疲れたから座れる所を探して椅子に座った」と記述するのを、「疲れたときに

ジェームズ・ギブソン
知覚心理学者。1904〜1979年。生態心理学において「アフォーダンス」という概念を提唱した。

岩から座れと呼びかけられて気付いたら座っていた」と記述します。僕らの心身には、物や他者の身体の、ダイナミズム（自己身体から見た相対的な動き）に呼びかけられ、中動的に反応する、コール・アンド・レスポンスの体勢が組み込まれているのだと。

性交なら、表情、声、呼吸、体温、動きにアフォードされて気が付くとレスポンスしている中動が大切。認知・評価・指令による能動の選択では「同じ世界」で「一つになる」のは無理。共同身体性を欠く「育ちの悪さ」でＡＶを見て達成目標を決めて相手をコントロールする男が激増中ですが、「二人で一つのアメーバ」にはなれない。

おおた　意識的に選択するのではなくて、コールに対して自然にレスポンスができる身体になっていなければいけないということですよね。それが先ほどから繰り返されている身体性という概念ですね。

宮台　相手を幸せにする性交には男女とも共同身体性が要る。僕は雑駁に「言語以前」と言い、ワークショップで「言語以前に開かれよう」と言ってきた。生態心理学が正確に記述します。ヒトは長い遊動段階でアフォーダンスの時空を生きてきた。球技や武術を思えばいい。認知・評価・指令みたいに言葉で意識して選択していたら負ける。

言外*のコール＆レスポンスがすべて。ラカン*いわく「シニフィアンの過剰」です。

言葉の外【宮台用語】　人間の意識、論理、言葉の範疇外にある、大きな流れ、全体性、万物。この本文の文脈では、ロゴスを取り巻くピュシスの領域といってもいい。

ジャック・ラカン　フランスの精神科医、哲学者。１９０１～１９８１年。フロイトの精神分析学を構造主義的に発展させた。

「これは何?」の「これ」がシニフィアン。*「ペンです」の「ペン」がシニフィエ。*言葉でラベルを貼れないものに動かされるのが「シニフィアンの過剰」。バタイユ*の「呪われた部分」*、リーチ*の「リミナリティ」と同じ。言葉の外のダイナミズムです。

おおた　平易な言葉で言い換えれば、理屈では説明できないことがある、みたいなことですよね。「ペン」という物質的なモノだけでなく、「これがこうだからこう選択した」みたいな単純な論理では記述できない世界のことを「言葉の外」と言っているわけです。そこでは、言葉で記述できる論理ではなくて、抗うことのできない大きな流れがあると。その大きな流れがつくり出すダイナミズムに自分を浸せば、自然にコール・アンド・レスポンスできるはずだというわけですよね。

子どもを言葉と法と損得計算に閉じ込めるな

宮台　Truth is the Stream. 米英の大学では初期ギリシャの万物学をそうまとめます。ギリシャ哲学史を話す余裕はないけど、タレス*の「万物は水」から万物学が始まります。「水」は「流れるもの」。つまり「万物は流れ」。同時代（前6世紀）の原始仏教の発想とも関係します。そもそも初期ギリシャはヨーロッパよりインドと関係が深い。

シニフィアンとシニフィエ　指示するものと指示されるもの。言語学は、他と区別できる音や図像（文字状のもの）によって他と区別される意味が指し示されるから、シニフィアンとシニフィエを同数と想定する。だが、他と区別できる音や図像は無数にあり、対応するシニフィエを見出せないシニフィアンが無数にある。一部の人はその種のシニフィアンに意味を見出すから、精神科医の中井久夫は「S（統合失調）親和者」と呼ぶ。元々は精神分析学者ラカンの思考だ。何かを音声言語や文字だと受け取る時点で、常に既にそれはシニフィエと化している。このシニフィエ優位の発想では、音声言語以前、文字以前の世界の連続体を捉え損ねる。ラカンは、このシニフィアン過剰を以て、シニフィアン優位の論拠とする。宮台は、この発想に基づいている。

精神分析では、動かせない数物的な時空を「現実界」、体験として現れる時空を「想像界」、文明化以降に体験の時空を制御するようになる言葉の時空を「象徴界」と言います。最近生まれた象徴界は不完全。だから言葉で表せないものが現実界から想像界に侵入します。それが「シニフィアンの過剰」「呪われた部分」「リミナリティ」。

おおたさんが里山の話をされた。森と里の中間地帯だと。正確には自然生態系と社会生態系との相互嵌入です。同じく里海もある。里山も里海も原生自然じゃないけど原生自然の完全な間接化でもない。歴史的には完全な間接化の後に「失われたものの回顧」として生まれたのが、文化と対立する「自然」の概念。日本にありません。

「森の哲学*」から発祥した幼稚園があるとして森のようちえんを以前から紹介してきました。ゲルマン*には古来「森の哲学」がある。里山よりも原生自然寄りで、森を「言外・法外・損得外の動態」とパラフレーズできます。子どもを森に連れて行くと一日で顔つきが変わって一皮剝けた存在に成長する。子育てで実感しました。

天体観測の山荘があるので、3人の子どもたちが3～4歳になると周囲の森に夕暮れまで入りました。それまで聞こえなかった鳥獣の声がし、風向きが変わって木々が騒めき、ものの輪郭が見えなくなる。得体の知れない森を経験して、「ノモス（社会）がピュシス（万物）のカオス的海に浮かぶ」という本来性に気付くから、一皮剝けるんです。

人類学いわく、呪術師や呪術的秘祭は、何かを達成すべく呪力を使うのではない。

ジョルジュ・バタイユ
フランスの思想家。1897～1962年。主著に『エロティシズム』『呪われた部分』がある。

呪われた部分
万物のなかで言語化あるいは意識化できない未規定な部分。原初的社会では例外なく「呪われた部分」を定期的に再認識させる装置を作動させる。それが、マクロには祝祭であり、ミクロには性愛である。

エドマンド・リーチ
イギリスの人類学者。1910～1989年。ある状態からある状態へと移り変わる境界的領域を危険なものと捉えタブーが生まれるとする「境界理論」を提唱。著書に『神話としての創世記』などがある。

タレス
紀元前7世紀から6世紀の

「自らがそこからやってきた渾沌の無限に連れ出すもの」「ノモスが浮かぶピュシスのカオス的海に気付かせるもの」。恐れを抱かせつつ「本来そこから来たのに忘れていた」という懐かしさに似た感覚を抱かせる。それが治癒をもたらします。

森の体験もそれを与える。一皮剝けるのは、規定された社会から、未規定な世界――シニフィアン過剰・呪われた部分・リミナリティ――に出かけ、規定された社会に戻るという往還によります。呪術で「治る」のも、「社会から世界へ、そしてまた社会へ」という往還で、社会に再帰的に（なりすまし的に）関われるようになるからです。

さて、近所にウルトラマン第15話「恐怖の宇宙線」つまりガヴァドン回のロケ地の公園があり、滑り台をベースにしたアスレチック遊具に入園前の長女をよく連れて行きました。ある日そこに、まさに黒光りした戦闘状態*の子どもたちがいたんです。男女とも真っ黒で、無言のままジャングルジムを高速で動いていました。

おおた 一体化してね（笑）。

宮台 滑り台を逆さ昇りしていましたが、目まぐるしい動きなのに何のトラブルもない。すごさに圧倒されて「君たちどこの幼稚園？」って聞いたら「〇〇」って言うんで、結局子ども3人を〇〇幼稚園に入れた。森のようちえんではないけど完全自由保育で、取っ組み合いをしても制止しない。学芸会と遠足以外、集団行動はありません。

古代ギリシャの哲学者。万物の根源（アルケー）は水であるとした。

森の哲学
ゲルマン民族はもともとヨーロッパの周縁部の森や湖沼地帯に暮らしていた。そのためピュシスとしての森とつながりながら思考できる文化が根底に残っている。

ゲルマン
ローマ帝国時代まではバルト海沿岸やユトランド半島の森林地帯を現住地としていた民族で、4～6世紀のゲルマン人大移動でヨーロッパ全土に広がった。ドイツを表す英語のGermanの語源。

黒光りした戦闘状態【宮台用語】
子どもたちの集団が一種の変性意識に陥った戦闘状態になり、まるでそれぞれ「個」であることを忘れた

登園したらまず、誰と遊ぶか、何を遊ぶか、自分で決めなきゃいけない。決めないと辛い一日になっちゃう。だから、友達を作らなきゃ始まらない。場合によって遊びごとに違う友達が必要だし、遊びに友達を誘うには人望が要るし、リソースや人の奪い合いで喧嘩になったら収拾する力も要る。僕ですら最初はハラハラしました。

おおた　先ほど紹介したプレーパークの立て看板と同じですね。

宮台　この大変な過程を経ると、友達になる力、「私と遊ぶと楽しいよ」と相手に感じさせる力が身に付きます。だから「ここしかない」と3人を通わせました。長女が年少のとき、ある女子とツートップで番を張っていましたが、フィジカルコンタクトを含む喧嘩になって相手が段から落下。騒ぎになりました。

喧嘩以降が険悪だったので、園長先生に「介入してください」と頼んだら、「それはしません。法則的には3ヶ月で仲直りします。待ちましょう」と。そして3ヶ月が経ったら実際に復縁して前より仲良しになりました。分かっていたつもりでしたが、改めて、待つことの大切さと共同身体性ベースの感情能力の大切さを知りました。

幼稚園の話は無数ですが、重要なのは僕が子ども時代を「思い出せた」こと。子どもの身体能力と感情能力がどんなもので互いにどんな関係があるのかを理解できました。僕らの幼少期、学校や家庭がどうあれ、学校外や家庭外でワイルドな外遊びをし

かのように一体化して動いている様子。宮台はこの様子を、アメーバ状態になる、一つの世界に入るなどとも表現する。

た。花火は横打ちするし、焚火はするし、建設現場で秘密基地ごっこはするし。

おおた　ブランコは立ちこぎジャンプするし。

宮台　空中回転で砂場に着地するし。大人は指示しない。何もかも違った。〇〇幼稚園にはかつての環境が意識的に設定されていた。大人は指示しない。子どもが決める。「そこで遊びなさい」という形での遊具はない。近くに、東京農学校から一高に移管され、今は筑波大附属駒場中学校・高等学校が管理している有機田んぼがあったのもラッキーでした。

おおた　ケルネル田圃。

宮台　ケルネル田圃はときどき開放されます。水を張った状態だとタニシ、カワニナ、ドジョウが沢山いて、稲刈りを過ぎるとバッタやカマキリが沢山います。森に囲まれて里山的です。田んぼのぬかるみに汚れながら遊んだ後、やはり子どもは変わります。その過程を詳しく観察すると、僕らが子どもに準備すべきものが分かります。

　昨今の「劣化親」は「育ちの悪さ」で地頭が悪く、「いい学校・いい会社・いい人生」の昭和スゴロクを引き摺る。勝ち組になれば幸せになるとか。なれねぇよ。モテねぇし。身体性のない奴はスペックで選ばれても愛されない。言外・法外・損得外に閉ざされた奴は友愛も性愛も貧しく、タワマンで孤独死する（笑）。頻発しています。

おおた　それじゃあね、何が勝ち組なんだか……。

宮台　孤独死はほぼ日本だけの現象だけど、僕に言わせると日本は課題先進国。日本で起こったことはいずれ他国でも起こる。日本は社会の劣化＝「社会の外」の消去と、人の劣化＝身体・感情能力の劣化が、速く進んだだけで、生活世界のシステム世界への置換による「言葉の自動機械・法の奴隷・損得マシン」の増殖は普遍的問題です。

孤独死に象徴される劣化親の愚昧は、子どもを「言葉・法・損得」の時空に閉じ込めて「言外・法外・損得外」の時空から遠ざけること。〈社会〉は、「社会」の法生活と「社会の外」の祝祭と性愛の、両方あって生き得るのに、「社会」に閉じ込められた子どもは祝祭と性愛から見放され、つまらない毎日を生きるつまらない奴になる。

日本に「世間」があった頃

おおた　親がそうなってしまった前提というか、原因というのは？

宮台　ヒラメ（上にへつらう）とキョロメ（周囲に合わせる）という日本的劣等性。抽象的には、「適応（適応的学習*）優位」「貫徹（価値的貫徹*）劣位」の構え。三島由紀夫*が自決直前に書いた通り、日本人は一夜で天皇主義者から民主主義者に豹変した。私が一番の○○主義者だという「一番病」のポジション取りはあっても、価値は「からっぽ」。

日米開戦直後にできた占領統治研究プロジェクトのリーダー、ルース・ベネディクトは、シャワーと食事を与えられた日本人捕虜がその日のうちから極秘情報をぺらぺら喋ることに驚愕し、敗戦直後の占領軍は、兵隊や民衆のレジスタンスが皆無なことに驚愕した。戦後統治の巧みさが喧伝されるけど、日本的劣等性あってのことです。

でも「近代から見た」という但し書が付く。ウェーバー*いわく近代化とは計算可能化。つまり市場化や行政化など文脈を無関連にする手続主義化。日本は「建前より本音」「法より掟」「社会より世間」。でも生まれてから死ぬまで同じ仲間と一緒だったので空気は寛容。「言葉の自動機械・法の奴隷・損得マシン」がいなかった。

ところが「60年代団地化*」が地域空洞化＝専業主婦化を、「80年代コンビニ化」が家族空洞化＝個室化をもたらすと、共同体が消え、共通感覚が消え、世間が消え、信頼ベースが消え、「建前より本音」が「法より掟（信頼）」から「法よりズル（不信）」に変質。誰かがウマイことしてるという疑心暗鬼に陥る「法の奴隷」の新住民が湧く。

成育環境の最大の変化は「80年代コンビニ化」。新住民が多数派になり、昔からそうしてきたという共通感覚を無視し、目が潰れたら・火事になったら・骨折したら責

適応的学習
周りに合わせることが言動の原理になっていること。

価値的貫徹
自分の価値観、信念を貫くことが言動の原理になっていること。

三島由紀夫
作家。1925〜1970年。代表作は『豊饒の海』4部作など。1969年5月13日には東大で全共闘主催の討論会に参加。そのときの緊迫した会場の様子は『三島由紀夫vs東大全共闘 50年目の真実』というドキュメンタリー映画におさめられている。1970年11月25日に自衛隊市ヶ谷駐屯地（現・防衛省）で割腹自殺。

マックス・ウェーバー
ドイツの社会学者。18

任とれるのかとガナって花火横打ちや焚火を通報、遊具を撤去させた。安全・便利・快適を望む劣化親が「言外・法外・損得外」でつながる外遊びを奪ったんです。

「60年代団地化」の中で育った子が新住民親になったのが「80年代コンビニ化」。そこで育った子（10歳前後）が、「90年代後半キャラ&テンプレ化」（20歳前後）を経て、ゼロ年代後半（30歳前後）から劣化親になり、今（45歳前後）「育ちが悪い」中高生を育て、一部は大学生。今後も身体と感情の劣化は止まらず、社会と経済の劣化も止まらない。

だから日本の将来は絶望的（笑）。日本の将来は、子どもの身体・感情能力やそれを育む成育環境に掛かっている。特に子どもを抱え込む劣化親が最大の絶望因。80年代半ばに「ブランコで飛んではいけない」が出てきましたが、最近「立ち漕ぎもいけない」という劣化親が湧いています。

おおた　危ないという理由でいろんな遊具が撤去されたし。

宮台　いろんな遊び方があって楽しかった「ぎったんばっこん」（シーソー）まで、アゴを打つから危ないとかね。この手の劣化親がいなくなればどんなに希望に満ちた未来になるだろう。大人になってこの劣化ぶりであればどうにもできません。だからこの手合いを「即死系*」と呼びます。どうせ多くが孤独死しますが（笑）。

64〜1920年。主著に『プロテスタンティズムの倫理と資本主義の精神』がある。

団地化
経済合理性優先で設計された画一的な住居スペースに、土地に縁のない住民たちが広まり暮らす生活スタイルが広まったこと。

即死系【宮台用語】
あまりにもひどいクズに向けられる「安らかにお休みください」を意味する言葉。

おおた　70年代の終わりから80年代半ばまで渋谷の幼稚園にいらして、森のようちえん全国ネットワーク連盟立ち上げの中心メンバーだった内田幸一さんという方がおっしゃっていました。刃物とか火とか、危険なものを触らせないようになってきたのがちょうどその時代だと。

宮台　そう。劣化親はたとえエリートでも読書体験が乏しすぎて教養がない。文化人類学者の原ひろ子が雪原を生きるヘヤー・インディアンやジャカルタ・ムスリムをフィールドワークした『子どもの文化人類学』ぐらい読め。昔の日本みたいに刃物や火を使わせるのが人類史の標準であるのも、それが合理的である理由も、よく分かる。

そもそも怪我をしちゃいけないというのが頓馬。死んだり一生後遺症に苦しんだりする怪我は別にして、刃物で自身を切るとか火で多少火傷するとかは、死なないし後遺症もない上に、危険とはどういうものか、言葉で知ることと体感で知ることの間にどんな違いがあるかを弁えられるという点で、言葉に尽くせない利益がある。

おおた　ですね。このままじゃまずいから、東京を離れてタイムスリップしなきゃと内田幸一さんは思ったらしいんですよ。で、タイムスリップってどうするのって言ったら、彼の場合は長野に行くことだったわけです。時間を巻き戻すために。

宮台　土地に縁のない新住民が土地の共通感覚を知らないのに出しゃばって、「骨が折れたら誰が責任とるんだぁ〜！」とほざいたけど、不注意で骨が折れる奴が悪いから、以降は骨が折れないように気を付けるのが当たり前。それが60年代に小学生だった僕の感覚だし、80年代旧住民の感覚だけど、それのどこがダメなのか。

転機は1977〜83年。買物の際に隣人に預けた子が近くの溜池で水死したので両親が隣人夫婦を民事で訴えた奈良県「隣人訴訟」。83年に結審して控訴審になると、原告両親側に匿名の脅迫的な手紙や電話が殺到、両親は訴えを取り下げますが、被告夫婦側も当初は激励の手紙が届いたものの次第に匿名の手紙や電話の嫌がらせが増え、控訴を取り下げます。

その83年から設置者責任や管理者責任を問う訴訟が連発し、ビビった行政が遊具撤去などを進め、マンション管理組合が屋上ロックアウトなどを進め、教育委員会が放課後の校庭ロックアウトを進めます。「安全・便利・快適」厨《ちゅう》の勝利で、全国各地で子どもの成育環境が激変。そこで育った子どもの身体・感情能力が奪われました。

おおた　要するに大人が責任を取りたくないから、子どもが危ないことをする可能性を全部閉じちゃった。危ないことはできないから、トラブルはなくなるけど、子どもにとっての学びの機会も閉ざされてしまった。それはのちのちに社会にとっての不気味な数々のトラブルの温床になる。

宮台　はい。「安全・便利・快適」厨の新住民はクズ*。その定義は「言葉と法と損得に閉ざされた人」です。対極がマトモで、「言外・法外・損得外に開かれた人」。さて「80年代コンビニ化」の時代に、新住民のクズが湧いたのはなぜか。「60年代団地化」で育った子どもが親になったから。6つの小学校に通った団地っ子の僕が証言します(笑)。

団地は二つに分かれます。小学校の教室にお店屋の子・お百姓の子・地主の子・町医者の子・ヤクザの子・団地の子が混在する「小さな団地」。教室に団地の子しかいない東京の高島平や大阪の千里など「大きな団地」。僕は「小さな団地」っ子。前者を単に「団地」と呼び、後者を「ニュータウン」と呼ぶのが、当時の習俗です。

6年生の9月に東京の公立に転校して急遽受験して麻布に入って気付いた。仲間と交われない非社交的な子は「ニュータウン」出身が多く、どんな相手とも仲良くなる社交的な子は旧住民出身と「団地」出身が多い。ノリが悪い子＝フローに乗れない子と、ノリが良い子＝フローに乗る子。その気付きが社会学的営みの出発点(笑)。

東洋英和分校だった麻布は芸能人の子が多く「遊びと勉強が両方できる子＞遊びだけの子＞勉強だけの子＞両方ダメな子」というスクールカーストが伝統で、下位ほど「ニュータウン」出身が目立ちました。だから正確には「60年代ニュータウン化」で育った子が「80年代新住民化」の親になって育てた子が今の中高生の親です。

クズ【宮台用語】
感情が劣化してしまい、言葉の外に出ることができない人たち。言葉と法と損得に閉ざされているため、言葉の自動機械、法の奴隷、損得マシンになってしまう。言葉の自動機械、法の奴隷、損得マシンも宮台用語。

加えて、僕を含めて関西出身の子には誰とも仲良くなれるノリが良い子が多かった。僕の分析では言葉の用法が背景です。関西弁はフランス語に似てクリシェだらけ。「なめとんのかボケ！　いてこましたるど！」は東京の「おい！」と同じ（笑）。東京に転校してこれを発話したら、担任が語彙に分節して僕を叱った。何を意味するか？

前期から後期へのプラトンの転向を分析したハヴロック*いわく、言外の文脈込みのノリ――詩人へのミメーシス*（感染的摸倣）――から、リテラルな言葉――洞察する哲人への納得――へのシフトです。いわく背景は、貨幣経済による市民階層分化＆奴隷富裕化、市民への文字普及による脱音声化、などがもたらした共通前提の崩壊です。

おおた　新住民の悪い団地というのは、要するに、場が本来持っているものと切り離された存在ということでしょうか。「安心」「便利」「快適」を全面に打ち出して、合理的に計算し尽くされて設計された、人間の理屈の中から生み出された団地ということですかね。街ごと人工物、みたいな。

宮台　脳科学の最先端である予測符号化理論と、僕が20代で博論にした予期理論の関係がヒントです。前者いわく、動物は一般的に言語以前的徴候への選択的敏感さを有します。さもないと捕食対象を見付けられず、捕食者から逃げられないからです。ヒトにもそれがありました。ところが文明化＝大規模定住化で、先ほどの文字化が進み、

エリック・アルフレッド・ハヴロック
イギリス出身でアメリカやカナダで活動した古典学者。1903～1988年。『プラトン序説』の著者として知られる。この著作は、声の文化から文字の文化への移行がプラトン哲学を生んだとするメディア論として有名。詩人を愛でていた古代ギリシャのプラトンが、複雑な社会の統治のためにそれを否定し、ロゴス（散文）を重視する立場に変説した経緯を描く。

ミメーシス
「模倣」を意味するギリシャ語。宮台はよく「感染」の訳をあてる。ロールモデルの近くにいて、その言動を感じるうちに、自分にもその仕草や振る舞いや思考の癖が感染すること。「学ぶ」の語源が「まねる」であったことのニュアンスに近い。

大きく変化します。

言語以前的な予測符号化から、言語的な予測符号化＝予期化への変化です。言語的予測符号（予期）が複雑な分業編成を可能にし、複雑な分業編成が原生自然を間接化して言語以前的予測符号化を不要にし、言語以前的予測符号化能力を失ったヒトは原生自然ならぬ分業編成内でしか生きられなくなる。然るに、言語以前的予測符号を使えないとヒトは力を失います。

だから定住生活は法生活と法外生活の二世界でした。つまり〈社会〉＝「社会」＋「社会外（祝祭と性愛）」。そこに拡張版ヘッケル図式が入る。思春期前の子どもは法外生活だけ。直系祖先から100万年以上続いた遊動段階の大人の姿です。思春期を過ぎると法生活と法外生活の二世界を生きる大人になる。定住しつつも力を失わない1万年以上続いた大人の姿です。

それが昨今、生活世界（共同生活）をキャンセルしてシステム世界（市場と行政）から便益を調達する、汎システム化による「育ちの悪さ」ゆえ、法外生活に耐えられない「言葉の自動機械・法の奴隷・損得マシン」が湧き、アメリカ草の根保守が軽蔑して造語したキャンセルカルチャーを駆動。日本ではキャンセルカルチャーをいい意味だと勘違いする頓馬が量産中です。

おおた　逆に言うと、「いい団地」というのがもしあるとすれば、どんな団地なのか。

宮台　先に話した「小さな団地」。先ほどとは違った言い方をすると、勤め人の子以外にさまざまな自営業の子が教室に混在する規模の団地です。でも団地の規模だけの問題ではない。70年代前半に「小さな団地」の周辺が変化します。71年に小学校を卒業した僕の教室には進学塾に通う子は２人。75年に卒業した弟の教室には８人。ただの進学ブームの話じゃない。

確かに統計では家計の教育費が突如上昇に転じた。その意味が問題です。農家を含めた自営業者が子に継がせたくないと思い、「いい学校・いい会社・いい人生」の昭和スゴロクに参入しはじめたんです。だから、昭和スゴロクは所詮70年代以降で、名称に偽りあり。かくて団地の規模に関係なく、地域から・教室から生活形式の「多様性」が失われました。

ローティ*いわく、プラグマティズムの伝統では「多様性」とは異なる生活形式を送る人々のフュージョン（メルティングポット）。多様なカテゴリーの人に権利を認める法形成を専ら目標にする「やってる感左翼」は「多様性」と言いつつゾーニング（サラダボウル）を進めるだけ。経済が低調になればバックラッシュを招く。それがトランピズムです。

ローティが区別しているのは、言葉と法だけの「損得で従う多様性」と、損得を超えた「感情が促す多様性」。要は、自発性 voluntariness に留まる「やってる感多様

リチャード・ローティ
アメリカの哲学者。1931〜2007年。ネオプラグマティズムの代表的存在。主著に『哲学と自然の鏡』がある。

性」と、内発性 inherence に刻まれた「本物の多様性」。空気に縛られるヒラメ・キョロメで、法生活ならぬ法外生活に耐えられなくなったクズ（法の奴隷）には、論理的に「本物の多様性」は無理。

おおた （笑）。そもそもの自然環境があって、その中に育まれた文化的な環境があって、その上に住環境、人々の暮らしがある場合は、つまり自然と文化と暮らしに連続性がある場合は、そこに暮らす人間の身体性みたいなものも担保されやすいんだけども……。

宮台 はい。最近2500年続いた事実が分かったマヤ文明*から学べるTipsは二つ。第一に、分業編成の複雑化で原生自然を間接化しきらないこと。第二に（ストック格差による階層分化がもたらす）ゾーニングで各分業部署の間での人のなりきり合いを不可能にしないこと。要は、身体・感情能力に刻まれた世界観や社会観は生活形式の問題なんです。

おおた そこにプツッと分断があって。人工的な、それこそ先ほどの言葉で言えばロゴスの中で、経済合理性に則ってつくられた環境の中だけにいると、身体性みたいなものが劣化していくと。そういうことでしょうかね。

マヤ文明
中米に起こった古代文明。9世紀頃から衰退した。

宮台　はい。「生活形式→共同身体性→感情能力→本物の多様性」という前提供給関係＝生態系があります。それを弁えず多様性や持続可能性をガナっても無駄。自然生態系と同じく社会生態系はいいとこ取りできない。また自然生態系を無視して社会生態系を考えられず、社会生態系を無視して自然生態系を考えられません。自然生態系と社会生態系で全体生態系です。

生態系は空間的全体性であるのみならず時間的全体性でもある。先に詳細化したけど「60年代団地化」で育った子が親になって「80年代新住民化」を駆動。そこで育った子が「法外を恐れ、かつ生きづらい（つまらない）大人」になって今は中高生を育てている。法外を恐れれば生きづらくて当たり前。ひきこもりや摂食障害や鬱化だけ論じても無駄です。

生態系の時間次元に鑑みれば「60年代団地化」——正確にはニュータウン化と、団地を超えた昭和スゴロク化——までロールバックしてソーシャルデザインをし直す必要がある。ということはマクロには不可能です。制度変更しようにも制度変更を担う人々が劣化した以上（民主政下では）無理だからです。だからミクロから始めます。「森のようちえん」です。

「同じ世界」に入るということ

おおた　宮台さんの『ウンコのおじさん』も、そういう問題意識からやられていると思うんです。他にも親業的なワークショップや、性愛的なワークショップでも宮台さんって有名じゃないですか。単なるいわゆるセックス的なものではなく、共通した問題意識から出てきたワークショップであるという。

宮台　はい。性愛の相手が現れたら、異性愛であれ同性愛であれ「同じ世界」で「一つになる」といい。約2500年前のプラトンに始まりバタイユやレヴィナスや吉本隆明*に到るまで同曲を変奏します。文明化＝大規模定住化・分業編成複雑化・原生自然間接化・言語的予測符号化が分泌した、自己 self や自己を維持したがる自我 ego は疎外＝非本来性だと。

プラトンいわく、神性から疎外されて欠けた自己が神性を回復して全体に開かれる営みが性愛。バタイユやレヴィナスいわく、言語で疎外されて欠けた自己が身体性の回復で言外の無限に開かれる営みが性愛。吉本いわく、共同幻想の対幻想からの分離で自己幻想へと疎外された者が対幻想という無限に開かれて疎外から逃れる営みが性

吉本隆明
詩人、評論家。1924〜2012年。主著に『共同幻想論』がある。作家の吉本ばななの父でもある。

愛。まさに同曲です。

イスラム文化が欧州に入った「12世紀ルネサンス*」による世俗化で貴夫人を神に擬えて唯一性規範――あなたは世界のすべて――と贈与（脱損得）規範――あなたのためなら法も破る――を持ち込んだトルバドールが直接的には恋愛概念のルーツですが、二つの規範の「社会外」への誘いゆえの魅力で、18世紀末からの小説の普及で全世界に拡がりました。

見逃されがちですがイスラム文化進入の本質は初期ギリシャの回復です。恋愛概念については、アガペー＝完全な存在たる神の愛と、エロス＝欠けた存在たる人の愛の区別と、それゆえ完全に戻ろうとする人の恋愛（プラトン）の、ルネサンス。単に世俗化だからルネサンスと称されたんじゃない。初期ギリシャを回復したからルネサンスと称されたんです。

「あなたは世界のすべて」「あなたのためなら法も破る」の二規範に限れば特殊欧州的ですが、ギリシャに発する成立史と、20世紀の全世界化の歴史を見れば、「社会」に閉ざされて疎外された自己を「社会外」で忘れて全体性を回復するという往還において普遍的です。その普遍的な往還で「社会」で失われた力を取り戻すためのワークショップです。

おおた　そこがなかなか……。宮台さんのことをご存じないと、つながりが分からな

12世紀ルネサンス
中世ヨーロッパにおいて興った、古代ギリシャや古代ローマの古典文化から学ぶべきであるとする復古主義。度重なる十字軍遠征によって、古代ヨーロッパの思想を受け継ぐイスラム圏の優れた文化を知ったことがきっかけ。

かったりするのかなと思うんですけれども。

宮台　「育ちが悪い人」が部分だけを見るからです。僕の性愛ワークショップは恋愛ワークショップです。モテたい・ナンパしたいというナンパ講座経験者を包摂するために性愛ワークショップと言います。そこで世のナンパ講座の99％がクソだと言って傷つけます。自分がどう見えるかを意識し、相手を幸せにすることを意識できない営みをする者は、クズだと。

おおた　「落とす」っていう目的がありきで。ねえ（笑）。

宮台　性交できた程度で「落とせた」と思うのは哀れです。所詮は「僕だってここまでできる！」という碇シンジ的営みです。だから、世のナンパ講座は「バンゲ（連絡先ゲット）から性交まで」を教えますが、僕のワークショップは「性交から絆まで」を教えます。その意味で、皆さんには「恋愛ワークショップ」と呼んだほうが誤解がないでしょう。

恋愛ワークショップは2012年から。僕の問題意識を話すと、東日本大震災後「原発都民投票条例の制定を求める住民直接請求」の請求代表人をした件に関連します。署名の伸び悩みで街頭で訴えた。「原発賛成の方こそ署名を。脱原発署名じゃなく、原発の合理性を公開で議論する機会を作るのが目的。原発の合理性を明らかにしたい方こそ署名を」と。

その御蔭か分かりませんが最終1ヶ月で伸びて法定署名数を達成、条例案が上程されました。違和感が二つあった。①原発推進派と脱原発派を二項対立化した署名活動者が多いこと。都民全体を見るなら過剰な敵味方図式です。②条例案の否決で落胆した者が多いこと。初めから議会構成ゆえに可決はなく、市民の討議を経た決定を訴える以外の目標はない。

これらあり得ない構えが何に由来するのだろう。一概に言えないと断って語ると、原発推進派と同じく脱原発派も多くが自分ないし自陣営の目標達成のために人々をコントロールしようと考えてはいないかと。当時の僕は世田谷区でデンマーク発のコンセンサス会議の模擬版を試行し、分断を深めるより相手に気付くための会議の方法を模索していました。相手に気付くとはどういうことか。

保守派論客の西部邁*氏や元東大全共闘の芥正彦*氏や音楽家で音楽批評家の近田春夫*氏や叛旗派創設者の三上治*氏とも「表に出ろ!」「望むところだ!」といった怒鳴り合いが出発点でとても仲良くなりました。でもこの四半世紀の日本では語調が強いとか弱いとかトーンポリシングする頓馬が湧く。自己防衛が専らで、相手に気付こうとする構えがないからです。米国の一部を除けば国際標準ではそんなことはどうでもいい。

東浩紀氏と米国講演旅行をしたときも、英語大学院で5年間教えたときも、僕の話

西部邁
評論家。1939～2018年。討論番組では宮台と対立して途中退席する歴史的名場面も。

芥正彦
劇作家、俳優、演出家。1946年～。1969年、東大で行われた三島由紀夫と全共闘の討論会では、三島と一騎打ちの舌戦を繰り広げた。

近田春夫
音楽家。1951年～。近刊予定の宮台の自叙伝的対談本の対談相手でもある。

三上治
評論家。1941年～。

に腹が立てば「ふざけたことを言うな！」と感情的に異論を発して当たり前。女性も男性も同じ。それで話が成り立たなくなるだと。あり得ない。作法に慣れない者が排除されるだと。ならば作法に慣れる努力をするか、作法に慣れた人に代弁してもらえ。声なき声云々も所詮はその範囲。

相手に気付くとは、言外で相手を見極める営みです。度重なる芥正彦氏との討論で「表に出ろ！」と言われて威嚇だと感じたか。微塵も感じない。言葉や語調の外で素晴らしさを感じたから。日本初の民間右翼団体玄洋社の頭山満は、思想語りは単なる言葉だとし、むしろ身を捨てる果敢な相手と見れば自由主義者も社会主義者も食客にした。これぞ、言外で相手に気付く営みです。

そして、トーンポリシングする頓馬の湧き出しと、高校男女と大学男女の性体験率や交際率や交際経験率の急減に見る性的退却が、並行すると気付いた。統計的な性的退却は、「コクってイエス」で同性仲間が承認する属性を持つ相手とカレシカノジョになる恋愛未満の営みの、実りのなさが背景です。ワクワクメールの50万人の名簿を元にした質的調査で分かりました。

おおた　恋愛でも、政治的合意形成でも、討論でも、相手を何とかしようという構えを捨てて、個と個の関係性ですらなく、一つの場に一緒に入るってことですね。

宮台　はい。一つの場に一緒に入ると言うと、そこにも頓馬なマニュアル本や動画が湧いていて、「ミラーニューロンが大切なんですね！」みたいな話をしている。

おおた　（笑）。ミラーニューロンというのは、目の前の人が例えば鼻の頭をかいていると、ついこちらも鼻の頭をかきたくなるみたいに、脳が自然に相手の真似をしちゃうことですね。

宮台　それを逆用して、意識的に相手の所作を真似れば「同じ世界」に入れるというわけ。アフォーダンスの話をしたけど、複数の身体が、すべての事物（の動き）に同様にアフォードされる営みと、互いが互いの身体（の動き）にアフォードされる営みの、時系列だけが、「同じ世界」で「一つになる」営み＝コントロールならぬフュージョンを可能にします。ミラーニューロン云々は、せいぜい警戒感を緩和するのに役立つ程度。

ワークショップで分かったことが二つ。①幼少期に友達と団子になって「黒光りした戦闘状態」で遊んだ経験を思い出せるかどうかがキモ。②幼少期に親を含めた年長者から「心から愛された」という経験を思い出せるかどうかがキモ。①は身体次元＝いちゃいちゃ次元に、②は感情次元＝関係性次元に関連し、①と②の交差点に「寝ても覚めても」の恋愛がある。

おおた　言葉を介さずに一体になる、一つになるという原体験を持っている人は、大人になってからでも、例えば性愛を入り口にして、小さい頃の原体験を思い出すことができる。きっかけさえあればその感覚を取り戻すことができる。でも、そもそもその原体験がないと厳しいということですね。

宮台　はい。「思い出せ」と言われて通じるかどうかがキモ。カテゴリーによるコントロールを超えてフュージョンできるか。フェチを超えてダイヴできるか。「同じ世界」で「一つになる」営みができるか。思い出せれば心と体を切り離さない恋愛できる。そんな恋愛ができれば、言葉・法・損得の外側でつながる先に、さまざまな営みに開かれます。

　直接思い出せなくても映画の素養があれば、第一次大戦時に互いに敵陣営同士が歌でつながった作品や、第二次大戦時にナチス将校とユダヤ女性が恋に落ちた作品を思い出せる。それらから親や教員を含めた大人が子どもの成育環境として用意すべきものが分かります。それを用意すれば、「在日*は敵だ」的なウヨ豚*も「男は敵だ」的なクソフェミ*も生まれません。

おおた　だから宮台さんの性愛ワークショップは、決して異性を思い通りにすること

在日
在日韓国・朝鮮人のこと。日本の植民地支配中に日本に移住した人々とその子孫で、特別永住者の資格を持つ人。

ウヨ豚【宮台用語】
本当の右翼を理解せず、宮台用語の「クズ」に分類される人々が表面的に右翼のような言動をしていること。自分を右翼だと思い込みつつ、右翼を極端に貶めている、神経症的な差別主義者。

クソフェミ【宮台用語】
本当のフェミニズムを理解せず、宮台用語の「クズ」に分類される人々が表面的にフェミニストのような言動をしていること。カテゴリー差別主義。

が目的ではない。性愛という、一つになる感覚を味わいやすい体験を通して、身体性とか共同身体性、もしくは場の中で一つになる、同じ世界に入るという感覚を、人間として取り戻すためのワークショップだったわけですよね。

宮台　哀れな言葉の自動機械・法の奴隷・損得マシンから人を救うためのもの。所属集団でのポジション取りのために糞がついたケツでも舐める哀れな営みから人を救うためのもの。ＫＹ（過剰）を恐れてキャラ（平均）を演じ続ける哀れな営みから人を救うためのもの。ホームベースがないのでバトルフィールドに出られない哀れな人を救うためのもの。

『ウンコのおじさん』で紹介した通り、幼保の子どもたちには「仲良くなるってのは、ピンク色の風船の中に一緒にふわっと入った感じだよ」と告げてきたけど、それも同じ。ナンパって言葉も、今は劣化した輩の営みを指すから嫌です。相手を誘ってうまく行くか行かないかを決めるのは「同じ世界」に入れるかどうか。技術じゃなく「育ち」の問題です。

おおた　知識とかじゃない、ってことですよね。

宮台　はい。むろん互いに別々の自己推進的な身体です。「同じ世界」に入ろうとしても入れない相手がいます。性交の相性が一例だけど、言外の敏感さがあればハグすれば分かります。ハグして自己の輪郭が溶けるかどうか。ところが「同じ世界」と言うと、昨今では「それはつまり趣味が同じってことですか?」とホザく男女が出てくる。即死系です。

おおた (笑)。即死系。

宮台 その意味は古いバプテスマ(洗礼)と同じ。「死んで生まれ直せ」です。今はSNS時代。調べればすぐ相手の趣味が分かる。それに合わせて、映画なら要約動画で情報収集すれば、30分で「僕も同じ映画が好き!」って演じられる。相手の趣味に内側からなりきって、「たぶんこの古い音楽も好きじゃないかな」と勧めるほうが、相手がもっとワクワクします。

当たり前。相手を幸せにしたいんでしょ。ならばセンス・オブ・ワンダー。同じものが好きってだけじゃ話が合ってもワクワクしない。「この人は何で私が・僕が好きなものを見付けられるの」がセンス・オブ・ワンダー。つまりワクワク。私が・僕が世界をどう体験するか深く知ってくれているという喜びも伴う。それなくして「ハグして溶ける」はない。

おおた　社会は劣化しているんだけれども、劣化した状態に最適化していった人たちが親になり、その劣化した社会の価値観、損得勘定の中で子どもを「社会化」していこうとする。そこに最適化させようとしていく。で、ますます下の世代の子どもたちの感情が劣化していき、その感情の劣化がまた社会の劣化を悪化させ、っていう悪循環が起きているわけじゃないですか。

宮台　そうです。

おおた　で、この社会化というのは教育の重要な一つの側面ですよね。

クソ社会の洗脳から子どもを奪還する

宮台　整理します。教育の成功とは、教育意図を持つ人が、教育意図を貫徹することです。つまり意図通りに学ばせること。教育とは別に社会学には社会化の概念があります。教育の主体は人ですが、社会化の主体は社会。社会が人を洗脳するのが社会化です。社会は社会化のために親や先生などエージェント（代理人）も使うけど、テレビや漫画も使います。

教育の成功は社会化の成功を意味しません。麻布中学校・高校の例。入学時点で学園闘争だった僕の学年は最悪。10月の文化祭以降、機動隊を使ったロックアウトでしばらく授業がなく、再開後も全校集会や学年集会の嵐。公園で野球したら英語の単位がつき、授業中にラーメンの出前が来た。教員から見放されていたけど、東大入学者が歴代1位でした。

おおた 当時2位です。今は4位ぐらいになっています。さっき調べたらそうでした(笑)。

宮台 もちろん東大入学者の多さが社会化の成功という意味ではなく、なぜそうなったか話しています。学校も教員も当てにならないので、本を読んだり仲間と話したりして社会とは何かを自力で考えて強い動機付けを得たからです。父から「革命するなら東大だ、宮本顕治*を見ろ」と言われたのが笑い話。いずれにせよ当時の麻布では教育意図が挫かれていました。

おおた そうですね。宮台さんが入学したのが、麻布の学園紛争の末期です。初期の学園紛争の混乱に乗じて同窓会から乗り込まれた校長代行が、独裁者になり、生徒たちだけでなく教員をも抑圧し、横暴を極め、最終的には生徒たちの怒りが爆発し、校

宮本顕治 政治家、文芸評論家。1908~2007年。日本共産党の書記長を務めた。東大卒。

長代行をつるし上げ、実力行使で退任に追い込みました。そこで一切の校則や罰則規定がなくなります。でもそのあと、学校が秩序を取り戻すまで、文字通りのカオスな状態が何年か続いた。宮台さんの在学期間はその時期にぴったり重なるんですよね。だからほとんどカリキュラム通りの授業が受けられなかった。なのに、大学の進学実績ではずば抜けた結果を出した。だったら、今まで真面目にやっていた授業はなんだったの？　みたいな（笑）。

宮台　教育意図を貫徹できない状態で、僕らの学年とその周辺に面白い人たちを輩出しました。僕のことは横に置いて（笑）、英国のプログレバンドの弁護士を経て映画館を経営したりとか、世を騒がせた文部官僚のトップとか、有名映画のプロデューサーとか、他の進学校にないバリエーション。つまり教育は失敗したけれど、社会化は成功したんですよ。

おおた　そうですね。

宮台　ただし、社会化の成否は何を良き社会だと考えるかで変わります。トクヴィルからギデンズ*までの民主政論の伝統では、国家から自由な共同体が無条件に個人を支え、共同体から自由な個人が民主的に国家を支え、国家が税金を対価として無条件に

アンソニー・ギデンズ
イギリスの社会学者。1938年〜。著書に『社会の構成』などがある。

共同体を支える「共同体↓個人↓国家↓共同体↓…」という循環が望ましく、僕もそう思います。

その理由は『経営リーダーのための社会システム論』（光文社）に譲りますが、個人が共同体の掟で育まれるので、国家の法の奴隷にならないこと。その意味で、麻布の掟で育まれた生徒が、「既存の」国家が望みがちな計算可能な大人になりたがらないのは、良いことです。これは主知主義*的な左翼よりも、むしろ主意主義*的な右翼の価値観に即したものです。

アメリカのケツを舐める行政官僚・のケツを舐める政治家・のケツを舐めるマスコミ・のケツを舐める評論家やコメンテイター・のケツを舐める大人・のケツを舐める子どもというケツ舐め連鎖のムカデ競争が、既得権益を変えられずに日本の経済と社会を垂直降下させる現状を思えば、自立的共同体↓自立的個人↓自立的民主国家↓……の循環は不可欠です。

教育に失敗した紛争校麻布は、生徒らが自立的共同体を営み、それが自立的個人を育み、空気に縛られず政治体を支える人材を輩出した点で、社会化に成功した。実際、麻布が生んできた「ヒラメ・キョロメを嫌悪し、過剰を恐れず平均を演じない」エリート人材なくして、安全保障は絵に描いた餅。軍事費を上げてもハンドルとブレーキが利かないポンコツ。

ガラパゴス日本でいわゆる「いい学校」で、教育委員会と校長のケツを舐めるクズ

主知主義と主意主義
行為において、明確な根拠を尊重する主知主義に対し、端的な意志を尊重する立場が主意主義。神学者シュライアマハー（1768〜1834年）によると、神が全能なのに悪がある理由を論じる弁神論では、人には悪に見えても全ては全能な神の計画だとする主知主義に対し、神は全能なのだから端的に何でも望み得るとする立場が主意主義。宮台によればこの二項図式の起点は前5世紀前半のギリシャ。神の言葉に従えば良いことがあるから善を為すセム族の条件プログラム的な一神教信仰を軽蔑し、善を為し

教員の言うことを聞く「いい子ちゃん」であれば、教育意図が貫徹される「教育の成功」によって、社会の存続維持を妨げるクズ人材が育って「社会化に失敗」します。「教育の成功」こそが「日本の垂直降下」の原因で、「法の奴隷」である新住民を大量生産してもいます。

おおた　特に日本の受験制度への過剰適応は、私がとても危惧している問題です。今の受験システムだと、大量の課題をこなすスピードと忍耐力、そして何より、与えられた課題に疑問を抱かない能力を持っていることが有利になるルールですから。

宮台　別の言い方をすると、社会化とは、社会による洗脳だから、社会がクソだったらクズを育てます。今の日本は間違いなくクソ社会。* 「クソ社会」の定義は「言葉と法と損得へと閉ざされた社会」「法外生活（掟生活）がない法生活」「社会の外（祝祭と性愛）が消えた社会」であるがゆえに「人から力を奪うつまらない社会」のこと。人類学的定義です。

クソ社会が育てる「クズ」の定義は「言葉と法と損得へと閉ざされた人」「言外・法外・損得外を生きられない人」「フュージョンならぬコントロールの人」「『同じ世界で一つになる』営みができない人」「祝祭と性愛から疎外され『毎日がつまらない人』」「祝祭と性愛を生きられる人に嫉妬する『人から力を奪うつまらない人』」です。人類

たいから善を為す目的プログラムこそギリシャだと擁護した。社会学者ウェーバー（1864〜1920年）は、条件プログラムを目的合理性、目的プログラムを価値合理性と呼んで、ニーチェに倣い価値合理性を擁護した。宮台いわく政治思想史上、右は主意主義、左は主知主義の系列を指す。資本主義の肯定否定は無関係で、資本主義を否定する北一輝も石原莞爾も主意主義ゆえ右となるのである。

クソ社会【宮台用語】　言葉と法と損得に閉ざされた社会。つまりクズ（66ページ）たちが支配する社会。

学的定義です。

戦後、ドイツからアメリカに流行の中心が移った社会学は、「構築主義」[*]の愚に陥ります。文化や制度は恣意的な構築物だから変えられるのだと。とんでもない。イリッチ[*]が直ちに生態学的＝存在論的思考を元に反論した。超短期はいざ知らず長期にわたる文化や制度は、それで社会が存続したから存在する。近代の文化や制度は社会の存続可能性が担保されていないと。

健常者と病人に二元化する「病院化」。優等生とそれ以外に二元化する「学校化」。平等を旗印に『女の男化』に進む「セクシズム」。これらはすべて存続可能性が怪しい生産性至上主義の近代社会にヒトを動員する装置に過ぎないと。デ・カストロ[*]に到っては、文化相対主義を掲げる「構築主義」は、「構築主義」を主張する頓馬にだけ当て嵌まるとしました。

僕の言い方では、法外生活を消去する「法化社会 thoroughly legalized society」はヒトから力を奪うがゆえに存続しない。映画評では「『微熱』なき社会は、抑鬱ゆえに『沸騰』（デュルケム[*]）を招くから存続しない」。ローティの「法形成で社会を変えたつもりの『やってる感左翼』はバックラッシュを招いて終了」というトランピズム予測に通じます。

以上は、進化生物学がいう「生態学的にヒトを存続させた100万年単位の生活形式ゆえに与えられたゲノム的傾向」を前提とした論理的問題です。頓馬な構築主義者

構築主義
当たり前で不可避だとみなされがちな人間などのある性質が、社会的に恣意的につくられたもので、変更可能だとする考え方。反意語は、本質主義。

イヴァン・イリッチ
オーストリア出身でラテンアメリカで活動した思想家。1926〜2002年。近代産業化社会を批判し、「脱学校論」などを展開した。カトリックの司祭でもあったがローマ・カトリックを批判し、司祭の資格を放棄した。

エドゥアルド・ヴィヴェイロス・デ・カストロ
ブラジルの人類学者。1951年〜。主著に『食人の形而上学――ポスト構築主義的人類学への道』がある。アニミズム的世界観を多自然主義と呼び、欧米の多文化主義と対比する。

は本能を否定しますが、サンデル*が好んで参照する「トロッコ問題*のハウザー*的解釈＝感情という越えられない壁」から昨今の行動経済学に到るまで、ゲノム的傾きの存在は科学的な常識です。

ただしサンデルいわく、ゲノム的傾き＝生得的プログラムは、文化＝習得的プログラムで「ある程度」上書きされる。「法化社会」をもたらす「法生活へと閉ざされたヒト」がそれ。でも飽くまで「ある程度」。「法生活への閉ざされ」はゲノム的傾きゆえにヒトから力を奪って抑鬱状態を導き、ヒトはポピュリスト（トランプ！）の餌食になって沸騰します。

以上は、日本で生じた新住民化＝法化社会化が、生活世界をシステム世界が置換する「汎システム化」ゆえにどこでも起こり、それゆえ日本が課題先進国 problem advanced society であることを示します。要は「普遍的なミクロがもたらす普遍的にマクロな問題」。法外の問題だから法形成じゃどうにもならない。だから「社会という荒野を仲間と生きる」。

草の根右翼クリント・イーストウッドいわく「国がどうあれ仲間を大切にする」。日本やアメリカがどうあれクソ社会による社会化から子どもを奪還する。そのためにクソ社会のエージェントたる親や教員から子どもを奪還する。奪還方法はデューイ*が言う体験教育に向けた体験デザイン。恋愛・親業・キャンプ・カヤックの各ワークショップがそれです。

主義とは、物理的世界は唯一であるけれど人間の文化次第で世界が違って見えるという発想。最近流行りのエンパシー（共感）はそれを土台にした営み。しかし多自然主義における「なりきり（ビカミング）」は違う。万物が人であり、私たちは動物にも植物にも無機物にもなりきれると捉える。

エミール・デュルケム
フランスの社会学者。1858〜1917年。フランス社会学派の創始者。急激な産業化によって、社会的連帯の崩壊や功利主義の蔓延、自殺の増大などが起きている状況を「アノミー（無規範、無規制）」という独自の概念で把握し、改善しようとした。

マイケル・サンデル
アメリカの政治哲学者。1953年〜。著書『これからの「正義」の話をしよ

一口で「沈みゆく日本の中で、沈まない界限を残す実践」です。キリスト者である僕がキリスト者である神戸ＹＭＣＡの阪田晃一氏と作った「体験デザイン研究所・風の谷」の、学問と経験に裏打ちされた実践です。ブラックな社会に戻るべくリフレッシュする「週末のサウナ」ならぬ、社会と自分のどこがダメかに気付いて対処する「脱洗脳の実践」です。

おおた　社会が時代とともに、「発展」と言っていいのかどうなのか分かりませんが、変わってきました。そうすると、「社会は変わっているんだから、教育もそれに適応していかなければいけない」となる。でもその「発展」の先がクソ社会化だった場合には、その教育内容も、子どもに対して本質的にネガティブな影響を与えるものになっていきますよね。

宮台　なっていますよね。

おおた　ただ思うのは、人間としての土台の部分。恐らく宮台さんがおっしゃっている「共同身体性」とか、「一つになる感覚」というのは、実はもう何万年も前から変わらない、もともとあるものじゃないですか。

う』の大ヒットで日本でもブームが起きた。近著に『実力も運のうち 能力主義は正義か？』がある。

トロッコ問題
非常に有名な思考実験。制御不能になった猛スピードのトロッコが走る線路上に5人の人間がいて、そのままでは5人ともひき殺されてしまう状況にある。しかしあなたはたまたま線路の分岐点にいた。あなたが切り替えレバーを倒せば、トロッコは進路を変えて、5人は助かる。その代わり、切り替わった進路の線路上にいる1人の人間をひき殺すことになる。あなたはレバーを倒すか否か。もう一つの思考実験。制御不能になった猛スピードのトロッコが走る線路上に5人の人間がいて、そのままでは5人ともひき殺されてしまう状況にある。あなたはたまたま線路にかかる橋の上に

宮台　このあいだまで普通にありました。

おおた　もともとあるものなんだけど、例えば義務教育の9年間の中で、あれやんなきゃいけない、これやんなきゃいけないといろんなものを押しつけられる。つまりクソ社会における損得勘定的なものやロゴス一辺倒な考えを次から次へと詰め込まれることによって、人間にもともと備わっていた生き物としての土台の部分をたっぷりと豊かに育てる機会をどんどん削っていった、と捉えることもできると思うんですよね。

宮台　本当にそうです。

おおた　そうすると、時代は変わっていくので、上物《うわもの》はある程度、時代にアジャストしていく必要があるんだけど、一方で、時代や社会の変化が激しいときほど、土台の部分って崩しちゃいけない。そこの優先順位を明確にしていくことが大事。それが悪循環を止める方法論になるのではないかと思います。

宮台　その通りです。

おおた　それなのに、その土台の部分をどんどん削ってしまって、焦って上物を建て

いた。隣には体格のいい人がいる。その人物を橋から線路に突き落とせばトロッコを止めて5人の命を救うことができる。あなたは隣の人を橋から突き落とすか否か。二つの状況は、構造的には似ていても、レバーを倒すのと直接的に人間の肉体に触れて突き落とすのとでは心理的な抵抗感が違うことをここでは述べている。

マーク・ハウザー
アメリカの進化生物学者。1959年～。カリスマ的存在だったが、2010年に研究不正が発覚し、ハーバード大を辞職している。

ジョン・デューイ
アメリカの哲学者。1859～1952年。プラグマティズムの代表的存在。主著に『学校と社会』『民主主義と教育』『経験と教育』がある。

ることばかりやっているのが今の教育改革です。

コントロールではなくフュージョン

宮台　この四半世紀、若い世代に友達と恋人がいなくなりました。と言うと「いる」って抗うけど、生き死にに関わる悩み相談をしたことがない知り合いを「友達」に数えただけ。同性仲間の承認を当てにして「コクってイエス」で誕生したカップルを「恋人」に数えただけ。損得を超えた贈与も、寝ても覚めても想う営みもない。つまらないから退却しちゃう。

おおた　それは先ほど皆さんにご紹介した、新聞の広告に書いていただいた推薦文の言わんとするところですよね。ものすごくロゴス的ですよね。カレシカノジョの関係かそうじゃないかの境目がすごくはっきりしている。だけど人間関係って、そんなに簡単に線引きできるものなの？　って思いますよね。「僕たち友達！」って握手をすればその瞬間に友情が生まれるのか。「付き合ってください」「はい」ってやりとりすれば、その瞬間に二人は愛で結ばれるのか。そうじゃないでしょって。実態としての友情や愛情があって、それを確かめ合う手段の一つとして言葉があるだけで、言葉に頼

マルティン・ブーバー
オーストリア出身の宗教哲学者。1878〜1965年。主著に『我と汝』がある。

エドムント・フッサール
オーストリア出身のドイツの哲学者。1859〜19

りすぎるときっと本末転倒が起こりますよね。好きでもない奴と、なぜかカレシカノジョの関係になってるみたいな。

宮台　だから「嫌われないようにカレシカノジョの言うことは何でもする」みたいなクズ女・クズ男が溢れます。そんなことで嫌う相手は恋人ではないよ。「女に潮吹きさせた僕は大丈夫」みたいに自分の達成に専ら注意が向く男。「インスタ映えのテンプレデートした私は大丈夫」みたいに自分のポジション取りに専ら注意が向く女。定義によりクズです。

20年ほど前から、複数プレイや軽いＳＭプレイの経験者の絶対数が男女とも増えたけど、エロ動画を見て「○○プレイをしてみたい」と言う男に、「好きな相手が喜ぶなら応じなきゃ」となる女が増えたから。「なりきり」で女の享楽をモニターできない男の「喜び」はクソだし、そんなクズ男の要求に応えるのが良いことだと思う女の「愛」もクソです。

なぜクソか。相手が置換可能だからです。19世紀末のウェーバーの「人格ならぬ没人格」概念以降、ブーバー*の「汝ならぬそれ」、フッサール*の「生活世界ならぬ物理世界」、パーソンズ*の「表出的ならぬ道具的」、ハーバマス*の「コミュニケーション的ならぬ道具的」など、「尊厳（内から湧く力）を奪う置換可能性」という思考伝統を弁えなければいけません。

３８年。数学者から哲学に転じ、「現象学」を提唱した。主著に『現象学の理念』『イデーン』がある。

タルコット・パーソンズ　アメリカの社会学者。１９０２～１９７９年。仕事の達成に向かって課題の解決に貢献する者を道具的、作業中に生じる精神的緊張を解消させる者を表出的とそれぞれ表現し、組織には両方のタイプのリーダーが必要だとした。主著に『家族』がある。

ユルゲン・ハーバマス　ドイツの哲学者でフランクフルト学派。１９２９年～。目的を達成するための最適な手段を選ぶ理性を道具的理性、対話やコミュニケーションを通じて合意や理解を得る理性のことを対話的理性と呼んだ。主著に『公共性（圏）の構造転換』がある。

「自己という欠損を欠損以前に戻すエロス」というプラトンからバタイユやレヴィナスを経て吉本隆明に到る思考伝統も踏まえなきゃいけない。単なる思考と違って思考伝統は、受け継がれかつ彫琢《ちょうたく》を重ねてきた英智です。なのに「価値観を押し付けるな、私の自由だ」と言う学生だらけ。むろん好きにしてよ。でも人類史の英智を無視すれば吠え面を掻くだけ。

と言うと「男の思想家ばかりだ」と言葉の自動機械が湧く。「カテゴリーでキャンセルするな」「カテゴリーにステレオタイプを結び付けるな」がフェミニズムの思考伝統。素晴らしい内容だと思えばリスペクトし、思考内容に問題があればそれを指摘した後、ジェンダーバイアスかも……と推測すべき。その手順を省けば、思想批判ならぬフェミニズムの思考伝統に悖《もと》る差別的キャンセルカルチャーです。

ちなみにアメリカで10年以上前に、学生に自由に発言させるアクティブラーニングが、学生満足度を上げるものの学力達成度を下げることが実証され、日本でも溝上慎一氏が実証しました。当たり前。英智のアーカイブを基礎教養として踏まえない「自由」は単なる「やってる感」を超えません。「教養でマウンティングするな、私の自由だ」は頓馬の極致です。

おおた　恋愛だけじゃなく、親子関係でも似たようなものですよね。「子どもがこんなことを言っているんだけど、どうしたらいいでしょうか」って相談にくる親がいるんだけど、一概に答えられるわけないじゃないっていう話です。子どもがどういう状況でそれを言っているのか、どういう状況でそれをしたのか。親だからこそ目を見て、肌に触れて感じられるものってあるはずなんです。でもそこを放棄してしまって、「誰か答えを教えてください」ってなっちゃう。

宮台　日本青少年研究所（現・日本児童教育振興財団内）の統計は「家族がつまらない」から「家族形成の動機を持たない」ことを示します。韓国も同じ。少子化はGDP低下だけでなく、今でさえ65歳以上が3分の1という人口逆ピラミッドによる国民負担率（税＋社会保険料）上昇を意味します。今の実質所得は70年代水準ですが、国民負担率は2割から5割に増えました。

多くの日本人は少子化の恐ろしさが分かっていない。だから素頓狂な少子化対策を容認する。政府が打ち出すのは子育て夫婦の支援。他の先進国に比べた低水準を思えば良いことだけど、過去40年間夫婦の子ども数は二人で一定で、少子化対策としては無効。少子化の原因は未婚化です。未婚化の理由は貧困化だとされますが、むしろ性的退却です。

根拠は統計です。多くの国では「貧困だから結婚する」。家計のシェアです。日本では「貧困だから結婚しない」。家計のシェアにシェアハウスを使う。ならば結婚すりゃいい。でも結婚しない。「貧困だから結婚しない」を前提付けるのは元々の「愛の薄さ」か昨今の「性的退却」のいずれかまたは両方です。自称エコノミストは生態学的思考ができません。

性的退却の一つの背景は「つまらなさ」。つまらなさの背景はマッチングアプリ的「属性主義＝置換可能化」。相手を探す未婚者の8割がアプリ利用経験がある今、結婚の3割がマッチング婚。他方、アプリで相手を見付けた人の過半が「相手がアプリを手放していない」と予期する。乗り換えられる怯えから自分もアプリを手放さない。お笑い的実態です。

紙切れで結婚できるから、問題は持続可能性と「家族がつまらないから家族形成しない」という子どもへの影響。他方、統計の誤認で自分も結婚できると思う若者が多い。今生涯未婚率はざっくり男3割・女2割。これは今50歳になった人が一度も結婚経験がない割合。今20歳の人が50歳になるのは30年後。その頃は半数以上が結婚しないかできない。

なのに、いつか結婚したいという大学生は8割台。過半が夢で終わります。だからイザとなると焦ってアプリに飛び付く。子どもが家族形成に動機付けられないつまらない家族の誕生です。これはミクロがマクロを織り成す典型です。恋愛なんて人生や社会の一部だと思うのは「見たいものだけ見る」甘ちゃん。恋愛こそ公的性教育の課題になるべきです。

おおた　絆がなくても、「つきあってください」「はい」でカップルになったつもりでいるのと同じですね。中学生の疑似恋愛とかなら分かりますけど。

宮台　はい。再び統計。コロナ禍で自殺が最も多かったのは30代既婚女性。「亭主元気で留守がいい」問題の裏返しで、つまらない旦那が絶えずそばにいて家事をやらされるのは苦しい。性別役割分業問題にするだけじゃダメ。「いったい誰と結婚してんだ」という自業自得問題から目を背けるな。でもその奥には「自己責任ではないクズ化」問題があります。

おおた　選んでそうなったわけじゃないですからね。

宮台　「自己責任ではないクズ化」問題こそ「育ちが悪い」問題です。それを誰も指摘しない。周辺的な要因に他責化するばかり。むろん親は選べない。まさに「親ガチャ」。でも仕方ないのではない。法の奴隷である劣化親に子どもを抱え込ませて放置するのが問題。かつては子どもが親に抱え込まれず、親戚や近隣の大人と「斜めの関係」を結べたでしょう。

　上海フランス租界で生まれ育った母は、良い親でした。ヤクザの子を含めていろんな子を呼んで夕食を御馳走した。いろんな子の家に出入りするのを奨励した。勉強できたってモテないよと言ってくれた。勉強と恋愛を両立できないと仕事と家庭を両立できないよと言ってくれた。本人がいない所で陰口を叩く日本の女たちの作法への嫌悪を語ってくれた。

おおた　そうなんですね。宮台さんの親御さんはね。

宮台　専業主婦だった母は団地で僕を囲い込むこともできた。そういう同級生も多数いた。小6の9月に東京に転校したときも、僕にはわけが分からない突然の中学受験だったけれど、わざと紛争校の麻布に入れた。後で尋ねたらヘタレを矯正するためだったと。母の行為を思えば、今の親にもできることがあります。森のようちえんが選択肢の一つになります。

ここで再帰性というキーワードを出します。僕は母のプロダクトです。母は僕をコントロールしていた。でもそれは「コントロールならぬフュージョン」の時空に僕を置くためのコントロールです。体験のコントロール＝体験デザインです。僕はワークショップで同じことをします。言葉の外に連れ出すための言葉を使う。これは言葉の再帰的*な使用です。

再帰性とは過程の自己適用。反応に対する反応です。母の行為はコントロールがフュージョンのトリガーになるようなコントロール。今回を含めた僕の語りは、言葉が

再帰的
もともとあった状態から変化した結果、もとの状態に気づくこと。

言外を実現するトリガーになるような言葉。時々「言葉の外に出よというのも言葉じゃないか」との異論が出ます。論理的に考えましょう。外部に出るトリガーは内部にしかないんですよ。

今は親や教員が子どもをコントロールしようと懸命に教育します。性愛でも相手を懸命にコントロールしようとします。クズが子どもや性愛相手をコントロールする。コントロールできないと「どうしたらいいか」と尋ねてくる。社会も人も知らずにぬけぬけと。必要なのはコントロールの外に出るトリガーのコントロールなのに。この手の輩は即死系です。

おおた （笑）。出ました、即死系。

宮台 やはり初期ギリシャが参考になります。ノモス（社会）はロゴスが支配しがちです。でもピュシス（万物）はレンマ*が支配します。レンマとはロゴスが届かない未規定な存在論 ontology です。ところがロゴスもレンマを前提として初めて機能します。だからロゴスの外のレンマへと開くトリガーとしての「兆候としてのロゴス」があり得るという道理です。

おおた 「ウンコ」なんてピュシスそのものにつながる言葉ですからね。子どもがそう

レンマ
律や句の意味を持つ哲学用語。もともとはサンスクリット語の概念をギリシャ語に訳したもの。現在では葛藤の意味を持つディレンマは、もともと二句分別の意味。哲学者山内得立は著書『ロゴスとレンマ』で、ロゴスを自分の前に集められた事物を線形的に並べて整理すること、レンマを直観によって事物をまるごと把握することだとして区別した。西洋ではロゴス的知性が重視されるが、東洋ではレンマ的知性が重視される。

いう言葉を好むのって、そういう言葉が言葉の外とつながっているって知っているからですよね。それを「そんな言葉は使っちゃダメ！」なんてやったらもったいない。

目をじっと見るだけで「言外」が露出する

宮台　僕は元は数理社会学者だからロゴスの達人です。あるときから言葉の外につながる言葉を交ぜるようにしました。具体的には1996年に朝日新聞の論壇時評「ウォッチ論潮」を担当したとき。論理を使うと原稿用紙30枚になる内容が、初期ギリシャが言うレトリックを使えば所定7枚に収まる。レトリックがロゴスを超えるグルーヴを醸し出すからです。

おおた　親御さんから、「このまえ子どもにこんなことがあったんですけど、こんなときはどんな言葉掛けしたらいいでしょうか」って、よく言われるんです。で、聞いてみると、「それは言葉は要らないんじゃないですか?」みたいなことってすごく多いんですよ。

例えば中学受験の模試で、せっかく頑張ったのに結果がともなわなくて子どもがショックを受けている場合。「どんな言葉をかけたらいいでしょうか?」って、その人のキャラにもよるだろうし、子どもの性格にもよると思いますけど、例えばコンビニで子どもが好きなケーキを買ってきて、ニコって笑っていっしょに食べればいいじゃないですか。

言葉は要らない。眼差しであったり、ふれあいであったりで十分なことって、特に親子関係の場合はよくあると思うんですよね。

宮台　「にらめっこしましょ」でもいい。

おおた　本当ですよね。

宮台　子どもの目をじ～っと見る。実際のところ、毎日どのくらい子どもの目をじーっと見る時間があるんだろう。目をじーっと見るだけで言外が露出するのにね。

おおた　なかなかないですよね、実際。そうやって身体性を失っていって、「もうそんなものいいや！」みたいな価値観もあるじゃないですか。生で触れ合えなくてもいい。それこそオンラインみたいな世界。

宮台　中学生相手に自殺を止めるワークショップをしたことがあります。教室を三つに分けて二人組になってもらう。一人は「自殺役」。もう一人は「止め役」。第1グループでは止め役が「自殺に値する理由がない」と説得する。第2グループは止め役が「自殺されたら悲しい」と伝える。第3グループは「とりあえずラーメン食べに行こう」と連れ出す。

そして体験報告。第1グループは「理由がない」「理由はある」の押し問答で自殺役の決意を強める。第2グループは「悲しい」「普段は軽んじてるのに嘘つけ」で終了。有効なのは第3グループ。一緒に食べるうちに気分が変わる。「生で触れ合いながら一緒に何かするのが大切」という実験心理学です。コロナ禍でのリモートの悪影響が分かるでしょう。

テクノロジーと新しい権威主義

おおた　コロナ禍でそういうことが顕在化した中で、最近出てきたキーワードが「メタバース」。ロゴスの中のある一点から、別のユニバースが広がっていく時代の前夜にさしかかっている。……っていう文脈の中で、この間、津田大介さんのポリタスで、メタバースというのは新たな権威主義*であると宮台さんはおっしゃってましたよね。それに抗っていく一つのゲリラ戦的なやり方として、森のようちえんにも言及されて

権威主義
一般的には、社会的な権威にものごとの判断を左右されやすいことをいうが、政治学の文脈では、一部の人間や組織が独占的に行う非民主主義的な政治思想や政治体制のこと。

ニック・ランド
元哲学者、著述家。1962年〜。行きすぎた資本主義が社会制度を内側から瓦解させることによる社会改革を望む「加速主義」の提唱者として知られる。「新反動主義」「暗黒啓蒙」「オルタナ右翼」「ネオ・ファシスト」など、いわゆるトランプ主義的な思想の象徴的存在。

新反動主義
平等な社会の実現可能性を否定し、極めて保守的な社会構造や政治体制への回帰を望む思想。

いました。

宮台　ピーター・ティールの共著『多様性の神話』（１９９５年）から四半世紀に及びますが、ティールからニック・ランド*への新反動主義*neoreactionの流れがアメリカのテクノロジストを中心にあり、ランドの『暗黒啓蒙』（２０１２年）から加速主義accelerationismが主張されはじめる。ルクセンブルク*とグラムシ*とマルクーゼ*を混合した古色蒼然たる思考です。

ルクセンブルクは初期マルクス*の「資本主義の矛盾の頂点で革命が可能になる」との主張を強めて「資本主義の加速」を唱導しました。グラムシはロシアで起こった革命が資本主義化した欧州で起こらないのは「人は不確定な未来より確定した現在を不満足でも望むから」とし、芸術や芸能の表現活動を通じた革命的主体形成（意識改革）を唱導しました。

万国で誤解され続けてきたマルクーゼは、ＳＦ小説家バラード*が正しく継承しています。マルクーゼいわく「技術の最終目標は人間から理性を免除すること」「技術の下支えで人間にカオスモス（ニーチェ*の造語でカオス的コスモス）を解放すること」。前期バラードはカオスモスを芸術活動だと見ましたが、後期には多型倒錯的な精神錯乱だと見ました。

全員が資本主義と民主主義が進んだ国の革命可能性を熟考した「欧州マルクス主義

ローザ・ルクセンブルク　ポーランド出身、ドイツで活動した思想家、マルクス主義者。１８７１～１９１９年。ドイツ革命の最中、虐殺された。主著に『獄中からの手紙』がある。

アントニオ・グラムシ　イタリアの思想家。１８９１～１９３７年。マルクス主義者でイタリア共産党創設者の一人。主著に『獄中ノート』がある。

ヘルベルト・マルクーゼ　ドイツ出身、アメリカで活動した哲学者。１８９８～１９７９年。フランクフルト学派の一員であったが、１９３４年にアメリカに亡命。主著に『解放論の試み』がある。

カール・マルクス　ドイツの哲学者。１８１８～１８８３年。共産主義思想を確立した。主著に『資

者」。それらを合成した加速主義では「ドラッグとメタバースとベーシックインカム*があれば、再配分せずとも人は幸せになる」「感情が劣化した人々にベーシックインカムを与えてテックの時空（ドラッグとメタバース）に収容せよ、政治は卓越者である俺たちがやる」と。

おおた　ピーター・ティールというのは、いわゆるＩＴ的なものの親分みたいな人。

宮台　スタンフォード大学時代から反左翼活動をし、やがてＩＴテクノロジスト・ＩＴ投資家として大成功した。PayPal 創業者で後に PayPal マフィアと呼ばれるイーロン・マスクら一連の人々を束ね、ザッカーバーグの Facebook にも巨額出資しました。マスクやザッカーバーグの技術への投資活動の思想的意味を知るにはティールに戻る必要があります。

僕が重大視するのは、文明化以降の「原生自然の間接化」の流れが完成するという文明史と、没入 immersion 概念に見るように僕に酷似して体験デザインを、重視する視座。人々がユニバースにいながら卓越者が統治する中国の「古い権威主義」に、人々をメタバースに隔離して卓越者が統治する「新しい権威主義」を対置し、さもないと戦えないとします。

中国も「新しい権威主義」に移行中なのを横に置くと、公正としての正義を主張す

本論』がある。

ジェームズ・グレアム・バラード
イギリスの小説家。１９３０〜２００９年。上海租界生まれ。破滅三部作やテクノロジー三部作などと呼ばれる作品群で有名。

フリードリヒ・ニーチェ
ドイツの哲学者。１８４４〜１９００年。ニヒリズム、奴隷道徳、永劫回帰、超人などの概念を提唱した。

ベーシックインカム
政府がすべての人に一定の現金を定期的に支給し、国民の生活の経済面での安定を保障する制度。オランダ、フィンランドなどで試験的に導入されたことがある。

アラスデア・マッキンタイアー
スコットランド出身の哲学者。１９２９年〜。主著に

るリベラルには思想的弱点がある。「誰の」平等か、「どの範囲の」民主か、という境界設定の恣意性です。マッキンタイアーやサンデルにそれを指摘されたロールズ*が93年に「普遍的リベラリズム」から「政治的リベラリズム」に転向したのが象徴しますが、解決不能です。

解決不能性を今世紀初めにハーバマスが主題化した。全人間の平等や民主的参加を実現しても終わらない。「どの範囲」が人間かが問題になるから。電脳化した人間。脳だけ有機体でサイボーグ化した人間。人間化した電脳。遺伝子操作で人間化した犬や鯨。遺伝子操作で怪物化した人間。結局どの範囲が「人間か」ではなく「人間的か」が主題化される他ない。

当然「〇〇は敵！」と沸騰するウヨ豚（オルトライト）やクソフェミ（ラディカルフェミニスト）は切りクズとして排除される。でも暴力的排除だと紛争が不可避。翻ればそもそも生きづらいから豚やクソになっている。だからドラッグとメタバースの時空で幸せになってもらう。そうすれば「人間」かはともかく「人間的な存在」による統治が貫徹する。

おおた　寡頭制*的なんですね。

宮台　はい。政治学の伝統では寡頭制が最善ですが、誰が卓越者なのか不明になった

『美徳なき時代』がある。

ジョン・ロールズ
アメリカの哲学者。1921〜2002年。主著に『正義論』『政治的リベラリズム』がある。

寡頭制
少数の人間が政治的権力を掌握している政治体制。アリストテレスは、政治体制を、権力者の枠組みの大きさによって「君主制」「貴族制」「民主制」に分類したが、それらが堕落するとそれぞれ「専制」「寡頭制」「衆愚制」になるとポリュビオスが指摘した。なお、ルソーによれば民主的制度（民主制）でも民主的に機能しないことが多い。よって宮台は「民主制」という形式と「民主政」という実質の機能を区別する。例えば民主政以前的な前提に支えられない限り、民主制は民主政として機能しない。

から、民主制は最悪だがそれ以外ない（チャーチル）となる。でも、そこで思考が止まれば頓馬。デュルケムがホッブズ*の信頼概念を念頭に「契約の契約以前的前提」（相手が暴力で契約を反故にしないとの信頼）を剔抉《てっけつ》したように、「民主政の民主政以前的前提」が必要です。

「資本主義の資本主義以前的前提」として同胞感情と同感能力を剔抉したスミス*と同時代、「民主政の民主政以前的前提」としてピティエ pitié を剔抉したのがルソーです。この決定で自分はいいが、あの人・この人はどうなるかと想像して懸念する能力です。共に「資本主義以前的前提」「民主政以前的前提」として感情能力を持ち出したのが、重要です。

　復習です。初めて経済や政治の前提として感情能力を持ち出したのがケネー*の「フィジオクラシー*」。万物という贈与に対する反対贈与を忘れない構えです。万物の贈与を端点に「労働→加工品→労働→加工品……」と連鎖、労働の対価が貨幣という交換だから逆向きに貨幣が流れますが、端点の贈与には対価を払わないので、感情的劣化で端点を忘れます。

　18世紀後半から感情能力が主題化された理由はイギリスの産業革命開始。人々が都市に集まって「雇われ人＝賃労働者」になるという生活形式の急変です。世界史では産業革命の終わり＝重工業化の始まり。開始時期に拘わらず19世紀後半に列強が産業革命を終え、資源を求める帝国主義的領土拡張戦になると、ウェーバーの「没人格」

ホッブズ
127ページ「ユニット間ホッブズ問題」参照

アダム・スミス
イギリスの哲学者、経済学者。1723〜1790年。経済学の父と呼ばれる。市場経済が各人が自己利益を追求すれば社会全体での資源分配が起こり繁栄と調和につながるということを意味する「見えざる手」の表現で有名。主著に『道徳感情論』『国富論』がある。

フランソワ・ケネー
フランスの思想家。1694〜1774年。重商主義を批判し、重農主義を訴えた。主著に『経済表』がある。

フィジオクラシー
農業を重視する社会設計を意味する「重農主義的」と

概念が登場します。

「没人格」を起点とする20世紀前半の概念史を話したけど、「人格」から疎外された不全感による他責化が、世界一民主的で最初のLGBTカフェが生まれたワイマール共和国でナチズムが醸成された理由だと説明したのがフランクフルト学派。そこでは「こんなはずじゃなかった感」「誰かがうまい汁を吸ってる感」「自分たちは偉大だ感」が持ち出されます。

こうして思想を思想外の文脈に紐付けて理解する学問が社会思想史。ドイツ中心だった20世紀前半の社会学の核で、思想を上部構造として下部構造たる経済諸関係に紐付けるマルクス主義はその一部。ところが戦後、製造業の内需を核とした中流の膨張で、文脈が失われたと見えたので、民主政の盤石を前提とした公正と正義のアメリカ社会学にシフトする。

かくて17世紀のホッブズや18世紀のケネー、ルソー、スミスから19世紀のデュルケム社会学を経て20世紀のフランクフルト学派に継承された「民主政の民主政以前的前提」を問う思考伝統を忘却します。フェミニズムや文化研究やポスト植民地主義批判の大半が、民主政の盤石を前提とした「見えない権力」研究であること自体がポスト植民地主義的です。

だから21世紀に入ると、20世紀末の「ローティの予想」通り、民主政の盤石を前提として無自覚にポスト植民地主義的な「享楽なき正義」を追求する「やってる感左

一般には訳されている。宮台は、起点に理不尽な〈贈与〉や〈剝奪〉があり、その後に〈交換〉からなる呑気なマーケットやコミュニケーションが展開するという発想の意味で使用する。

翼・やってる感リベラル」が、トランピズムに代表される「正義なき享楽」のバックラッシュに見舞われます。80年代から一貫してアメリカ社会学を批判し続けた僕としては「ざまあ！」。

「やってる感リベラル」による法化＝「言葉・法・損得」に閉ざされるクソ社会化で、「言外・法外・損得外」との往還が醸す「微熱」から疎外されれば、偶然のトリガーで「沸騰」つまり「正義なき享楽」の狂熱が生じて当然。「正義なき享楽」に淫する者だらけなら、民主制が正確に作動するほど、民主制の決定は反知性主義的な出鱈目になります。

おおた　クズが投票してもいい政治にならないって、宮台さんはよくおっしゃいますね。

宮台　今の社会学イメージは、ローティで言えば、法化を進める「やってる感左翼」（アメリカではリベラルと左翼は同じ意味）によるアメリカ社会学。でも社会学的思考伝統の頽落《たいらく》形態です。だから90年代半ばに影響力を失い、思考伝統を政治学と政治哲学が継いで処方箋を紡ぎ、それが無効だったので前提を問う思考伝統を人類学が存在論を唱う形で継いで今は「人類学の時代」。

そこで森のようちえんに関わる処方箋の話。法化社会化を進める「やってる感左翼」は「育ちが悪い」クズ。クズの定義は「社会＝言葉・法・損得」に閉ざされた身体・

ジョセフ・クラッパー
アメリカのマスコミ研究者。1917年〜。マスメディアが受け手にどのような影響をもたらすかを研究した。受け手の言動がメディアの影響を強く受けるとする強力効果論に対して、影響は限定的であるとする限定効果論を提唱した。主著に『マス・コミュニケーションの効果』がある。

感情能力が乏しき者。「社会の外＝言外・法外・損得外」の消去で身体・感情能力が損なわれる。プラグマティズムが言う、知識より動機付け、認識より関与、法より掟、自発性より内発性。

学問史で道を付けます。20世紀半ば、効果研究のクラッパー*と政治学のラザースフェルド*が相次いで「民主政の民主政以前的前提」を実証的に示します。メディアの直接的悪影響（強力効果・弾丸理論的効果）を緩和するソーシャルキャピタル*（人間関係資本）です。後者で言えば、人が小集団に所属してオピニオンリーダーに悪影響を正されることです。

この思考は、製造業の内需――ピケティ*が言う「労働による利益g＞投資による利益r」――による中流化が「現に生じた」ことを前提とします。アメリカに限らず列強で「現に生じた」ので、フランクフルト学派的な「民主政の民主政以前的前提」を問う思考が忘却されます。でもピケティが統計でいわく「g＞r」は資本主義史上、戦後25年間の例外。

ピケティを知らなかった僕も、現に70年代に福祉国家体制が破綻、80年代から新自由主義が拡がったのを知っています。新自由主義化の実態は「汎システム化」だと言いました。現に日本では市場至上主義は皆無で、企業の既得権益を身軽にする非正規雇用化だけ。でも全国ナンパ行脚でコンビニ化＆大規模店舗化による自営業解体＆新住民化を体験します。

ポール・ラザースフェルド
アメリカの社会学者。1901〜1976年。マスコミュニケーション研究の先駆者の一人。オピニオンリーダーが世論に与える影響力の大きさを証明し、『ピープルズ・チョイス』を著した。

ソーシャルキャピタル
信頼関係、地域社会など、人間関係の協調的なネットワークを社会的資源として捉える概念。日本語では「社会関係資本」と訳される。制度的な役割よりも人格的な関係に焦点があるので、宮台は「人間関係資本」と訳している。

トマ・ピケティ
フランスの経済学者。1971年〜。2013年に出版した『21世紀の資本』が世界的ベストセラーになった。

汎システム化は、「没人格化」が役所や企業の行政官僚制を超えて全域化するという「ウェーバー予想」を実現。人から尊厳（内から湧く力）を奪い、生きづらくする。なお「資本主義的市場化」が生活世界を侵食して全域化するというのが「マルクス予想」。そこで新住民化した郊外や地方が生きづらくてストリートのアジール*に集まる子に思いを託した。

でもチーマーや援交の第一世代は、郊外や地方に「微熱＝法外」が残っていた時代を記憶していたから生きづらくなったんです。この生態学に気付かなかった。「微熱」を知らない子が主流になる第二世代になるとストリートの「微熱」が消え、万人が生きづらい化します。この時期に一縷の望みとして、助け合う被差別界隈の「微熱」に思いを託します。

具体的には被差別部落*界隈とそれと重なるヤクザ界隈です。でも被差別部落出身で元ヤクザの宮崎学*氏から、パンピーが劣化して被差別界隈だけが劣化しないなどあり得ないと諭されます。その氏自身は被差別部落出身だとカミングアウトし、「被差別性を完全消去せずに、パンピー化＝クズ化を避けよ」と絶望を承知で唱導する『近代の奈落』を書かれたんです。

このあたりは学問史と個人史が重なるけど、僕は絶望による鬱化を離島の長期滞在で99年に脱したこと、大学でヴィトゲンシュタイン*を講じていたテレンス・マリック監督の『シン・レッド・ライン』*を1999年に見たこと、人類学者スペルベル*の

アジール
もともとは聖域の意味のドイツ語。英語ではアサイラム。避難所、無縁地、治外法権の場所のような意味で使用されることが多い。

被差別部落
江戸時代の身分制度によって形づくられた差別対象者が多く暮らす地域。部落差別の問題を、同和問題ともいう。

宮崎学
評論家、作家。1945〜2022年。

ルートヴィヒ・ヴィトゲンシュタイン
オーストリア出身でのちにイギリスに帰化した哲学者。1889〜1951年。「言語ゲーム論」を提唱した。主著に『論理哲学論考』『哲学探究』がある。

『表象は感染する』を2001年に読んだことで、人類学・進化生物学・精神分析学・生態心理学にシフトしました。

その流れで初期ギリシャの万物学をベースに『サイファ 覚醒せよ!』(筑摩書房)を2000年に出しました。鬱化の時期——自称「蝕の時代」——にイエス研究の読書を重ねたのも大きかった。そして人類学的無政府主義を標榜するグレーバー*の『アナーキスト人類学のための断章』を2006年に読み、元々のギリシャ哲学、社会システム論、プラグマティズム、シュタイナーなどの素養がつながり、「社会という荒野を仲間と生きろ」という処方箋に収束することになる。

でも数理社会学出身の僕はテックを敵視するのは筋悪に感じました。そこで「テックでカオスモスを実現せよ」というマルクーゼ&バラードを思い出し、数理言語学のチョムスキー*による無政府主義の唱導を思い出した。またテックの制御目標を思考する中で、スミスの「同胞感情」「同感能力」とルソーの「ピティエ(自分はよくても……)」を思い出した。

それらの集大成が、大学院大学至善館での講義記録をまとめた2022年の『経営リーダーのための社会システム論』。それにつながる東京都立大学での社会学原論講義を数えれば、2009年頃からの思考です。2009年に民主党政権をサポートする中で「任せて文句を言う政治から、引き受けて考える政治へ」を標語化、「食とエネルギーの共同体自治」を唱導します。

シン・レッド・ライン 1998年公開のアメリカ・カナダ合作映画。原題はThe Thin Red Line。監督は元ジャーナリストのテレンス・マリック。太平洋戦争の激戦地ガダルカナルの戦いを描いた。原作は1962年に出版されたジェームズ・ジョーンズの同名小説。

ダン・スペルベル フランスの人類学者、言語学者。1942年〜。信念、規範、芸術、習慣など、文化を形成する観念や表象は感染するという「表象の疫学」理論を立ち上げた。表象とは実際に見たり聞いたりできる世界のこと。著書に『表象は感染する』『人類学における構造主義』などがある。

デイヴィッド・グレーバー アメリカの人類学者。1961〜2020年。近著に

同時期、保坂展人世田谷区長をサポートする中で、それを「ないものねだりから、あるものさがしへ」とパラフレーズしました。「あるものさがし」とは人類学者レヴィ＝ストロース*が言うブリコラージュの意訳です。僕の父や祖父が、建具や電気製品が壊れたときに市場のサービスを呼び出さずに、ありあわせの部材で直していたことを思い出しました。

おおた　なるほど。

宮台　「任せて文句を言う政治から、引き受けて考える政治へ」「ないものねだりから、あるものさがしへ」「食とエネルギーの共同体自治から始めよう」「社会という荒野を仲間と生きる」などの標語は、「テックを味方に付けることで、身体・感情的劣化を排した、交換によって贈与を消去しない、仲間意識が支える小さなサイズの民主政」を目指したもの。

　森のようちえんにつながる言葉ですが、偶然の思い付きではなく、数多くの学問的な思考伝統を踏まえています。でも「テック（による負担免除）を味方に」という点に、具体的なイメージが湧かないとか、後期ハイデガー*の技術論を踏まえていないんじゃないかとか疑問を抱く向きもあるはず。『経営リーダー～』ではそこを補うべく例を挙げました。

『ブルシット・ジョブ――クソどうでもいい仕事の理論』がある。

ノーム・チョムスキー
アメリカの哲学者、言語学者。1928年～。経済学者のロバート・ポーリンとの共著で近著の日本語版『気候危機とグローバル・グリーンニューディール』の帯には宮台が推薦文を寄せている。

クロード・レヴィ＝ストロース
フランスの人類学者。1908～2009年。構造主義の祖と呼ばれる。アメリカ先住民の研究で有名。主著に『悲しき熱帯』がある。

マルティン・ハイデガー
ドイツの哲学者。1889～1976年。主著に『存在と時間』がある。第2次世界大戦ではナチスに加担したため、戦後には大

ゲーム企業ナイアンティックのCEOジョン・ハンケ*が語ります。ユニバースから人を引き剝がすメタバースは地獄だ、ユニバースで同じものを体験して仲良くなる拡張現実だけが地獄を回避すると。多くがメタバースに収容された後、ユニバースを任せられた「卓越者」は何をするかという彼の危惧はリアルです。気候危機を使った大絶滅を計画しないか。

おおた　ナイアンティックっていうのは……。

宮台　任天堂が販売するポケモンGOを作った企業。拡張現実レイヤーでいろんな場所にモンスターが出現します。稀少モンスターを求めてマフィアの事務所に子どもたちが集結したので有名になりました。今は拡張現実レイヤーで公道に花を植えるゲームが有名です。花を植えている人や妖精に呼び掛けられて同じ場所に来た人に声をかけて仲良くなれます。

おおた　そうそう、ピクミンブルームだ。現実世界と引き離したメタバースなのか、そことつながっているメタバースなのか、というところに大きな違いがあるんだと。

宮台　はい。メタバースは「現実とは別の（メタ）ユニバース（世界）」の意。SF作家

きな批判を受けた。

ジョン・ハンケ
起業家、エンジニア。1966年～。のちにGoogleマップとして世界に知られることになる技術の産みの親。ポケモンGOなどを成功させたナイアンティックのCEO。

スティーヴンスンの『スノウ・クラッシュ』（92年）が語源で、現実世界のようなやりとりや芸術活動や経済活動ができるオンライン仮想現実です。非代替性トークン（非代替性＝複写ができず所有権を設定可能。トークン＝期待した反応を引き出せるブツ）が使われます。

ハンケ自身「現実とつながったメタバース」という言い方をする拡張現実ですが、現実レイヤーに情報レイヤーを重ねれば、かつての「セカイカメラ」や今の「Googleマップライブビュー」みたいに、文字レイヤーを重ねるだけでも拡張現実です。アウシュビッツのような遺構の場合、文字レイヤーを重ねるだけの拡張現実でも、現実の体験を濃密にします。

他方のメタバースですが、慣れるとつまらなくなること、視神経や脳神経の負担が大きいこと、非代替性トークンを支えるブロックチェーンが電力を大量消費すること、現実に無関心になるというハンケが警告した危険などで、今は頭打ちです。ここでは、ハンケが言う「現実の楽しさや素晴らしさを触媒する良いテック」という発想に注目したいんです。

おおた　「良い団地と悪い団地」とそっくりだなあ。

宮台　閉ざされ、* つまり周囲から隔離された閉鎖系としての「悪い団地」と、周囲と

閉ざされ【宮台用語】
宮台は「閉ざされ」と「開かれ」という表現をよく使う。「言葉に閉ざされる」とは、言語的・論理的な世界のなかで自己完結してしまい、なんだか分からない漠然としたもの（これを未規定性などともいう）を受け入れる余地がない状態。なんだか分からない漠然としたものを受け入れ、その世界に踏み出す構えにあることを、「未規定性に開かれる」などと表現する。例えば自閉症は「社会」には閉ざされているが、「世界」には開かれている状態ともいえる。

相互浸透した開放系としての「良い団地」。現実から隔離された閉鎖系を作り出す「悪いテック」と、現実と相互浸透した開放系を作り出す「良いテック」。よく似ます。だから、団地を敵視するんじゃなく「良い団地」を、テックを敵視するんじゃなく「良いテック」を目指すべきなんです。

メタバースの頭打ちは、現実が更につまらなくなり、技術が進化すれば、一過性で終わるでしょう。ゲーム内で全力疾走するために現実内で全力疾走するトレッドミル（ランニングマシン）やゲーム内で殴られたら痛みを感じるボディースーツは開発済み。脳内電気刺激で視覚と聴覚以外の五感を感じさせる研究にイーロン・マスクが大規模投資しています。

先日アウトドアグッズを製造販売するパタゴニアの社員研修で講師をした際、サーフィンやクライミングやF１の体感ゲーム（メタバース）が現実と等価になり得るかを尋ねました。多くの方々が正解しましたが、答えはノーです。現実のサーフィンやクライミングやF１は死の危険に隣接するからワクワクしますが、死の危険を実装できない体感ゲームはつまらない。決定的ですよね。

おおた　そうでしょうね。

宮台　ところが、それが決定的だと感じられるのは、パタゴニアの社員やおおたさんに幼少期の危険な外遊びを通じた身体性があって、死の危険がないと困るからです。あるいは、幼少期の危険な外遊びを通じた共同身体性があって、「死の危険があっても、この人が一緒なら怖くても怖くない」という体験の享楽*を知るからです。そこから何が分かるでしょう。

幼少期の危険な外遊びを通じた身体性や共同身体性の醸成がなければ、享楽におけるユニバース（現実）のメタバース（仮想現実）への優越が分からなくなるということ。つまりユニバースとメタバースの間の享楽の綱引きでユニバースに軍配が挙がるには、ユニバースでの身体性や共同身体性の醸成が必要なんです。似た享楽の綱引きが、各所にあります。

例えば、ホス活は「こしらえものの恋愛ごっこ」だと言う人がいますが、「現実の恋愛」と「こしらえものの恋愛ごっこ」の間で享楽の綱引きがあり、「現実の恋愛」がつまらないから「こしらえものの恋愛ごっこ」が勝つんです。「現実の恋愛」のつまらなさが「育ちの悪さ」による共同身体性の欠落・による感情能力の欠落に由来することは、先に話した通りです。

おおた　「アレッ、なんか違うぞ?:」と気づけるかどうか。それは身体性を持っているかどうかに依ると。その頭数を増やしていかなければいけないっていうことですよね。

享楽
フロイトの系譜を受け継ぐフランスの哲学者であり精神分析家のジャック・ラカンによれば、享楽とは絶対的な幸せのことで、相対的な幸せである快楽とは区別される。

宮台　性愛の身体性については「性交」の身体性を中心にテクノロジストがチャレンジしている最中ですが、呼吸、声、体温、肌の色、震え、動き、粘液……極めて多くの情報の絶妙な絡み合いを体験するユニバースの性交を思えば、メタバースではユニバース並みには性愛の身体性を確保することはできないだろうと、おおたさんや僕は確信を持って言うでしょうが……。

おおた　そうですよね。

宮台　でも異性愛なら異性に、同性愛なら同性に性愛的に目を合わせられない人がいます。ナンパを促されて固まっちゃう「地蔵」どころか、喋りかけられるだけで固まっちゃう人がいます。「カテゴリーを超えたフュージョン」を知らない「安全・便利・快適」厨には、ユニバースの豊かな身体性より、メタバースの貧しい身体性のほうがマシだったりするんです。

おおた　未規定性がないほうが安心できるから。

宮台　こうした人類史的に明白な劣化を加速しているのが日本の性教育です。妊娠の不安・性感染症の不安・受験失敗の不安ばかり煽って性愛の幸いを教えないウヨ豚の不安教育オンリーの性教育と、加害の危険と被害の危険ばかり煽って性愛の幸いを教えないクソフェミの不安教育オンリーの性教育が、性愛をつまらないものにし、性的退却を加速します。

性教育では幸いへの方途をも指し示す必要があります。「コクってイエス」でカレシカノジョになるのは国際標準から外れていて恋人と言えないこと。マッチングアプリの属性主義が「他の人でもいいんでしょ」的な置換可能性ゆえ尊厳（内から湧く力）を奪うこと。同性友人の承認を当てにしたインスタ映えのテンプレデートが同じ理由で恋愛をつまらなくすること。

最低限でもこれらが教えられるべきです。『季刊エス』での連載「性愛に踏み出せない女の子のために」では更に数十のポイントを挙げます。先に話した通り、子々孫々を塗炭の苦しみに落とし込む少子化の原因が、子育て支援不足や貧困にはなく性的退却にある以上、性愛の「消極性を増幅し、積極性を挫く」性教育は、犯罪レベルで反公共的です。

おおた　そうですね。うん。

宮台　話を戻すと、「育ちが悪い」人々による民主政の破壊に抗って、「テックを味方に付け、身体・感情的劣化を排した、交換によって贈与を消去しない、仲間意識が支える小さなサイズの民主政を目指せ」という処方箋を示し、「生きづらい人々にベーシックインカムを与え、無害なドラッグを服用させてメタバースに潜らせよ」という処方箋を先ほど否定しました。

二つの処方箋の関係を言うと、第一に、宮台の処方箋はミクロで、新反動主義者の処方箋はマクロです。第二に、ミクロにせよ身体・感情的劣化（育ちの悪さ）を排除できなければ宮台の処方箋は無効で、新反動主義者の処方箋が残ります。第三に、身体・感情的劣化を排除できる範囲で宮台の処方箋が効き、それ以外は新反動主義者の処方箋が効きます。

従って、そこには身体能力と感情能力の継承をめぐる闘争があります。どれだけの数の「風の谷」*を残せるかをめぐる闘争です。雨紋上に拡げるのではなく、途絶えないようにする闘争です。途絶えないようにする目的は、システム世界が災害や戦争で加速主義的に潰れるなどチャンスが訪れたら直ぐ巻き返せるようにするためです。ノアの方舟に似ています。

「社会の外」に出られる者は誰か

おおた　今すぐに流れを変えることはできなくても、いつかチャンスがめぐってくる

風の谷【宮台用語】
1984年公開の宮﨑駿監督アニメ映画「風の谷のナウシカ」およびその原作である漫画から、ひとが住めない「腐海」が広がっていく世界に残された「最後の砦」的な意味で宮台は近年よく使っている。

かもしれない。そのときが早く来てほしいから、宮台さんは加速主義を主張している。

宮台　確かに、どうせチャンスが来るなら早く来てほしいとの思いはありますが、それより、適応限界を超えた速度でシステム世界が潰れないと人々が適応してしまうことを懸念します。今世紀中に海水温が2度上がると珊瑚が死滅しますが、珊瑚虫が誕生したのは海水温が8度高かった三畳紀です。からくりは海水温上昇の速度。ゆっくりであれば適応できるんです。

気になるのは若い世代の日々の「つまらなさ＝力の奪われ＝生きづらさ」への適応です。「80年代新住民化」を経て、90年からひきこもりと摂食障害がマスコミで話題になりました。新住民化による「育ちの悪さ」で「言葉・法・損得」に閉ざされた成人が96年から過剰を恐れて平均を演じはじめ、つまらなくなった性愛と友愛から退却しはじめました。

それでも、親しくもない知り合いの間でのポジション取りや孤独死の恐怖から大学生の8割超が結婚を望みますが、趨勢分析では半数超が結婚せずに死にます。それを何となく直感してアプリのマッチング婚に殺到中ですが、属性主義ゆえの置換可能性が不安だから損得より贈与が優位の絆を結べず、夫婦も子どもも尊厳（内から湧く力）を奪われます。

現実の構造的つまらなさを見ようとしない若い世代を危惧してきましたが、２０

20年から、東京五輪失敗（電通絡みの五輪疑獄、パソナ絡みの中抜き地獄、新国立競技場建設名目での神宮外苑再開発に向けた高さ規制撤廃）、東アジア随一のコロナ敗戦、安倍首相暗殺で露呈したアベノミクス失敗・統一教会問題・自民党裏金問題で、風向きが完全に変わりました。

「日本スゲエ」系の番組や書籍が一掃され、さまざまな経済指標と社会指標で日本の垂直降下を説き、昭和歌謡曲論を通じて「街の冷え」「令和のつまらなさ」を説く僕の講義の受講者が増えます。昔から分かっていたことだけど、マスコミ上では「突如の露呈」なので、マクロには豚やクソが増えつつ、問題に気付く少数者は倍増しました。

そこから分かるのは、①「緩慢な崩壊」ならぬ「加速的崩壊」でやっと覚醒者が増えること、②にも拘わらずマクロにはクズ化（ウヨ豚化やクソフェミ化）が進むことです。機が熟したのを見て、学童向け森のキャンプ実践、中高生・大学生向け恋愛ワークショップ、大人向け親業ワークショップ、全体向け宗教ワークショップを、親しい仲間と始めました。

共通項は、「社会＝言葉・法・損得の時空」に閉ざされて力を奪われた者に「社会の外＝言外・法外・損得外の時空」を開示して力を回復させる体験デザインです。そこでは「知識の伝達」より「体験での動機付け」というプラグマティズムや「力が湧く態勢→色や音の動態で感情が動く態勢→論理を享楽する態勢」というシュタイナーも参照されます。

それに類似した実践が森のようちえんです。その意味で「崩壊を加速させよ」という加速主義と森のようちえんの実践は密接に関係します。間違っても崩壊前の社会で勝ち組になるための実践ではありません。本来ならそうした勘違いをする劣化親から子どもを奪還すべきですが、当面は実践効率を上げるべく親を見てから子どもを引き受ける他ありません。

劣化親による書き戻しが問題です。就学前や学童期のどんな子どもも「言外・法外・損得外」の実践、「同じ世界」で「一つになる」実践、カテゴリーを超えてフュージョンする実践で、目の輝きと顔色が変わりますが、帰宅すると1週間もせずに劣化親が書き戻して実践が無駄になります。ただし親業ワークショップを並行すれば書き戻しを回避できます。

問題意識は30年前から。母校麻布中で全校規模の講演をする際は保護者全員に聴かせるのが条件でした。目的は、①書き戻しを回避すること、②事後に親子で話し合って子どもに断絶を意識してもらうこと。今は中学生は7割以上に反抗期がないけど、「友だち親子」のやってる感は有害無益。親の価値観と戦えない子は長じて何とも戦えないヘタレになります。

当時すでに語っていたのは、子どもを幸せにしたいなら、モテない勝ち組に向けてケツを叩くより、クラブに行ったら自然に身体が踊り出すことや性交の際に自然に身体が動き出すことを目標にすること。前述の脱コントロールに向けた再帰的コントロール。「あなたが同学年なら息子に惚れますか」「キモくて無理」みたいな母親だらけなのを根絶する。でも、息子を見ても力が湧かないのを、母親は知ってるんですね。

おおた　一体になったときとか、全体の一部に溶け込んだときって、その人間には力が湧いてくるんですよね。力を得るのか、与えられるのか。相互に作用してなんでしょうけれども、自分の細胞膜の内のものと外のものが自由に行き来しているような流れを感じますよね。自分の中のものが外に溶け出して、逆に自分の外のものが自分の中に流れ込んでくるような感覚です。森の中で夜を迎えて焚火をしてぼーっとしているときに感じる感覚、スキンダイビングで海の中を漂っているときの感覚、性愛を通して異性と一体になる感覚、瞑想しているときに味わう世界との一体感……ぜんぶ本質的にはいっしょだと感じます。

宮台　はい。おっしゃった営みは共通して変性意識*状態をもたらします。通常意識状態との違いで定義されます。違いは時間的統覚に表れます。海のダイビングでは10分経ったと思ったら30分経っています。だからスキューバはサポーター役が要ります。性愛も同じ。公園で話していると1時間経ったと思ったら3時間経っています。むろん性交も同じ。

変性意識
アスリートが言う「ゾーンに入る」状態や、俗にいう「トランス状態」など、通常とは違う意識状態のこと。

おおた　一体になっているとき、それは対象が自然であれ、性愛の相手であれ、踊っているとか焚火をしている仲間であれ、それが聖なるものということなんですよね。

宮台　宗教学では、力が湧き出す時空が「聖」。力が使われて減る時空が「俗」。定住の法生活は例外なく祝祭を伴いますが、沖浦和光の語呂合わせを使えば、「ケ＝気（力がまだある過程）→ケガレ＝気枯れ（力がなくなった過程）→ハレ＝晴れ（力を湧かせる過程）」という循環があって祝祭がハレをもたらすというのが折口信夫図式*。この時間性を空間化したのが悪所（芝居街・色街）。

空間化はウェーバーいわく計算可能性の増大です。祝祭ごとに生業や交通が止まるのでは——数少なくなったけど一部の火祭や秩父吉田の龍勢や石垣島宮良アカマタクロマタなどが残る——計算可能性が阻害されます。こうした空間化を世界で逸早く17世紀半ば（明暦の大火後）に達成したのが日本（17世紀初めからの江戸幕府）。忘れてはいけません。

かくて色街の葭原（吉原）と芝居街の人形町が大規模に整備されます。〈社会〉の統治において「社会」と「社会の外」の並立を保つのが重要な知恵です。「社会の外」を消去すると「社会」に予測不能な性愛（強姦）や沸騰（大規模放火）が闖入します。これを理論化したのが、僕が日本版を再刊させたヒルシュフェルト*『戦争と性』（１９３０年）でした。

折口信夫
民俗学者、歌人。１８８７〜１９５３年。柳田國男の弟子。著書に『古代研究』『死者の書』『海やまのあひだ』などがある。

マグヌス・ヒルシュフェルト
ドイツの医師、性科学者。１８６８〜１９３５年。同性愛者の権利擁護者でもあった。

当時のベルリンは世界初のＬＧＢＴカフェが林立するアジール。その動きを推進して同性愛非犯罪化に邁進した彼の性科学研究所は「狂騒の20年代」のベルリンを象徴しましたが、世界大恐慌後はユダヤ人だったことによるナチスの煽動もあって焚書と打ち壊しの対象になります。そこには煽動に還元できない「社会の外」の消去に向けた沸騰があります。

〈社会〉に「社会」と「社会の外」が並立するとき、ハヴロック『プラトン序説』が問題化したように、社会の複雑化による共通感覚の寸断を背景に、「『社会の外』に出られる者は誰か」問題が噴出します。「社会の外」に出られない者は「微熱」から疎外されて嫉妬し、不満を他責化する矛先として「社会の外」に出られる者を攻撃して「沸騰」します。

社会の逆戻りは可能か

おおた　社会が複雑になったという話がありましたが、プラトンの頃から比べたら比較にならないぐらい今は複雑になっているわけですが、もう逆戻りできない？

宮台　マクロには無理。身体・感情的な劣化のメカニズムを全域ではいじれないからです。ミクロには可能。劣化のメカニズムを局所でいじることは知恵を集めればできるからです。「社会の外」に出られる者への攻撃については『社会の外』に出るときには、出たことがない者を連れていけ」が知恵です。色街の姐さんに後輩の筆降ろしをお願いするなどです。

ルソーが民主政の前提だとした「自分は良くても、あの人・この人はどうなるかと想像して懸念する」感情能力ピティエについては、『人間不平等起源論*』から『社会契約論*』への流れで、彼が生まれ育った当時のジュネーブの人口2万を上限としています。僕が離島のリサーチで匿名圏が生じないのは人口2万までという結果を得たのとマッチしています。

彼が敵とするのは、大規模人口をカバーする代議制を提唱するロックです。大規模人口を覆うには代議制しかありませんが、それだと、ピティエが欠落した者どもを損得勘定で釣り上げる動員合戦となってリソースを持つ者だけが勝つ、謂わば「すでに勝っている者が勝つ」トートロジー的な循環が回るだけの、僕の言葉では「やってる感民主政」になるとします。行き届いた分析です。

おおた　今の民主主義がまさにそうなっていますね。

宮台　国民国家規模の大規模な代議制だからです。小選挙区制をやめて死に票を減ら

人間不平等起源論
ルソーの主著。人間はもともと不平等などほとんどない自然状態にくらしていたが、社会の「進歩」により「徳なき名誉、知恵なき理性、幸福なき快楽」のみを持つ存在に堕していったと論ずる。

社会契約論
ルソーの主著。人間は生まれながらにして自由で平等な権利を持っており、その保障を相互に契約することで社会が成り立っているとする考えである社会契約説を唱えた書。社会契約説の提唱者としてはルソーのほかに、ホッブズ、ロックが有名。ホッブズは、社会形成以前の自然状態では人間は万人の万人に対する戦いを始める存在であり、個人の自然権を請け負う国家は旧約聖書に登場する最強の海獣リヴァイアサンに匹敵する絶対権力を持つべきだ

せばいいという選挙制度論では、「自分は良くてもあの人・この人はどうなるかと想像して懸念する感情能力が働かない」のをどうにもできない。その感情能力が働くときにだけ多数意志を超えて「一般意志*（＝皆の意志）」が成立するとしますが、人口２万が上限とは納得です。

おおた　これだけ大規模な社会では、ルソーが言う「一般意志」なんてないも同然になっている。だから、「シルバー民主主義*」なんて言われる状況が起こるし、それへの対抗策として、余命投票制度やドメイン投票方式みたいな民主政の前提を覆すような極論を、思考実験ではなくて、真面目に語り出す輩が出てくる。一般意志という概念がそもそも理解されていない気がします。

宮台　人類学の勉強をしていない政治学者が多いのもあります。ルソーが描くのはポリネシアンの「トーキングチーフ*」イメージに似ます。部族成員が皆で車座になり、持ち上がった問題について三日三晩話し通します。部族内の争いをどうするか、新しい場所に移住するか、隣部族と戦うか……。トーキングチーフはその間ずっと「黙ったまま」聞いていています。
　最後に言う。「皆の意見はすべて聞いた。各々の意見はよく分かった。こうしようではないか」と。トーキングチーフの語りは権威を帯びます。権威の定義は「他なら

と訴えた。対してロックは、自然状態でも人間はお互いを尊重できるという立場をとり、国家が市民の意思に反する行為をした場合には、市民が国家に抵抗することで自分たちが委ねた権利を取り戻せると訴えた。ルソーは、人間は自然状態でこそ完全に自由で平等な平和を実現できるはずだが、私有財産という概念の発明が不平等の原因になっていると指摘する。この不平等状態を克服するには、市民一人ひとりが、自分の利益を追求する特殊意志をおさえて、公共の福祉を目指す一般意志に従うことが必要だと考えた。そのためには、直接民主制が最適であり、ある程度小規模な集団でないと民主政は成立しないとも訴えた。

一般意志
ジャン＝ジャック・ルソーが提唱した民主政の基礎概

ぬその人が言えば皆が自発的に従うこと」。彼の権威は単に地位に結びついたもの（形式）ではない。ピティエの交響を聴く能力（内容）を伴います。その語りが「一般意志（皆の意志）」です。

皆が「自分は良くてもあの人・この人はどうなるか想像して懸念する感情能力」を持つ状態で意見表明したら、決定自体はトーキングチーフのお触れでもクジ引きでも多数決でもいい。話し合うにせよ「話し合って合意（妥協）する」んじゃない。それだと再びリソース多寡によるパワー分布が反映する。これが難解とされる「一般意志（皆の意志）」です。

最後の決定手順がお触れでもくじ引きでも多数決でもいいのは、どのみち決定の副作用を手当てする用意を皆が持つからです。誰もが膝を打たざるを得ない。『社会契約論』ほど合理的な民主政論はありません。これが僕の言う「スモールユニットの民主政」。無政府主義者人類学者グレーバーも自由主義者チョムスキーも社会学主義者*宮台も異口同音です。

さて、スモールユニット間の関係をどうするか。社会学主義とはデュルケム社会学に与えられる名ですが、それを問題にするのが社会学主義（国家を否定しない中間集団主義）で、無政府主義*（国家を否定する中間集団主義）との違いです。問題にする理由は「自力救済による万年闘争」というユニット間ホッブズ問題*で、個人的自力救済を集団的自力救済に置換したもの。

念。共同体全体の善の実現のために共同体全体が総体として持つ意志のこと。これに対して、個人が自己の欲望や利益を前提にした意志を特殊意志と呼び、その社会的総和を全体意志と呼ぶ。一般意志と全体意志は似て非なるもの。

シルバー民主主義
少子高齢化社会において、人口比率の高い高齢者が、民主主義における意志決定で大きな影響力を持ってしまい、高齢者にとってメリットの大きい政策ばかりが優先されてしまう状態。

トーキングチーフ
トンガなど、南太平洋の島々の伝統的な政治システムにおいて絶対的な権力を持っていた首長（チーフ）の代弁者たちのこと。

社会学主義
哲学、心理学、生物学、人

中間集団は無政府主義に由来する概念。家族より大きく国家より小さい集団で、具体的には地縁集団や血縁集団や職能集団や信仰集団です。デュルケム『社会分業論』の処方箋は有機的連帯です。一緒に石を持ち上げる機械的連帯に対し、凸と凹が噛み合う分業が有機的連帯。古典派経済学者リカード*の「比較優位仮説ベースの国際分業論」が下敷きです。

中間集団が多数だと、凸と凹の噛み合いの調整・活動の両立可能性（河川利用や廃棄物処理）・共有財の保全などは各中間集団の手に余るので、調整役の国家を機能させる。今日のEUを支える政治理念「補完性の原則*」の源です。まず自分らでできることは自分らでやり、自分らの手に余ることは複数の自分らをカバーする小行政ユニットに委ねます。

そこで終わらず、小行政ユニットの手に余ることは複数の小行政ユニットをカバーする中行政ユニットに委ね、中行政ユニットの……と連鎖させます。そして頂点を国家とせず、国家の手に余ることは複数の国家をカバーする国家連合に委ねます。アメリカの（元は信仰共同体である各州の）共和政の原則に似ますが、有機的連帯が強調される点が違います。

ただし今日は無政府主義と社会学主義の違いが縮小しています。まず安全保障上のリスクヘッジから食やエネルギーについては地産地消化での自給率上昇が合理的で、過剰な外部依存は望ましくありません。能登半島地震では各沖積平野ごとに食やエネ

類学などの特定の学問分野から社会を説明するのではなく、あらゆる学問の知見を総動員して社会を説明する立場のこと。

無政府主義
政治的権力構造を否定し、個人の自由の絶対化を理想とする思想。アナキズムともいう。さらに個人的無政府主義と社会的無政府主義とに分類される。前者は個人の意志決定があらゆるシステムに優先するとする立場で、後者は個人の自由が共同体の共通善に紐付くものであるとする立場をとる。

ユニット間ホッブズ問題
人間は放っておくと各々が自分の利益を第一に考えて、「万人の万人に対する闘争」状態に陥るとホッブズは考えた。それと同様のことが小集団同士の関係性でも起こること、すなわち「すべての基礎自治体のすべての

ルギーの地産地消化がなされていたら、国道や系統線の破壊によるダメージを小さく抑えられました。

外部依存には隣接ユニット依存と中央依存が含まれますが、隣接ユニットや中央が破壊された場合のダメージを抑えるにも、食やエネルギーの地産地消化による自給率のある程度の上昇は有効です。他方、エネルギーの地産地消化にはスマートメーターやスマートグリッドのテクノロジーが不可欠で、これらテクノロジーは自動的に地産地消ユニットを連携させます。

食の地産地消化を支えるロジスティック・テクノロジーもコンビニのＰＯＳに見られるような広域の自動的連携が不可欠です。これらが示すのは、無政府主義（国家を否定する中間集団主義）を採っても今日ではかつての軍閥闘争のごとき自力救済的中間集団のバトルが生じる危険は下がりました。テックによって社会学主義との距離が縮まってきました。

即ち「最小ユニットの民主政と、複数レイヤーに及ぶユニット間の共和政」という組み合わせが、テックを媒介に、国家の中央行政官僚を経ずに可能になりつつあります。翻れば国民国家は19世紀半ばに産業革命を背景に成立した戦争マシンなので、国家の機能が、一方で国家連合に移譲され、他方でテック共和政に移譲されるのは、望ましい流れなんです。

基礎自治体に対する闘争」状態に陥る可能性をこのように表現している。

デビッド・リカード
イギリスの古典派経済学者。１７７２〜１８２３年。自由貿易主義を発展させた。主著に『経済学及び課税の原理』がある。

補完性の原則
自分たちでできることは自分たちでやり、できないことについては複数のユニットを統合した行政レイヤーを下から上へと順番に使っていく。その頂点は国家ではなくて国家連合で、場合によっては世界政府であるとする考え方。末端は民主政で、上層に昇ると共和政に近づく。

おおた　先ほどのトーキングチーフの話から連想したのが、聖徳太子です。７人だか10人だかの話を同時に聴いたと言われるけれども、あれは単にリスニング能力が高かったという話ではなくて、利害が違う７人とか、10人もの人たち、みんなが納得する結論を出せたという逸話ですよね、きっとね。

宮台　はい。語源通り「選ばれし者」という意味での「エリート」に必要な資質は、ピティエが交響するスモールユニットで一般意志を媒介することです。皆が言うような「上から導く卓越者」と違い、①ピティエが交響する場を組織する座回し役に徹し、かつ、②声だけデカイ少数者を抑えて人々の声を引き出す「半地下の卓越者」。指導者じゃなく触媒者です。

おおた　そうですね。つまり聖徳太子はトーキングチーフであって、政治にはそういう存在が必要だと、古代の日本人は知っていたわけですよね。この社会の中に、そういう存在が一定数生まれてくる必要がある。全員である必要はないと思うんですけど。

宮台　ダンバー数*を参照すれば１５０人に１人ぐらいですが、これは火を使い始めた直系祖先のホモエレクトゥス亜種を起点にすれば１８０万年続いた遊動段階を前提にした数です。定住段階を前提とすればルソーを参照して２万人に１人ぐらいが最低限

ダンバー数
１９９０年代にイギリスの人類学者ロビン・ダンバーが提唱した数字。人間が安定して関係を維持できる人数の上限。約１５０人とされている。

必要でしょう。

おおた　その土壌をつくるためには……何が必要でしょうか。

宮台　「同じ世界」に入るための言葉を使えること。話してきた通り、ロゴスは「同じ世界」に入れない人々をつなぐための言葉で、言語学者ヤコブソン*は「散文言語*」と呼んだ。それに対し、「同じ世界」に入るための言葉を「詩的言語*」と呼んだ。先ほどの前期プラトンに戻れば、詩的言語を操れる人が「詩人」です。詩人はトーキングチーフに近い存在です。

話した通り、ポリス*が巨大化して内部分化すると、生活形式の同じさによる共同身体性と共通感覚が劣化し、詩人が機能しなくなります。プラトンが詩人から哲人に転向したときのアテネは人口24万人。ルソーが示した民主政の最大規模2万人以内なら詩人が機能し、ロゴスではない言外の「同じ世界」を惹起する詩人の言葉で、人をつなげられたはず。

今おおたさんも僕も散文言語を使用中。巨大化して内部分化した社会で不特定多数に向けて話すから。でもここにいる皆さんには森のようちえんや森のキャンプなど「森の実践」の体験者もおられる。時々意図して「同じ世界」で「一つになる」言葉を混ぜています。言外でつながるための言葉＝詩的言語と、それを支える育ちを、復権

ローマン・ヤコブソン
ロシアの言語学者。1896～1982年。ヤーコブソン、ジェイコブソンとも表記する。

詩的言語／散文言語
感情に訴え、共感性をもたらすのが詩的言語。単に情報を伝えたり、論理に訴えることで相手を説得したりされたりするのが散文言語。

ポリス
紀元前8世紀頃のギリシャ各地で生まれた、都市国家。politics＝政治、politician＝政治家、police＝警察官の語源でもある。当初は貴族による僭主政だったが、

することが目標です。

おおた　そうですね。

宮台　目標は「敵は敵、味方は味方」のトートロジーからの解放。育ちも体験も千差万別なのに「日本人は日本人、中国人は中国人」「女は女、男は男」みたいなカテゴリーにへばりついてステレオタイプを行使するウヨ豚やクソフェミが、今後ますます湧きます。こうした差別主義者としてプログラムされたBOTは歪んだ言語使用に閉ざされた犠牲者です。

それを初めて、「日本？　アメリカ？　そんなものあるの？　あるなら目の前に出してみてよ。えっ出せないの？　出せないようなワケの分かんないもののために戦うの？」と表現したのがマリック監督『シン・レッド・ライン』だと言いました。大学で言語ゲーム論を講じていた彼は、特殊な言語ゲームへの閉ざされとして日米戦争を描きました。

鰐の時間・鳥の時間・森の時間・先住民の時間・見えない日本やアメリカのために戦う文明人の時間を並存させる。時間は視座。今世紀にデ・カストロが言いはじめた多視座性＝多自然性の作品。従来の反戦表現は「なぜ残虐な行為ができるのか、なぜ残虐だと思わないのか」と訴える認識論ですが、時間・視座・自然があまた存在する

紀元前6世紀末くらいから民主政治の基礎が見られるようになった。紀元前492〜449年のペルシア戦争では、諸ポリスはスパルタとアテネを先頭にして団結し、ペルシアの大軍による攻撃を2度にわたってしのいだ。

という存在論です。

90年代半ばに人類学の本場フランスでミクロな生活形式ならぬマクロな生態学（前提被前提連関）を時間軸で描く人類学者が出てきた。代表が、物（加工品）の生態学を記すラトゥール*のアクターネットワーク論と、表象*（文字言語）の生態学を記すスペルベルの表象感染論。アクターである物や表象が人をシャーレの培地*として増殖・変異・絶滅します。

認識論は「認識に可能性を与える諸条件」を、存在論は「何かが存在するという奇蹟を支える生態学」を記す。前者は「ありそうさ」を、後者は「ありそうもなさ」を描く。前者は人間中心主義。後者は脱人間中心主義。同時代に環境倫理学者キャリコット*が「人間中心主義（認識論）の非人間性」に「脱人間中心主義（存在論）の人間性」を対置しました。

マリックは映画製作に2年以上かけました。存在論的人類学・存在論的環境学・存在論的映画作品が１９９０年代半ばに同時多発したわけです。これが「存在論的転回*」です。クーン*が言うディシプリンを超えたパラダイム転換。やがて物や表象の増殖が「人ならぬＡＩ」を培地として進むから「資本主義は人が滅びても続く」とする宮台理論もその系列です。

存在論的転回には先駆があります。前期ヴィトゲンシュタイン「論理実証主義」を上書きした後期の「言語ゲーム論」は１９３０年代。前期ハイデガー「道具性論」を

ブリュノ・ラトゥール
フランスの科学社会学者、社会人類学者。１９４７〜２０２２年。アクターネットワーク理論を提唱した。アクターネットワーク理論とは、人、生物、自然物、人工物などの実在のものを平等なアクター（行為者）と捉える一方で、文化や習慣や政策などの抽象的な社会的産物については直接的には取り扱わないとする、社会学の一つのアプローチ法。

表象
実際に見たり聞いたりできる世界のこと。

培地
微生物などを培養する際に利用される環境のこと。ここでは、人間自体が培地となって表象が培養されるという比喩的な表現として使われている。

上書きした後期の「技術論（総駆り立て論）[*]」は1940年代。従来の「個体と集団の自然淘汰・適者生存」を上書きしたドーキンス[*]「セントラルドグマ（遺伝子中心論）」は1970年代。

確認すると、存在論にとって「人はどう見る（感じる）か」「なぜそう見る（感じる）か」という認識論は、生態学的全体性の派生物。全体性に一瞬で凌駕される切りクズ。その点、第二バチカン公会議の改革派神父から社会学者に転じた、先述したイリッチも先駆。1980年代に文化や制度はどうとでもあり得たとするフェミニズム流構築主義を退けました。

彼に連なる日本のフェミニスト（青木やよひ他）もいましたが、エコロジカルフェミニズムと訳された不運で、生態学的全体性ゆえの存続可能性に止目する存在論が「自然御大切」に縮んだ。イリッチが擁護したのは多視座性・多自然性。人間だけを特権化した人間平等観念が、人間を生産性の物差しに並べて病人や劣等生や女性の差別に帰結したとします。

いわく、AにはAの、BにはBのコスモロジーがあり、AとBを包括するメタコスモロジーがあるとする初期定住から続いた営みは、生態学上の存続可能性が証されています。人間以外と区別した人間平等観念は資本主義的近代と一体で最長200年余り。だから存続可能性が未確定どころか、ローマクラブ『成長の限界[*]』1972年によればむしろ危うい。

ベアード・キャリコット
アメリカの環境倫理学者。1941年〜。著書『地球の洞察』で、近代西洋的人間中心主義から世界各地の伝統的環境思想をふまえた全体論（ホーリズム）へのパラダイムシフトの必要性を訴えた。

存在論的転回
個々の物や人などの「存在者」ではなく、それらが「存在」するとはどういうことかを考えるのが存在論。これが哲学の対象を大きく転換させた。

トーマス・クーン
アメリカの科学哲学者。1922〜1996年。世の中は累積的に変化するのではなく、断続的に革命的変化すなわち「パラダイムシフト」によって変化すると主張した。主著に『科学革命の構造』がある。

むろん近代の言語ゲームを前提とした人間平等は、差別で苦しむ人を救う喫緊の営みとして不可欠。でも留意点が二つある。第一は、とりあえずの「なりすまし」でなすべき営みで、差別解消で安堵したら文明が終わる。第二に、男女差別で言えば男女平等が「女の男化」ならぬ「男の女化」でなければ生産性至上主義に歯止めをかける感情能力が育たない。

映画批評家として言うと、ボードリヤール*や生態学的フェミニズムに影響した60年代末のドキュメンタリー論が重なる。いわく、差別で苦しむ人の姿に涙を誘う表現は問題だ。涙には容量限界がある。女性差別に涙させれば、途上国差別を視野から消す政治性に帰結する。重要なのは、涙すべき数多《あまた》の差別の相互連関や共通前提を考察する生態学的思考だと。

おおた　とりあえずは必要であれ、本質を隠蔽する「人間中心主義」や「人間平等主義」の虚構は、人間が持つロゴスによってつくられた、ロゴスの檻。人間は自らの力で構築した虚構の中に自らを閉じ込めてしまう。

宮台　はい。ただし人を「言葉・法・損得」つまり「社会」に閉ざすロゴス、つまり書記言語が普及させた散文言語なくして、共同身体性や共通感覚で覆えない大規模定住社会＝文明は営めません。でもそれで原生自然が間接化されて自然を擬人化して貫

総駆り立て論
人間が主体だというのは錯覚で、主体は技術の体系のほうだとする考え方。技術の体系によるゲシュテル（駆り立て）の連鎖によって人間が技術を使わざるを得ない状態にされていると捉える。

リチャード・ドーキンス
イギリスの進化生物学者。1941年〜。生物は遺伝子の乗り物でしかないというセントラルドグマ説を唱え、一世を風靡した。主著に『利己的な遺伝子』がある。

成長の限界
スイスに本部を置くシンクタンク「ローマクラブ」が1972年に発表したレポート。

ジャン・ボードリヤール
フランスの哲学者。1929〜2007年。ポスト

ったものを返す営みが廃れ、分業編成が複雑化して「社会」の隅々に多視座的に「なりきり」を及ぼす営みも廃れました。

民主政が、資本主義が、テクノロジーが問題だという思考は、問題を小さく限定し過ぎです。そもそもは共同身体性や共通感覚で覆えなくなった大規模定住社会の身体能力と感情能力の劣化問題。それを民主政や資本主義やテックが触媒しました。今や民主政も資本主義もテックもそれらが前提とする虚構も手放せない。ならば必要なのは「なりすまし」です。

民主政や資本主義やテックの言語ゲームに「とりあえず」関わる構えです。画期的なマリック映画もハリウッド作品で、資本主義とテックと民主主義を全面援用します。翻れば、マルクス主義概念を拡げたマルクスの本も、恋愛概念を拡げた恋愛文学同様、印刷術というテックの普及を前提とした18世紀末からの出版資本主義なくしてあり得ませんでした。

それが生態学的全体性です。それを踏まえない「見たいものだけ見る」神経症的営みが、「民主政は敵」「資本主義は敵」「テックは敵」の類の間抜けな思考を、「中国人は敵」「男は敵」の類の間抜けな思考と同様、拡げてきました。民主政の営み、資本主義の営み、テックの営み、中国人の営み、男の営みに、散々依存しながらの「どのツラ下げて問題」です。

モダンの代表的思想家。主著に『消費社会の神話と構造』がある。

おおた　そうですね。

宮台　すると、ロゴス＝散文言語で語る今回の僕らも、その副作用に敏感に自己言及すべきです。「（民主政ゆえ）国家が暴走する」という物言いをしましたが、国家はデュルケムが言う集合表象で、実際は有象無象が蠢《うごめ》き回っているだけ。目に見えない国家という実体が暴走するわけがない。それを忘れると、国家への他責化による自らへの免罪が生じます。

それを教えてくれたのが90年代来の兄貴分・一水会元代表鈴木邦男氏*。公安警察官も家に帰れば粗大ゴミの父親。どこにでもいる父親と同じで生業を立てたいだけ。彼の理念に従い、ゼロ年代に「極右」一水会幹部と「極左」戦旗派幹部をゼミに呼び、一緒に吉本隆明『共同幻想論』を読解した。ならば党派対立や民衆・対・国家があるのはなぜか。

フェミニストいわく「マクロ問題抜きで語れるミクロ問題」はないけど、鈴木氏いわく「ミクロ問題抜きで語れるマクロ問題」もない。それをミクロとマクロの交互的条件付けのスパイラルとして描くのが社会学者ギデンズの構造化理論。よりラディカルに「快不快の二項図式への何かの代入によるコミュニケーションの触媒」を剔抉したのがルーマン*です。

彼の業績順では、「超越＝快・対・内在＝不快」なる信仰概念が宗教システムを触媒

鈴木邦男
政治活動家。1943～2023年。一水会名誉顧問。

ニクラス・ルーマン
ドイツの社会学者。1927～1998年。主著に『社会システム理論』『社会の社会』がある。

する。「贈与＝快・対・交換＝不快」なる恋愛概念が性愛＆家族システムを触媒する。「支配＝快・対・服従＝不快」なる権力概念が政治システムを触媒する。そこでの服従は無理強いではなく、最適状態ならぬ次善状態に甘んじる選択です（宮台『権力の予期理論』*勁草書房、参照）。

最後に「真＝快・対・偽＝不快」なる真理概念が学的システムを触媒する。そこでの真とは自分の体験で確かめることではない。他者の体験を自分の体験と等価に受容すること。逆に言うと、自分の体験が、他者たちに自らの体験のごとく受容されることが、快になる。彼の思考は「ミクロな形式がマクロを織り成す」とするジンメル*の思考伝統を継承します。

「マクロは所詮ミクロな形式が織り成すもの」と感じられるかどうかを、身体能力（共同身体性）と感情能力（共通感覚）が左右します。子どもはカテゴリーを超えてフュージョンし、言外の「同じ世界」で「一つになる」。話した通り子どもは文明以前の大人です。子どもの能力を失わなければ＝文明の作法に過剰適応しなければ、「○○は敵」的な劣化はない。

おおた　社会を維持していく上で国家は必要だから、国家のロゴス的な力は利用しなければいけないんだけれども、一方で自分の身体性まで失われてしまったりとか、フィクションによって支配されちゃいけない。支配されるのはおかしいよな、って感じ

権力の予期理論
1989年、大学院生時代の宮台が、数理社会学者として発表した博士論文を書籍化したもの。

ゲオルク・ジンメル
ドイツの哲学者、社会学者。1858〜1918年。形式社会学の提唱者。生の哲学の提唱者。主著に『社会的分化論』『貨幣の哲学』がある。

られる身体性を持っている人間が一定数いなければ、社会が維持できないということですよね。

言葉の外でつながる営みを

宮台　はい。ロゴス（散文言語）・対・ポエム（私的言語）を別の図式で言います。ロゴスは表現 expression。ポエムは表出 explosion に近い。思考伝統を踏まえた言い方で、抑圧 suppress された何かを表現する express ことで相手に刻んで impress 事態をコントロールするのが表現。対照的に、抑圧されたエナジーを相手がいなくても爆発する explode のが表出。

バタイユの「呪われない部分（言語）・対・呪われた部分（言外）」、レヴィナスの「全体性（言語）・対・無限性（身体）」、パーソンズの「道具的・対・表出的」、ハーバマスの「道具的・対・コミュニケーション的」、村上泰亮*の「道具的・対・コンサマトリー（自体的）」が思考伝統をなしますが、吉本隆明の「指示表出・対・自己表出」が、僕に最も近い。

表現・対・表出と言い換えるのが大切なのは、コントロール・対・フュージョンが際立つから。むしゃくしゃして誰もいない場所で叫べば表出ですが、誰もいないはず

村上泰亮　経済学者。1931〜1993年。主著に共著書の『文明としてのイエ社会』がある。

が違って、叫びが叫びを呼んで澎湃《ほうはい》と拡がる表出があり得ます。生じているのは言外の「同じ世界」で「一つになる」フュージョン。詩人は叫ばなくても言葉でフュージョンの引鉄を引きます。

90年代前半の、音楽家ドリアン助川の「叫ぶ詩人の会」や映画監督園子温の詩人時代の「東京ガガガ」みたいに、時には詩人も叫んで澎湃とした動きを惹起します。でも両者がそうだったように、惹起できなくなると叫ぶ営みをやめます。90年代前半が、新住民化で郊外や地方に居場所をなくした若者がアジール（法外）としてのストリートに集った時代だったと言いました。

80年代新住民化で「育ちの悪さ」を被った小学生が成人する90年代後半から、過剰を恐れて平均を装う（KYを恐れてキャラを演じる）若者が激増。知り合いはいても友達未満、カレシカノジョはいても恋人未満になったと言いました。表現＝コントロールに淫し、表出＝フュージョンを忌避しはじめたんです。感染（言外）から理解（言語）への閉ざされ。

今は更に劣化し、理解による他者肯定から、承認による自己肯定感にシフト。「理解を求める女」と「承認を求める男」のミスマッチが増え、ゼロ年代から「僕だってナンパできるもん」的な、自分にだけ意識が向いて他者を消費するナンパ講座が激増。それに抗うべくテン年代*から相手の喜びに意識を集中する恋愛ワークショップを始めたことを、すでに話しました。

テン年代
2010年代のこと。

学問には系列の違う概念群があります。言葉を言外を含めた社会的文脈に関連付ける社会学の社会意識論的な伝統が、一見異なる概念系列を串刺しにします。それを皆さんにお見せしています。異なる概念系列も元を辿れば初期ギリシャの二項図式に淵源します。ピュシス（万物＝世界）とノモス（社会）、レンマとロゴス、詩人と哲人、感染と理解など。

理解を求める女と承認を求める男という傾きを話したけど、女が相手でも劣等感のツボを承認しまくると、言外に鈍感な「言葉の自動機械」なら、理解してくれたと舞い上がって変性意識状態になる。営業トークと同じ。「催眠術を肯定するのか」とクソフェミが湧くけど、僕の言葉の、全体を見ないか、見る能力がない、文字通りの頓馬です。

そんな曲解を避けるべく『季刊エス』連載では「一緒に子ども時代に戻れ」と繰り返します。「黒光りした戦闘状態」で団子になる享楽でトランスになった子ども時代。それが言外の「同じ世界」で「一つになる」フュージョンで、そこでの言葉は言外の流れにシンクロし合う掛け声。「表現」ならぬ「表出」。劣等感を理解し承認してくれた云々の対極です。

文明化と高文化化がうみだしたもの

おおた　同じ世界に入るための身体性は、一種の能力と言えるんでしょうか。

宮台　シュタイナーの臨界期概念が示す通り、締切（臨界期）までに養われるべき能力です。実際に森の中で遊ぶ体験を通して「同じ世界」で「一つになる」という共同身体性を養えます。それがあれば「あなたがいれば怖くても怖くない」という構えがあり得て、「怖くない人の体験が乗り移って自分も怖くなくなる」という共通感覚が支えられるようになる。

それで初めて、クソ社会を補完する「週末のサウナ」ではない、社会のクソぶりや自分のクズぶりに気付くための、本物の（＝古来の）祝祭と性愛を生きられるようになります。だから「黒光りした戦闘状態」で団子になる享楽を体験してトランスになる森のようちえんに意味があります。この能力は、かつての大人が開花させていたゲノム的な潜在性*です。

先に触れたサンデルを深めます。生得的プログラムを本能、習得的プログラムを文化（正確にはエートス）と呼ぶと、古くは本能の未然（ネオテニー）を文化が埋め合わせる

ゲノム的な潜在性
ゲノムは遺伝情報のこと。生物が生来的に持っている能力のこと。

というポルトマン*図式でしたが、進化生物学が、ゲノム生存確率を上げる個体生存確率・を上げる集団生存確率・を上げる文化に適合したゲノムの個体が残ることを、示しました。

それを踏まえたのがサンデルの「トロッコ問題」理解。元はフット*の思考実験を、ハウザーが実証調査したもの。5人助けるか1人助けるかの二者択一は同じなのに、国や世代に拘わらず、5人助けるべく1人殺すポイント切り替えレバーを引けるのが7割。5人助けるべく1人の巨漢を橋から線路上に落とせるのが3割。ハウザーはなぜかと問います。

結論はゲノム由来の「感情の越えられない壁 insuperable emotional barrier」。でも共同体主義者サンデルいわく、壁の高さが文化で変わる。巨漢が大人か子どもか老人か、男か女か、白人か黒人か（正確には自分と相手が白人か黒人かの組み合わせ）、知人か見知らぬ人かで、壁の高さが変わるのはどこも同じですが、その変わり方が文化で変わるのです。

「感情の越えられない壁」の相手（と自分）のカテゴリーによる高さの違いが文化で変わるのは実証済み。「女重視、老人重視、子ども重視」に三分される。これは今、暴走する自動運転車を、老若男女各人種が並ぶ横断歩道のどこに突っ込ませるのかという問題として顕在化しています。でも同じ文化圏でも個人次第で価値（エートス）が違う。どうするか。

アドルフ・ポルトマン
スイスの生物学者。1897〜1982年。主著に『人間はどこまで動物か』がある。

フィリッパ・フット
イギリスの哲学者。1920〜2010年。主著に『人間にとって善とは何か：徳倫理学入門』がある。

こうした喫緊の課題が沸騰しているのに「ヒトに本能はない」「文化は恣意的な構築物」と言い続ける社会学的構築主義者は不勉強な頓馬です。では「ゲノムの傾きを上書きする文化に良し悪しはあるか」はどうか。構築主義者は論理的に文化相対主義者。「それはあり得ない、文化の優劣はある」と言うのが生態学的存続可能性に止目するイリッチでした。

いわばイリッチのリバイバルが今世紀の人類学者デ・カストロのアニミズム論*です。万物に精霊が宿るとするのは宣教師の文化的バイアスで、万物に見られているとの体験がアニミズム。人に見られるように、獣や樹木など動植物にも、海や空や太陽（御天道様）にも見られる。人が見ていなくても万物が見ているとの体験をしてきた文化が社会を長く続かせてきた。

なぜか。対象を擬人化すると動機付けが強まるのは実証済みですが、万物に見る力を認めるアニミズムは、先ほどのフィジオクラシーが指摘した「万物の贈与を忘れる」という陥穽《かんせい》を回避するからです。チョムスキー&ポーリンいわく、ブランド価値が支える投資と消費は所詮自尊感情や損得勘定に留まり、ＳＤＧｓキャンペーンは気候危機の焼け石に水。

デ・カストロいわく文化相対主義は誤り。文化に優劣がある。自然は一つで文化は多様という多文化主義は劣る。文化は一つで自然は多様という多自然主義が優れる。レトリカルですが、一つの文化とは人類普遍だったアニミズム。そこでは万物が人間。

アニミズム
一神教に対して多神教といわれることがあるが、その対比こそが一神教の世界観を前提にしたもの。本来のアニミズムは精霊や魂と関係がない。クマ、キツネだけでなく木、花、森、さらには岩、川、山に「なりきる」こと。あるいは逆に、お天道様もお月様も山も川も動物も草木も、いろんなものが自分を「見ている」という感覚。つまり万物が人であり、それらが動植物や無機物など多様な自然として現れる全体的な世界観。ただし決して擬人法ではないことに注意が必要。

犬が人を見れば人になり、人が犬を見れば犬になる。ジャガーにとっての血は人にとってのマニオク酒。

他方、宗教史では宗教は信仰 belief ではない。信仰概念は文明化に伴う個人化の派生物。宗教は生活形式それ自体。ヤスパース*の「軸の時代*」、生活形式を指す共同体宗教が信仰を指す個人宗教に変化。特に日本人は理解しない。主を信じるが蹄がある獣を食べるユダヤ教徒も、アッラーを信じるがコーランの善行リストを無視するムスリムもあり得ません。

軸の時代とは、前6〜5世紀の同時多発的な文明化の時代。定住ユニットを支える共通生活形式（による共同身体性と共通感覚）に亀裂が生じ、個人化＝信仰化が生じた。ユダヤ教からのキリスト教の分出も、ヒンドゥー教からの仏教の分出もそう。宗教の個人化＝信仰化で、個人毎に違う心があるとの「意識*」概念、吉本隆明が言う「自己幻想」が生じた。

その過程を記したのが１９７２年の心理学者ジェインズ*「二分心」論。人類は普遍的に「降りてくる声（幻聴）」と「自分の声（実聴）」を聴いたが、文明を可能にした書記言語化で、自分が書いたものに反応する＝反応に反応する「反応の再帰化」が生じた。反応の再帰化が個人別の「意識」概念をもたらし、降りてくる声の帰属先である「神」概念が生じたと。

つまり文明化で、幻聴と実聴が、神と意識に配当され、相変わらず幻聴を聴く者は

カール・ヤスパース
ドイツの精神科医、哲学者。１８８３〜１９６９年。戦争、事故、死への直面などの限界状況に立たされたときに、人は真に実存できる（本当の自分が出る）のだと訴えた。また、限界状況を乗り切るには実存的交わりが必要だと訴えた。

軸の時代
今からおよそ２５００年前に、古代ギリシャでは哲学者たちが、ユダヤではユダヤ思想が、インドではお釈迦様が、イランではゾロアスターが、中国では諸子百家思想が同時多発的に花開いた。これが人類の歴史の軸となる転換点だったととらえるヤスパースの言葉。人類が神話時代から脱し、人間として自己を自覚し、人間存在を意識するようになった時代。枢軸時代ともいう。

今は統合失調者とされると。１９８２年、精神科医中井久夫*は幻聴を聴く者を「Ｓ親和者」と呼び、遊動生活に有利な「兆候をもっとも強烈に感じ、全体を推定し、あたかもその事態が現前するがごとく恐怖し憧憬する」特性が、農耕的な文明化で次第にノイズとされたのだとします。

おおた　我々の社会では、個人ごとに違う心があることを当たり前だと思っている節がありますが、人類の歴史上、長い間、そういうふうには考えられていなかったわけですよね。

宮台　以上すべてをおおたさんも所属したゼミで扱ってきたけど、そこから個人の意識次第で本来は一つの物理的自然がどうとでも見えるとする「意識相関主義*」が生じ、個人の意識が一定範域で類似傾向を示すことから「文化相対主義*」に陥ります。そう補うと「見る者（動植物や無機物）により自然は違うが文化は一つ」というデ・カストロを理解できます。

他方、個人の意識に所詮は相対的な文化が埋め込まれる過程が問題化。「社会＝法生活」が代理人を使って言語使用の型（快不快の言語的二項図式）を抑圧的に埋め込む過程が注目されます。それが精神分析学。フロイト*は、抑圧による不安の埋め合わせとして「神経症*」を、ラカンは、抑圧を媒介する代理人の機能不全として「精神病*」を、

意識の誕生
言語の獲得が人間に意識をもたらしたとする、ジュリアン・ジェインズの仮説。

ジュリアン・ジェインズ
アメリカの心理学者。１９２０～１９９７年。主著『神々の沈黙―意識の誕生と文明の興亡』で、言語を持つ前の人間は、意識の代わりに「二分心（バイキャメラル・マインド）」を持つと仮説した。二分心とは「神の声」と「自分の心」。ロゴスの獲得によって、神の声が衰退していったとする。統合失調症は「神の声」の名残であるとする。

中井久夫
精神科医。１９３４～２０２２年。主著に『家族の深淵』がある。

意識相関主義／文化相対主義
個人が持つ意識次第で万物

概念化しました。
いずれも「脳神経機能」と「生きづらさストレス」の積から症状化すると考えましたが、これら症状化が内的外的なパラメータの積によるのとは別に、生来の脳神経的「機能劣性」として発達障害*が概念化され、それを「機能劣性」として見做すのが、適応圧力をかける「社会の眼差し」である事実も最近共有されました。数十冊の本を一瞬で圧縮しています。

更に圧縮すると、文明化＝大規模定住化と、それに伴う高文化化＝ロゴス化（詩人→哲人）と個人化（生活形式→信仰）が、意識誕生・超越神誕生・社会の代理人の抑圧による神経症化&統合失調症化、人間中心主義化による非人間性など、数多の問題を分泌したので、人類学者が、民主政化・資本主義化・テック化ならぬ、文明化自体を問題にしはじめました。

分厚い中流が支える人間関係資本に依存した脆弱な民主政を「民主政の民主政以前的前提」を忘れて制度があれば盤石だと信じ込んだ20世紀半ば以降の頓馬な社会学者と、コンセンサス会議やファシリテイター付き熟議や熟議付き住民投票など「民主政の民主政以前的前提」を確保するための制度改革を提案し続けた90年代以降の誠実な政治学者の失敗を尻目にね。

それが人類学発の「存在論的転回」です。その嚆矢が後期ヴィトゲンシュタイン「言語ゲーム論（生活形式論）」や後期ハイデガーの「総駆り立て論」に見られると言い

に対する見え方が変わるとするのが意識相関主義。それが特定の文化圏で一定の傾向を持つとする考え方を文化相対主義と呼ぶ。

ジグムント・フロイト
オーストリアの精神医学者、心理学者。1856〜1939年。無意識の存在に注目し、精神分析学を確立した。弟子にユングやアドラーがいる。

神経症
ドイツ語ではノイローゼ。不安障害ともいわれる。

精神病
「心の病気だから治しましょう」と人は言う。確かにそれで社会は安定して回るかもしれないが、ラカン的には「治しちゃっていいの？」と問う。むしろ、言語に閉じ込められてシステム化していく社会が病気であって、「適応できない」

ました。それらが第一次大戦後の絶望に由来した第一次の存在論的転回で、人類学のそれは民主政や資本主義やテックが切り開く未来への絶望に由来する第二次の存在論的転回です。

僕が懇意だった廣松渉*の四肢構造論は前期と後期のハイデガーの統合です。いわく潜在行為群を文脈とした道具性が認知を与えます（飲水という潜在行為がコップを与える）。その潜在行為群は分業連関が与えます。認知を上部構造に、潜在行為群を与える分業連関を下部構造に配当するのが、廣松的マルクス改釈。ハイデガーベースのマルクス理解です。

分業連関が与える潜在行為群という発想は後期ハイデガーの総駆り立て論です。森で暮らすハイデガーは木こりの例が好き。昔は生活に必要な道具を製作すべく木を切る。今は製材所に駆り立てられ切る。製材所はパルプ工場に駆り立てられ製材する。パルプ工場は出版社に駆り立てられ製紙する。出版社は書店に駆り立てられ出版する。書店は読者に……。

駆り立て連鎖は誰かの主体性に服さない。木こりは製材所の駆り立てを拒めば切られる。だから原生自然の贈与に感謝して切り過ぎないというフィジオクラティックな選択肢はない。そもそも駆り立て連鎖の全体性が見えない。資本主義であれ共産主義であれ分業編成の複雑化があれば変わらない。ゆえに自然生態系の破壊は止まらず、気付いたときは遅い。

ことの中に本質があるとラカン派は捉える。

発達障害
厚生労働省の説明では、発達障害は、生まれつきみられる脳の働き方の違いにより、幼児のうちから行動面や情緒面に特徴がある状態のこと。自閉スペクトラム症（ASD）、注意欠如・多動症（ADHD）、学習障害（LD）、チック症などがある。

廣松渉
哲学者。1933〜1994年。マルクス主義理論派。宮台の師の一人。主著に『存在と意味』がある。

おおた　木こり理論とは、昔の木こりは自分の生活に使用するために木を切り倒したが、今の木こりは市場からのニーズに応えて木を切っているだけで、その木が何に使用されるのかは知らないという話ですね。

処方箋としてのアニミズム

宮台　総駆り立て過程は資本主義か共産主義かという体制の問題ではない。近代の産業化が悪いという生易しい問題でもない。文明化に伴う分業編成の複雑化とそれに伴う原生自然の間接化の問題です。水が低い所に流れるような自然過程で、誰かがステアリングを切り間違えたわけではない。先のチョムスキー&ポーリンのＳＤＧｓへの絶望もそこに由来します。

だから何かが存在することの奇蹟に開かれよという存在論が復権していますが、自然生態系の大切さを個人が意識して消費や投資を選択するだけでは気候危機が止まらず文明は自滅します。分業編成の複雑化とそれに伴う原生自然の間接化を手当てする他なく、それには民主政のスモールユニット化（共同体自治化）とユニット間の共和政化しかありません。

それは単なる法形成の問題ではない。法形成するのも人だから。人が身体能力（共同身体性）とそれに裏打ちされた感情能力（自分は良くてもあの人・この人は……と想像して懸念する能力）を回復する他ない。それにはプラグマティストが言う体験教育（体験デザイン）による文化相対主義から文化絶対主義へのシフトしかない。森のようちえんの出番です。

おおた　個人の損得勘定に訴えるインセンティブやルールを設定しても無理だと。

宮台　はい。デ・カストロは、唯一の正しい文化がアニミズムだとします。アニミズムは遊動段階から一〇〇万年のオーダーで人類を持続させてきた「森の哲学」です。後期ハイデガーも森に沈潜してケーレ（存在論的に転回）しました。森の哲学は「自分が見るものに見られる＝万物に見られる」という思考。そして人は見られないと正しく振る舞えない動物です。

廣松渉は「人は眼差しに呼び掛けられて応答する」と言います。そのように進化したのは個体の圧倒的弱さゆえ。それが道具や言語を生み出して生き延びる前提でしたが、同時に何かに眼差されないと孤独に陥って変調する動物になりました。ゲノム的傾きの上書き可能性が集団生存確率を上げましたが、眼差されないと上書きも変調するようになりました。

おおた　たしかに「見られている」と意識するだけで、良くも悪くも、体に何らかの力が生じますよね。

宮台　ユダヤ教を育んだ当時のエジプトやカナンと違い、イエスが育ったガリラヤは緑なす大地。だから主なる神は、這いつくばって救いを引き出す取引相手じゃなく、いつも見てくださる存在、見てくださるだけで人がちゃんとする存在になった。それが「神はいつも隣におられる」。「動かない神」問題（命令通りしたのになぜ神は動かないか）が克服された。

アニミズムの欠点は強制移動や開発で、見慣れた万物が失われること。だから出エジプトから強制移動や離散を強いられた民族が歴史上一度だけ唯一絶対神（主なる神）を樹立した。直前のエジプト王イクナートンによるパンテオン否定と一神教化が影響したとの説もある。影響したならやはり「一度だけ」は変わらず、影響がなくても歴史的に一瞬でした。

人に・万物に・唯一神に見られないとちゃんとしないのは、言葉が世界（あらゆる全体）を覆えず、バタイユの「呪われた部分」・リーチの「境界状態」・ラカンの「シニフィアン過剰」が絶えず露呈して動揺するからとも考えられます。ルーマンは世界の未規定な部分を塞ぐ表象が神だとし、神は未規定性を集約して蓋をするサイファ（暗号）だとします。
サイファはシニフィアン過剰（未規定性）に過剰反応しないための共通座標＝シニフィアン・ゼロ*に当たり、「万物は単一の世界をなす」との確信を与えます。思えば、言葉を使う僕らが「個体が違えど単一の世界を生きる」とするのは不思議。でも唯一神だけがそう機能すると考えるのは行き過ぎで、見られてちゃんとする際にはいつもそれが働きます。

おおた　古代インドの思想の「梵我一如」にも通じる世界観ですね。ヨガや禅にも通底する感覚です。

宮台　そう思います。フロイトいわく、自我 ego は、言葉で組み上げられた自己（自己像）self の恒常性*維持に向けて再帰的反応 reflection（反応に対する反応＝意識）を働かせ、環境に対する反射 reflex の過剰さや極端さから生体を守ります。でも社会学者見田宗介*氏いわく、文明化を背景に自我がランナウェイ（暴走）しがちで、個体や文明を自滅させます。

おおた　宮台ゼミで、『自我の起原』を読みました。他者との社会的結びつきを可能にするために、他者をモニターする装置として、自我がつくられたと。

シニフィアン・ゼロ
ラカンの言うところの「シニフィアンの優位」（56ページ参照）にもとづいて、すべてのシニフィアンの基準点のこと。

恒常性（ホメオスタシス）
環境の変化などに関わらず、生物が自分自身の状態を一定に保とうと無意識に調整すること。

見田宗介
社会学者、東京大学名誉教授。1937～2022年。真木悠介のペンネームでも知られる。主著に『気流の鳴る音』『自我の起原』『時間の比較社会学』などがある。宮台の師の一人でもある。

宮台　正確には他者との関係を通じ、言語的予測符号化が張り巡らされた複雑な「社会＝法生活」を生き残らせます。でもランナウェイすれば逆に社会を生きられなくなる。だから僕らは正しく言葉（ロゴス）を使えと訓練されます。でも言葉は個体毎に違います。正しい言葉遣い（ラベル貼りと運用）があるという観念が人を抑圧し、神でもないのに見えない「日本」や「アメリカ」が存在するという自明性に縛りつけます。

　ランナウェイの例が、過剰な嫉妬とそれを支える所有の文化です。愛しているから「自分のものなのに」と嫉妬し、痴話喧嘩で別れてしまう。これは「愛しているから愛の関係を破壊する」という自己破壊です。自己の恒常性には社会関係が含まれますが、自己の恒常性を保とうとする自我の働きが暴走すると自己の恒常性を破壊してしまうという一例です。

　過程を分析すると、「ＡだからＢ」という類の「言葉の自動機械」的な意識の働きが見つかります。その働きを中和するには互いの「言外に開かれた構え」が必要です。見田宗介氏は言語の獲得（による自我の獲得）が必ずしも合理性の獲得を意味しないことを記しています。社会学者の文章でそれを記すものは、大澤真幸*氏を例外として、見当たりません。

　他方フロイトいわく、社会の代理人による言葉を用いた規範的抑圧は「法内＝快・対・法外＝不快」という二項図式を埋め込み、無意識内に社会の代理人を構築すると

大澤真幸
社会学者。１９５８年〜。大学時代の宮台の先輩。主著に『ナショナリズムの由来』『ふしぎなキリスト教』『新世紀のコミュニズムへ』『自由という牢獄』（岩波現代文庫）、『不可能性の時代』がある。

同時に、逆向きの二項図式「法外＝快・対・法内＝不快」も無意識に埋め込み、法外に出ることの享楽をもたらします。この超自我*的二重性を使って「力」を回復するのが祝祭でした。

おおた　普段は言葉に正しく従いながら、でももともと、それだけで生きていけるようには人間はできていないので、それを破壊する営みを共同体の営みの一部として組み込む知恵が、昔の人たちにはあったということですよね。

宮台　はい。ところが、人間関係から便益を調達する掟の界隈である生活世界が、市場や行政から便益を調達する法の界隈であるシステム世界に侵食され、祝祭が法内に登録されて、定住以来続いてきた法的タブーとノンタブーの反転がなくなります。テキ屋*を排した地元の祭りがそれです。テーマパークやフェスのような祝祭的消費を加えてもいいでしょう。

社会学者リッツァ*が言う通り、「ディズニーランド化＝祝祭的消費化」の非日常は、「マクドナルド化＝労働者の置換可能化」による日常の不全感を埋めるマッチポンプ。ブラックな社会を「週末のサウナ」で補完するものではあれ、「社会＝法生活」への違和感を忘れずに「なりすます」ことを可能にする古来の機能はない。性愛にも同じことが言えます。

超自我
人間の本能的な欲動（リビドー）であるエス（イド）と、イドを抑圧する社会的・道徳的な超自我（スーパーエゴ）が均衡を保つことで、自我（エゴ）が形成されるとフロイトは考えた。17世紀フランスの哲学者デカルトが自我を確固たるものと捉えたのに対して、フロイトは自我を無意識の領域を含む不安定なものであるとした。

テキ屋
お祭りの縁日に並ぶ出店を営む業者。

ジョージ・リッツァ
アメリカの社会学者。1940年〜。主著に『マクドナルド化する社会』がある。

結果「社会＝法生活」が仮のものではなくなり、出口のなさが強化されます。処方箋は一足飛びに「古来の祝祭の回復」に行けない。「古来の祝祭」の祝祭以前的前提である共同身体性と感情能力がないから。「個体発生が系統発生を繰り返す」の拡張版「子どもは定住以前の大人を繰り返す」が糸口です。言外の「同じ世界」で「フュージョン」する能力。

それを回復・強化し、大人になっても消えないようにするには、法外を消去したクソ社会にマジガチで適応させたがる劣化親――自身が劣化親の産物である劣化親――から子どもを奪還し、人類史の大部分を占める相対化できない「正しい文化」にできるだけ近い体験をデザインするしかなく、それには大人「が」子ども「に」学ぶ過程が必要になります。

おおた　人類が言葉に抑圧される前の状態を、幼児期に追体験するということですね。そしてそれを見て、大人も忘れていたものを取り戻す。それが、新聞広告の推薦文に書いてくださった「読者は本書を通じてその『何か』を見出すだろう」の何かですね。つまり答えは、「同じ世界」で「一つになる」能力です。「共同身体性」と言ってもいいし、最後に出てきた「正しい文化」と言い換えてもいい。

バーチュー
美徳と訳されるラテン語だ

僕らの劣化は「森のようちえん」で回復する

宮台　縷々紹介した、身体的・感情的劣化の歴史的かつ具体的メカニズムが示すのは、回復には、森のようちえんのような昭和には当たり前だった「環境との関わり」「大人との関わり」が必要なこと。森にいるとゲノムの働きで中動態的に内から湧く力で動き回れます。この力がバーチュー*です。「学習的適応」の優位に抗う「価値的貫徹」の志向の源です。

おおた　そういうことなんです。森のようちえんも、ただ自然科学に詳しくなるねとか、エコな気持ちが育つねとか、そういうことではありません。

宮台　おおたさんが語った里山について再び補足します。ユダヤ・キリスト教圏の文化は、神の罰に脅える一神教の強迫性障害*（不安を埋め合わせる反復）を被っているので、万物学とメタ万物学（形而上学）*を明確に線引きします。例えばキリスト教神学は自然神学を神経質に排除してきました。人を見るのは神だけで、万物が人を見るなどあり得ないと。

が、「内から湧く力」が原義。

強迫性障害
自分でも意味がないと分かっていることを繰り返し行ってしまったり、ある考えに囚われてそれが頭から離れなくなってしまい、日常生活にも影響が出る障害のこと。意志に反して抑えられない行動を強迫行為、抑えられない思考を強迫観念という。例えば、何度も繰り返し石鹸で手を洗ってしまうなどの症例がある。

形而上学
人間の五感で感知できる物事（形而）を超えた物事を考察する学問。しばしば哲学と同義語として使われる。フィジカ（一般的には自然学と訳されるが宮台は万物学と訳す）を超える学問としてのメタ・フィジカという意味。

実際にニーチェが「症状」と見たように、人類史的にはエキセントリックです。神は言葉だけ使って人とつながります。万物は言葉を使わずに人とつながります。大きな違いです。繰り返すと人類の言葉はもともと言外でつながるためのもの。散文よりも歌や詩に近く、オースティン*が言語行為論*でいわく事実確認的（記述的）よりも遂行的（行為的）です。

他方、原生自然は言葉を拒絶しますが、自然生態系と社会生態系が交わる里山は、言外でつながるために言葉を使う場所。だから法より掟が優位します。〈社会〉＝「社会（法生活）」＋「社会の外（掟生活）」という公式で言うと、里山は「社会の外」で、原生自然が〈社会〉の外の〈世界〉であるのとは違います。それが日本の森のようちえんを与えます。

おおた　宮台さんのゼミで、見田宗介が真木悠介のペンネームで書いた名著『気流の鳴る音』を読みましたけど、その中で中米のインディオのドン・ファンが、「一般人の世界と呪術師の世界のあいだ」という表現を使っていました。そこに入り込むことで〈見る〉ことができるようになるというんですね。完全に人間社会でもない、完全に森の中でもない、その両方につながるあいまいな領域にたゆたうことができるようにならなきゃいけないと、ドン・ファンは言います。ドン・ファンが言っていることは精神的な意味合いが大きいのですが、里山というのは、それを物理的に表現している空

ジョン・ラングショー・オースティン
イギリスの言語哲学者。1911〜1960年。主著に『言語と行為』がある。

言語行為論
言語は事実を記述するものだと考えられてきた。記述であれば真理値（真か偽）がある。だがオースティンいわく「宣言します」や「約束します」に真理値はない。だから事実の記述ではなく、宣言されたという事実、約束されたという事実を作り出すものだ。殴る・抱きしめるなど、行為は一般に事実を作り出す。言語使用も事実を作り出す行為である。翻って記述もまた、記述されたという事実を作り出す行為である。彼は更に①発

間だと思います。里山に暮らすことで、人間社会と森の間を自由に行ったり来たりできる存在になるのではないでしょうか。

宮台　森と都市を区別するヨーロッパだと、都市は「言葉と法と損得」で動く場所で、バカンスに森でレクリエーションしてきた。ただし理念型で、バルセロナ周辺やアルプス山麓などヨーロッパにも里山と等価な場所があり、今はむしろ日本で里山が失われています。森と結びつく生業を村落の皆が営むことで、言外でつながる言葉を非日常ではなく日常で使うのが、里山だと確認します。

おおた　先ほどヨーロッパは一神教でという話をされていましたが、逆に言えばそれ以外の多くの地域ではアニミズム的な宗教観を前提にしていると捉えていいんですかね。

宮台　はい。ゲルマンや北欧に「森の哲学」、森と結びついた自然哲学があります。エコロジーのルーツであるナチスの生態学的平等主義――人殺しはダメというお前は朝ベーコンを食べただろ――は、そのつまみ食い。流れからなるピュシス（万物）と法からなるノモス（社会）を分ける二元論を背景に「土が血を育てる」としてゲルマンの卓越性を説きました。

語したという行為、②それにより何をしたかという行為、③それで何が生じたかという行為に分けて、宣言や約束は②に当たるとした。言語使用が事実を作り出すとする発想は、言語ゲーム論を考える際に重要になる。

里山にはこの二元論はありません。土は血で、血は土です。ナチスの自然哲学は生態学的全体性にだけ注目し、アニミズムの「万物に見られる」を抜き去っています。「万物に見られる構え」こそ人をカテゴリーから解放するのに、これを抜き去ったので、カテゴリーにステレオタイプを結びつけて差別するユダヤ差別のおぞましさへと帰結しました。

おおた　アニミズムの土壌があれば、優生思想*なんてものが生じるわけがないですからね。

宮台　「森を見ろ、自然生態系は弱肉強食だ」というのが「死の天使」メンゲレの正当化の論理です。背後に、生態学的全体性を知る優秀なゲルマンは、生態学的全体性を知らない劣等な民族を好き放題コントロールしていいという発想があります。「森の哲学」はコントロールならぬフュージョンの思考なのに、「森の哲学」を知る卓越性をコントロールの正当化に使っています。

これを主題化した Netflix のドラマシリーズがあります。『彷徨える河』を監督したシーロ・ゲーラが制作総指揮の『グリーン・フロンティア』（２０１９年）。ナチス残党がアマゾンに逃げた史実を背景に、「森の哲学」を全先住民をコントロールするために使う元ナチスの研究者と、万物とのフュージョンのために使う先住民のアニミスティ

優生思想
優生学にもとづく思想。優生学とは、遺伝的な次元で優劣をつけて人間を区別し、生殖をコントロールしたうえで社会を構成しようとする考え。

ックな呪術師との、壮絶なバトルを描きます。

そこに描かれますが、アニミズムでは動植物や無機物などいろんな事物から見られるので、いろんな事物の視座を取れ、ジャガーや樹木になりきってから自分に戻ることで力が湧く。本来の性愛も同じで、異性愛なら、男が女になりきってから男に戻ること、女が男になりきってから女に戻ることで力が湧く。タブー反転する古来の祝祭でも、役割を入れ替えて戻ることが定番でした。

人には人の自然が、ジャガーにはジャガーの自然があるように、男には男の自然が、女には女の自然がありますが――自然をコスモロジーと言い換えて良い――、ジャガーと人、女と男は、互いに視座を入れ替えられます。これがデ・カストロの多自然主義＝多視座主義です。これを性愛に実装することでアマゾン先住民の多自然主義の現実性が分かります。性愛はアニミズム理解の入口になるのです。

視座の入れ替え相手＝なりきり相手は、獣や樹木であり得るので、むろん法ならぬ法外、言語ならぬ言外の営みです。本来の祝祭が消えた今、大人にとって性愛が辛うじて残った「言外・法外・損得外」の時空。「言葉・法・損得の時空＝社会」と「言外・法外・損得外の時空＝性愛」が直和分割されるものだという古来の感覚を、まだ一部で体験できます。

かつて色街では俺は政治家・社長・文豪だと「性愛」に「社会」を持ち込む輩は最悪のイケズでした。逆に「社会」に「性愛」を持ち込む輩は猥褻の禁を侵しています。

猥褻とは非性愛的「社会」に「性愛」が持ち込まれた際に生じる普遍の感情です。なのに、言外の時空たるべき「性愛」に社会的カテゴリー=属性を持ち込むマッチングアプリが隆盛です。これほどの劣化があるでしょうか。

「僕は東大で頭がいいから、僕をリスペクトして性愛を許容しろ」とのたまう頓馬が増殖中です。すぐに死んで生まれ直してほしい。こうした「即死系」は徹底的に差別されるべきです。これは差別主義ではない。第一に、人は常にすでに感情能力の優劣で相手を差別的に処遇しています。第二に、差別主義者を嫌悪して差別的に処遇するのが反差別主義なのです。

真の祝祭が消えた今、「言外・法外・損得外」に開かれた最後の時空が、劣化を免れた大人にとっての「性愛の時空」と、子どもが劣化を免れて育つための「森の時空」です。だから「性愛の時空」の擁護と「森の時空」の擁護が、僕の実践の両輪になっています。だから、おおたさんとコラボして、身体能力・感情能力を育てる森のようちえんを、拡げようとしているんです。

おおた　私は森のようちえんを取材して、その意味を考え、本にまとめたことで、宮台さんが性愛の時空を擁護する意味が、実感として理解できるようになりました。森も性愛もピュシスですからね。

だから今回のこのトークにおける私の役割は、「宮台さんがいつも一生懸命世の中に伝えようとしていることは、性愛そのものの価値ではなくて、性愛の先にある、性愛を超えたもっと大きなものの価値なんだ」と伝えることだと思って今日の準備をしました。

その「もっと大きなもの」をラカン的には「享楽」と呼ぶのかもしれません。ピュシスの手触りを知らないと享楽には触れられない。

相対的な快楽は世の中の諸条件によって変わってしまうけれど、絶対的な享楽を感受できる人間は、世の中がどうであろうと幸せになれる。その幸せの実感をもとにして、他人をも幸せな流れに巻き込むことができる。

森のようちえん的なアプローチから、現代の人間が失いつつある享楽に対する感受性を回復する道が開けるのではないかと私は考えました。宮台さんはずっと前から、性愛の時空から同様のアプローチを試みてきたということですよね。そのことが今日、みなさんにもはっきりとお分かりいただけたのではないかと思います。

宮台　統計では、恋愛稼働率（交際率）はどの世代でも男は女の半分で、交際未経験率はどの世代でも男は女の2倍。男女人口は同じだから、男一人が女二人を相手にしています。僕の調査では、交際しない理由を男に尋ねると「コスパ*が悪いので」「リスクマネジメント*できないから」と答え、女に尋ねると「頑張ったけど実りがなかったから」と答えます。

コスパ
コストパフォーマンスの略語。かけたお金、時間、労力に対して得られるものの価値。つまり損得勘定。

リスクマネジメント
望まないことが起こらないようにするための未然の策。つまり未規定性の排除。

補足すると、大学生では男の性的退却からほぼ5年遅れで女の性的退却が生じています。例えば飲み会で下ネタを避け始めるのは男が２００５年からで、女が２０１０年からです。総合的に推定できるのは、まず男が損得マシン化して生身の関係から性的に退却し、次に損得マシン化した男との関係にうんざりした女が少し遅れて性的に退却したということです。

そのことから、女のほうが男よりも損得勘定を超えたロマンを願望していると言えます。それもあってか、マッチングアプリ業者を取材すると、男はすべての女を出会い対象とするけど、女はキモくない一部の男だけを出会い対象とするので、女から見ると出会い対象になるキモくない男が一瞬で払底し、キモくない男がタコ足化するのだろうとのことでした。

他方、２０１４年のワクワクメール（会員男女約50万人）に依頼された25歳女性利用者調査では、卒業大学の入試偏差値で三分すると、年収の上中下にほぼ対応し、相対的に、下集団は非正規の掛け持ちで気持ちの余裕のなさから男を吟味できず、上集団は同性仲間に紹介できない男を切り捨てるので出会えず、中集団が他よりも実りある性愛を生きていました。

中集団にも、上集団を追う形で、同性仲間に紹介できない男を切り捨てる傾きが見られます。発見は、女の属性主義は貧困によるものではなく、むしろ同性集団の承認を当てにすることによるという事実です。そこから、未婚化の加速要因の一つは女の属性主義で、それは貧困より、恋愛関係が友人関係より浅い（優先しない）ことによると推定できます。

おおた　性愛すらも損得勘定に支配されるような社会になった。性愛の営みすら、言葉の内側だけで行われるようになった。だから何でも言葉で表現して、確認して、言質をとって、その結果を自分にとっての損得勘定で評価する。ではどういう人なら、そういうクソ社会に汚染されにくいのかと調べていったら、小さい頃に自然体験が豊かだったり、友達と黒光りする戦闘集団のようになって夢中で遊んだ経験がある人たちだったと。だからやっぱり、森のようちえん的な原体験を今のうちに子どもたちにさせておかないと、ここから先の社会は大変なことになるぞって思われていたんですね。

宮台　はい。他方、90年代半ばまでに全国の主要な祝祭を巡り、没入的な激しい祝祭をする地域ほど、次の祝祭の到来を期待しながら「社会」を「なりすまし」の構えで生きるという営みがあることが分かりました。そうした地域ほど「性愛」の微熱が——「性愛」と「社会」の分離が——残っていた。祝祭時に初体験する中高生が多かったことも関連するでしょう。

おおた　なるほど。今、まさに「次に何言おう〜」って必死にメモとって、フリーズしかけてます（笑）。もっとこの場に没入して、宮台さんとフュージョンしないと（笑）。僕はやっぱり仕事柄、ロゴスに頼ってしまうことが多いので、身につまされます。

宮台　ではロゴスと、言外を触知する身体・感情能力の関連を話してみます。ロゴスを自由に使える前提はロゴス以前のレンマに開かれていることだと言いました。哲学者山内得立《やまうちとくりゅう》が強調したことで、レンマとは先取りされた言外の全体性です。それを縮小して言外の文脈に限ると、論争に勝ちたければロゴスの力だけ鍛えてもダメで、文脈の触知力が要る。

80年代に一斉を風靡したアウェアネス・トレーニング*――自己啓発セミナーと呼ばれた――で最初に学びました。相手が語るテクストではなく、相手にそれを語らせているコンテクスト（テクストの横にあるもの＝文脈）に注意を向けることで、喋りづらさの外に出られて、雄弁になれたり、説得できたり、論争に勝てたりするということです。

アウェアネス・トレーニングは、ベトナム帰還兵*による凶悪犯罪の続出に対処して、ジャングルに送り出すために「地獄の特訓」で眼前の人を殺せるように日常のフレームを書き換えたのを、帰還後に人を殺せないようにフレームを書き戻すために開発され、意志の貫徹には意志力よりも欲望の書き換えが有効だとして、エグゼクティブ向けに改版されました。

アウェアネス・トレーニング
神経言語プログラム、フレーム、ストーリー、スクリプトなどと呼ばれる、潜在意識のフレームを書き換える作業を行うことによって、意識的に選択できるものの領域を拡げる訓練。非常時におけるパフォーマンスを極限まであげるために、平時のリソースを組み替えることを目的としている。宮台は１９８０年代に訓練を受けた。しかし日本ではなぜか人格改造や自己改造として受け入れられてしまった。その結果、劣等感を持つ人々を相手にした自己啓発になってしまった。

ベトナム帰還兵
南北ベトナムの内戦に１９６５年から１９７３年にかけてアメリカが介入したのがいわゆるベトナム戦争。アメリカから50万人もの軍が派遣され、多数の死者が脊髄反射的な過剰反応を抑止して生体防衛すべく、自己self の恒常性を維持に向けて自我ego が機能する――自己防衛を以て生体防衛とする――とするフロイトの思考と、ロジャーズ*流のエンカウンタープログラムを合体したもの。自己とは自己像や自己物語。流派によってフレーム、スクリプト、ストーリーなどと呼び、まずそれへの気付きを促します。

次に、人類学者ヘネップが取り出した離陸・混融・着陸という通過儀礼の三段階*を使い、古いフレームを新しいフレームに書き換えます。日常のフレームの外に出て変性意識状態になり、そこでフレームを書き換え、新しいフレームで日常を始めます。自分や相手のフレームに気付く営み（アウェアネス）が「テクストからコンテクストへ」を与えます。

フレームはとりあえずは言語的な自己像や自己物語です。訓練を進めると自分や相手の言語以前的な身体・感情能力に――ロゴスを機能させるレンマに――フレームが及びます。オウム真理教*のようなカルト集団が相手をコントロールする洗脳に使ったのもあって、90年代半ばまでに批判されて放逐され、多くのプロバイダーがコーチングにシフトしました。

そもそもは自分のフレームを変えて、それまでできなかったことができるようになるためのエクササイズだったのに、頓馬が濫用して、残念な結果になりました。繰り返すと、フレームとは、無自覚な言語的「自己像・自己物語」と非言語的な「身体能

出たが、生きて帰還した兵士たちのなかには経済的に困窮したり、精神的なトラウマを抱えたりする者も多く、社会問題化した。

カール・ロジャーズ
アメリカの臨床心理学者。1902〜1987年。心理カウンセリングにおける来談者中心療法をつくりあげた。相談者を、患者ではなくクライアント（来談者）と呼ぶことに、来談者中心療法の思想が端的に表れている。

イニシエーション（通過儀礼）の三段階
通過儀礼は、オランダ出身でフランスで活躍した民族学者のファン・ヘネップが最初に提唱した概念。第1段階でこれまでの状態から分離され、第2段階では何らかの試練が与えられ、第3段階で新しい状態に生まれ変わって社会に帰還する

力・感情能力」です。これを外から観察できるようになると、人は自由になると同時に力が湧く方向に向かえます。

おおた　わざわざそこまでしなくても、森のようちえんで、我々がもともと持っている身体性、そのポテンシャリティを担保し、豊かな原体験として持っていることによって、それが大人になったとき、社会をつくっていく上で、感情の劣化を食い止め、社会の劣化を食い止めるためのリソースになっていく、と。

宮台　はい。皆さんが勤しんでいる言語ゲーム、例えば偏差値60の学校に入るか70の学校に入るかみたいな営みは、なぜ重要なんでしょう。〇〇のためだ。では〇〇はなぜ重要なのか。◎◎のためだ。では◎◎は……と辿るとアリストテレスが言う最終目的に到ります。個人心理学者アドラー*が尋ねます。その最終目的は誰がインストールしたのでしょう。

最終目的も自己物語、つまり自己 self の一部です。だからそれが変わらないように自我 ego が機能します。でも最終目的は多くの場合、親がインストールしています。アドラーは「課題の分離」の失敗と呼びます。その場合、「課題の分離」に向けて新たに最終目的を設定します。最終目的にプライミングされて◎◎が、〇〇が、そして今の欲望が変わります。

という3段階を踏むことが多い。

オウム真理教
麻原彰晃（本名：松本智津夫）を教祖として1980年代後半に生まれた新興宗教団体。1995年には地下鉄サリン事件を起こすなど数々の重犯罪に手を染め、1996年には宗教法人格を失い、2000年に破産したが、主流派は「Aleph（アレフ）」の名称で教義を引き継ぎ活動を続けている。

アルフレッド・アドラー
オーストリア出身の精神医学者、心理学者。1870〜1937年。アドラー心理学と呼ばれる分野を確立。フロイト、ユングと並び称される心理学者だが、フロイトやユングの心理学よりも実生活に活かしやすく、自己啓発の分野でも人気。

むろん親にも問題があります。だから「家族療法」が有効です。先ほどの話が切り口になります。おおたさんとの共通の母校・麻布で講演した際、事後にお母さん会で「皆さんが女子高生だとして息子さんと付き合えますか」と尋ねたら全員「無理！」だと。「なぜ?」「キモイから」(笑)。そこでの学びは母親も違和感に気付いていたこと。だから、やめられない理由を尋ねました。

答えは「他にどうしていいか分からない」「周囲がしているようにするのが無難だと思った」「宮台さんみたいな外からのインパクトがないと変えられない」。そこからの学びは、母子関係の問題に思われたことが、「ヒラメ・キョロメで空気に縛られる」「価値的貫徹より学習的適応が優位」という日本社会の問題を前提にしていたこと。つまり劣化の連鎖です。

人が力を失うとき、力を与えられる人になれ

おおた　はい。ではそろそろ時間なのでまとめますと、そういうクソ化していく社会の物差しに子どもを当てはめて育てるのではなくて、共同身体性を持つ子どもを育てなければいけない。そのためには、身体性は子どもたちがそもそも持っているものなので、それを殺さないような幼児期の体験ができるよう、大人が守ってあげなければ

いけないと。

宮台　今日はいろんな方々が聞いておられるので、学問的なベースを示しながらも、ロゴスに留まらない言葉遣いを心がけました。繰り返します。子どもに接する際も、恋愛相手に接する際と同じように「コントロールのための言葉からフュージョンのための言葉へ」を心がけてください。すると子どもに森のようちえんが必要である理由が分かるでしょう。

おおた　そうですね。すごくヒントになります。どうしても子育てをしてると、「子どもをこうするためには、どういう言葉を使ったらいいんでしょうか」という、コントロール系に発想が行くんです。でも、親子で同じ場に、同じ世界に入っていればいいと。

森の中で、親子でアフォードされて、時間を忘れて遊んだり、何気ない日常の中でも、リビングでただいっしょにボーッとしているときの幸せをしみじみと感じてみたり。そういう経験が豊かなら、言葉で「あれしなさい」「これしなさい」って細かく指図したり、いちいちお小言を言ったりしなくても、子どもは幸せに生きていけるようになると思います。

クソ社会的な物差しで比べられたり、損得勘定したりしなくても、絶対的な幸せがそこにあると分かっていたら、そういう構えで他者ともかかわりを持つことができます。そうすれば、自分も相手も同じ世界に入って、幸せになれる。

宮台　親にも自分の親との「課題の分離」に失敗してきた人が多く、子育てについての目標混乱があります。『14歳からの社会学』（世界文化社→ちくま文庫）に書いたけど「どんな大学に入ろうが、どんな仕事をしようが、人を幸せにできる大人になればいいんだよ」でいいはず。もし自分が子どもの同級生だったら恋心を抱くような子どもに育てる。まともな目標設定から始めてください。

今の社会はなんか変だなと思っている人は沢山いると思います。だからこそ今回の対談をお聴きくださっているんだと思います。そういう、なんか変だなと思っている人に言葉を与えるのが、僕の役目だと思っています。もやもやに言葉が与えられると、だったら何とかしなきゃという方向に親も教員も動機付けられます。まずはそこが出発点。

おおた　うん。そうですね。

宮台　なんか変だなという感覚も、なんか素敵だなという感覚も、まさに言葉にならないものです。そこに言葉でフラグが立てられると、「言葉の外」に注意を向けられるようになります。子どもも時代に体験した「言葉の外」も思い出せるようになります。「そう、あの感じのことだ」という風に。僕の「この人が一緒なら、怖くても怖くない」も分かるようになります。

おおた　よく宮台さんがおっしゃっている「言葉の外、法の外、システムの外に出なければいけない」ということですね。森のようちえんは教育の一つではあるんですけど、その目的は、21世紀のグローバル経済の中で勝ち組になるとか、21世紀型スキルとかコンピテンシーみたいなものを身に付けるとか、そういうレベルの話ではありません。人間の根源的な共同身体性であるとか、享楽を感受する能力であるとか、そういった根源的なものを、それぞれの子どもたちの中に豊かに育み担保していく。さらにはそうすることで、これからの社会の劣化を食い止め、メタバースにも対抗していくという壮大な役割を持つ存在であるということです。そういう期待を宮台さんは森のようちえんに抱いてくれているというのが今回のお話でした。

宮台　はい。2050年にCO_2をゼロにするという国際目標も実現できるはずがありません。地球温暖化はたぶんティッピングポイント（引き返せない点）を超えていて、激しい気候危機が訪れるでしょう。その過程で勝ち組の「こんなはずじゃなかった感」も、SDGsに気を付けていた人の「すべて無駄だったんだ感」も生じるでしょう。

そこからが勝負。

人が力を失うときに、力を失わない人や、力を人に与えられる人って、どんな人でしょう。皆さんは考えたことがありますか。そういう大人を育てることが、森のようちえんの目標です。僕が関わるすべての実践――森のようちえん、森のキャンプ、海のカヤック、恋愛ワークショップ、親業ワークショップ、宗教ワークショップ――の共通目標でもあります。

おおた 宮台さんが言う、「沈んでいく船の中でのポジション争い」ではなくて、どうやってこの船の中で航海を続けられるようなクルーを育てていくか。そういう視点での森のようちえん。

宮台 その通り。「たとえどんな状況になっても、自分は人を幸せにできるから、幸せに生きていけるぞ」と思えるような構えを、持っていただくことがやはり大事じゃないかな。

おおた 構えですね。

宮台 「いい学校・いい会社・いい人生」が崩れたら自分は終わりだとか、いい恋人を見つけないと自分は終わりだとか、いい結婚相手を見つけないと自分は終わりだとか言っている時点で、とうの昔に終わっている。いつでもやり直せる、いつでも恋人を見つけられる、いつでも結婚相手を見付けられるという自己信頼の種は、子ども時代に培われます。

宗教ワークショップの主題ですが、〇〇という条件があれば幸せになれる（さもないと幸せになれない）という条件プログラムを子どもに刻む親は、無条件に劣化親であり、子どもにつまらない人生を送らせます。盟友ダースレイダーが言うように今はすでに乱世であり、条件プログラムのほとんどは条件のクリアに失敗するからです。

おおた　そういう子育て観、教育観は、自分の子しか見ていない。自分の子だけでは社会は維持できませんからね。周りの仲間がいて、クルーがいて、航海が続けられるということですね。

宮台　自分はいつも仲間を幸せにしようと思って生きてきたからいつも幸せだという目的プログラムを子どもに刻む親が、いい親。いい親は体験デザインに賭けます。だから森のようちえんに注目します。今は子どもを入れたくても叶わない親が沢山います。だからこの対談イベントも、森のようちえんがどんどん拡がる契機になればと思っています。

おおた　はい。今日はどうもありがとうございました。

第2章

「森のようちえん」実践者との対話 vol.1

宮台真司 × おおたとしまさ × 葭田昭子 × 坂田昌子 in 秩父

(2022年7月24日、秩父・森のECHICAにて収録)

葭田昭子(よしだ あきこ)
認定NPO法人「森のECHICA(エチカ)」代表理事。保育士として4年間埼玉県に奉職した後、ゼロから創る人になりたくて陶芸家の弟子となる。陶芸家として活動中の2008年、息子のようちえんが早期教育に転換することを機に仲間と自主保育のようちえん「花の森こども園」を創設。2021年に地方裁量型認定こども園となり同園園長。著書に『「ようちえん」はじめました!』(新評論)がある。

坂田昌子(さかた まさこ)
生物多様性ネイチャーガイド、環境NGO虔十の会代表、一般社団法人コモンフォレストジャパン理事。高尾山の自然環境保全を中心に、生物多様性をテーマにしたイベントやワークショップ、勉強会を多数主催。全国各地で伝統的な手法による環境改善を指導。ローカルに足を据えながらグローバルな視点で動く環境活動家。

4人の関係性

おおた どうしてこの座組みになったのかを、葭田《よしだ》さんからご説明していただいてもよろしいでしょうか。4人の関係性みたいなことを。

葭田 はい。まず坂田さんには、これまでに何度も、職員の研修などを通じて、生物の多様性とか、自然と子どもたちとの関係性とか、いろいろとレクチャーしていただいています。そもそも何年ぐらい前からですかね。

坂田 覚えてないや（笑）。

葭田 「秩父の宝を考える」という集まりに参加したのがきっかけでした。電話すると1、2時間しゃべっちゃうような関係です。

そして宮台さんは、私が憧れていた社会学者さん。『ルポ 森のようちえん』でうちを取材してくれたおおたさんが宮台さんと対談されるというご連絡をいただき、大興奮で職員研修として視聴させていただきました。で、おおたさんに率直に「宮台さんのお話はいつも袈裟懸けに切られるように刺さるので〝ファン〟なんです」って言ったら、今度機会があれば何かしましょうと言ってくださって。そうしたら坂田さんと宮台さんもまた旧知の仲ということで六次の隔たりより近かった。あれは奄美大島でしたっけ？

宮台　そうです。嘉徳浜《かとくはま》の沖合での砂利採取によって起きてしまった一時的な台風による被害を口実に、強行されようとしているコンクリート護岸を、阻止する運動です。

おおた　宮台さんと坂田さんのお二人が奄美大島でトークイベントされたんですよね。

葭田　そういう縁だったら、坂田さんを中心に人間関係がつながるじゃないか。そういう図々しい願いをおおたさんに伝えましたら、じゃあ4人で、っていうことになりました。

おおた　なので、坂田さんと私は、昨日初めてお会いしたという関係でございます。

宮台　こうやってすぐにつながっちゃったでしょ。これ、いかに日本に人材がいないかを示しています。

あるべき社会についての価値観を持つ人にしか「世直し」はできませんが、その価値観を持つ人が今の日本には少ないので、個別に活動していると時間とエネルギーを無駄遣いする。だから、似た価値観で世直ししようとする人たちが連携し、できるだけ結果を大きいものにしていくことが必要です。点と点を結び、線の網からなる面を作るんです。

おおた　という、すごくパワフルな3人が今日は集まってくださいました。

早速ですが、宮台さんは昨日初めて、ＥＣＨＩＣＡ（認定ＮＰＯ法人　森のＥＣＨＩＣＡ）に来られました。実は僕も、本格的に取材をするのはまだ2回目なんですけれども、宮台さん、昨日一日、ＥＣＨＩＣＡで過ごしていかがでしたか。

宮台　子どもたちが予想通り、いや予想以上に幸せそうで素晴らしかった。ここ数年子ども相手の余島《よしま》のＹＭＣＡキャンプに関わっていますが、コロナ禍になってからは森に解き放たれても何をしていいか分からず、何をしたらいいかと尋ねる小学生が量産されています。何をしてもいいという状況が、今の子どもたちにはパズルになるんですね。

おおた　ぽんと野に放たれると「え？　何すればいいんですか」状態になるんですね。

ついつい誰かが、何か指示してくれるんじゃないかって思っちゃう。

ECHICAをなぜつくったか

宮台　これは1980年代の「新住民化」*の時代から徐々に進んできました。80年代後半の小学生が成人する90年代後半には、大学生たちが「デートをどうしたらいいか分からない」とこぼす「性愛の劣化」が目立ち始めます。相手になりきって相手が幸せかどうかだけを見ればいいのに、「自分が相手からどう見えるか」ばかり気にするようになりました。

僕が幼稚園の頃、お歌の時間・お遊戯の時間・外遊びの時間……と集団行動を強制されても、家に帰れば原っぱで年齢や性別の違いを取り混ぜて遊びました。そこが今とは違う。今は幼稚園の外でも親や塾にコントロールされます。だから自由に遊べと言われても何をすればいいのか分からなくなるわけです。唯一の社交ツールがNintendo Switch でしょうね。

そんな最近の状態を知っているので、「ECHICAの子どもたちは昔っぽいな、昭和っぽいな」と感じました。懐かしいなと感じました。昭和にはこういう感じの場所が普通でした。東京や大阪の巨大団地は別だけど、僕は京都の小さな社宅団地。赤

新住民化
48ページ参照

トンボも飛んでた。蛇やとかげも捕まえた。秘密基地ごっこもした。近所のお兄ちゃんお姉ちゃんやおミソが一丸となって「黒光りした戦闘状態」で遊びました。よそんちで御飯を食べたり風呂に入ったりするのも当たり前でした。

これが大事だと思うんですが、実は「秘密基地」は秘密でも何でもないんです。大人たちは秘密基地がどこにあるか知っていたし、子どもたちもそれが分かっていた。つまり、地域に見守られていたからこそ自由に遊んでいた。その感じがＥＣＨＩＣＡに再現されていたから懐かしかった。

おおた　坂田さんは、こちらの園はもうおなじみだということですが、昨日一日、宮台さんと一緒に過ごして、何か印象に残ったことはありますか。

坂田　はい。いつもお世話になってます。ここには私、何度も来ています。子どもたちのガイドをしたり、子どもだけじゃなく、お母さんたちを中心に生物多様性といったテーマで、何度かお話会をさせてもらって。

宮台　坂田さんは、森のガイドなんですよ。高尾山でずっとやっていらっしゃる。

坂田　そうです。私の高尾山ガイドに子どもたちがよく来てくれるんですけど、みんな学校を休んで来るんです。これは、「学校へ行くよりも、今日は坂田さんのガイドへ行ったほうがいいから」という、親の判断がないと成立しないことなんですね。子どもたちが「坂田さんのガイド行きたい！」っていくら言っても、親が「駄目！」って却下したら、来られないわけですよ。親が一方的に子どもを連れてくるのではなく、何度か参加するうちに、親が楽しくなっちゃう場合が多い。親が自然を楽しむことを覚えると、子どもと共有したくなるので一緒に来るケースが多いんです。

この園でも、親と子どもが共に楽しむことが大事だと思っています。子どもはめちゃくちゃここで幸せだけど、親が不幸だと、うちに帰ったら不幸ですから。ここに来ていつも考えるのは、親たちがこの場所に関わることで、どれだけ自分の人生を謳歌できているか、ということ。結局、親の問題と子どもの問題が切り離せないことに対して、ここの森のようちえんは意識的に取り組んでいて、親のこともうまくできているなと感じます。

もちろん問題はこまごま出てくると思うんです。その都度、みんなできっちり話し合ったり、あるいはちゃんと本音が言えたりする関係、そんなようなものが芽生え出す場所というイメージを持っています。

当然、まだ本音が言えない人もいると思うし、ほんとうに豊かな関係ができているかは、途上にあると思いますが、そもそも、そういうものが芽生えそうな場所って、今、ほんとうに少ないんですね。宮台さんがおっしゃったような、遊ぶための空き地や路地。そういう空間や場所ってないんです。対して森のECHICAや森のようちえんは、「森」が付くぐらいですから、直接的な自然との関わりがあって、そこから人間同士の自然な関わりや本音も生まれやすい。そういう意味で、非常に重要な場所だなとあらためて感じました。

おおた　宮台さんからは、昔であれば当たり前に見られた、今となっては懐かしい子どもたちの姿があること。坂田さんからは、親がこういう環境を楽しんだら、子どもは自分を素直に表現できる子に育っていくだろうというお話がありました。それをお伺いして、園長先生、どうですか。

葭田　はい。森のようちえん全国ネットワーク連盟*にも入って森のようちえんを一応名乗らせていただいてるんですが、私はずっと、のほほんと生きてきたんです。のほほんと生きてきてたんですが、わが子の幼稚園が、教育方針を変えることになって。英語とか、体操をやる方向に。私たち保護者の意に反して、求めていた教育が簡単にスライドしてしまった。それで、行き場所がなくなった5人の子どもたちをどうするかということで、子どもと遊びが中心の自主保育にのりだしたのです。

だから森のようちえんを作ろうとか、自然が子どもにいいとか、そういう目的や理念がはじめにあったわけじゃないんです。でも自分の子どもには、「不自然だと思うこ

*森のようちえん全国ネットワーク連盟
13ページ参照

とは、たとえ相手が自分より大きなものであっても、声をあげなさい。流されるな」と育ててきたので、直感で子どもたちの遊びの時間が奪われていくことが進んでいってしまうのに子どもたちに対して「仕方がないんだよ」と言うことは、自分の価値観としてできなかったんです。

で、ないなら作っちゃうかって。といっても、何もなかったので、積み木も本も、子どもたちが家で読んだものを持ち寄って……。そうやって一つひとつ手作りでやっていると、あまり足さなくてもいいや、と思うようになったんです。なくていいじゃないって。子どもたちを見てたら、ないほうが、イメージが湧いたりして。必要なものがだんだん分かってくるんですね。それはやっぱり、私たちが自然だからなんじゃないかって思います。

おおた　自然だから。

宮台　自然には二つ意味があります。第一は都会に対する自然。第二は不自然に対する自然。第二のほうは昔はそうだったという意味です。葭田先生は昭和の長い時代に当たり前だったことを蔑《ないがし》ろにすることに違和感があったということをおっしゃったんだと思います。すると当たり前ながら、第一の意味での自然の中で戯れていた営みが大切になります。

大阪万博の1970年、外国のいろんな情報が子ども向け雑誌に載りました。驚いたのはスウェーデンの話。女子が13歳になると好きな男子を家に招いて一晩過ごして初体験するのだと。担任の先生に「スウェーデンは進んでいるんですね」と言ったら、「進んでいるんじゃなくて、古くからの風習を守っているの。日本も昔は似た風習があったわよ」と。

坂田　今日は昭和がキーワード。

おおた　いい意味での昭和ですね。

ただのノスタルジーではない

宮台　はい。古けりゃいいわけじゃなく、良い面と悪い面があります。両面は結びついてるから、良い面だけ残せるわけじゃない。だから、悪い面をもたらす営みを排除した上で、それで良い面を支えるリソースも消えるなら、新たなリソースを使って良い面が続くようにする。そのためには、昔の営みが失われることへの違和感に敏感でなきゃいけません。

新しいもの好きは悪いことじゃない。でも周りが新しいものに飛び付くからと煽られるのは駄目。三島由紀夫*いわく、日本人は一夜にして天皇主義者が民主主義者になった。理由はヒラメ・キョロメでのポジション取り。ヒラメとは上にへイコラ。キョロメとは空気にへイコラ。ポジション取りにしか関心がない。だから三島は、日本人は「からっぽ」だと言いました。

似たことを考えたのが22歳まで皇国青年だった吉本隆明*。崇高なる全体への同一化を享楽した過去をなかったことにし、全体主義は悪いとほざく輩が、たやすく左翼党派の全体主義に搦め捕られる醜態を批判。「そこから来た場所」への回帰を普遍的な志向とした上、どこから先が民心操縦を目的としたこしらえものになるかを『共同幻想論』で分析しました。

先のスウェーデンはドイツと同じくゲルマン*的自然信仰の圏内です。その伝統を背景にエコロジー概念を唱導したのがナチスです。人間中心主義を批判する生態学的平等主義のもとで優生思想*をぶち上げた。スウェーデンも同じで1970年代になっても行政による強制堕胎がありました。だからといって自然信仰や森の哲学が悪だった訳ではありません。

遡れば、どんな定住社会にも自然信仰があった。母なる原生自然に還るという散華*の全体主義もあった。だから自然信仰や全体主義を、まるごと悪とする代わりに、そこに何が紛れ込むとヤバくなるのかを吉本と同じく考えたのが、19世紀末のシュタイ

三島由紀夫
62ページ参照

吉本隆明
72ページ参照

ゲルマン
58ページ参照

優生思想
158ページ参照

散華
さんげ。仏教用語。一般には花をまいて仏に供養することをいうが、ここでは、自らの身を犠牲にする意味で使っている。

ナー*から現在のキャリコット*までの100年の流れ。そこから文明を持続不能にするものが分かってきました。

第一に、高度な分業による原生自然の間接化が、自然の道具化をもたらした。第二に、資本主義的市場経済による人間の労働力化が、ヒトの道具化をもたらした。然るに社会を支える大前提は、太陽の核融合と地熱を起点とする原生自然からの贈与と、人に力を回復させるホームベースを支える人からの贈与。実際これらの贈与を忘れることで文明が滅びてきた。

かかるフィジオクラシー*の思考を踏まえ、「不自然よりも自然がいい」と自然に思えるのが大事です。何が自然かを自然に弁えているのが子ども。子どもの言葉は大人と違い「認識」の受け渡しではなく「力」の受け渡しです。子どもを縛るのは大人と違い、「法」ならぬ「絆」です。子どもは大人と違い「交換」ならぬ「贈与と対抗贈与」が優位です。

共通項を抽象化すると、大人は「言葉・法・損得」へと閉ざされていて、子どもは「言外・法外・損得外*」に開かれています。個体発生は系統発生を模倣するというヘッケル*の法則は出生後にも拡張できます。これら子どもの特性は、数十万年のオーダーで続いた遊動段階や初期定住段階の大人の特性です。だから今の大人は不自然で、子どもは自然です。

ならば、シュタイナーや吉本がそうだったように、子どもが大人になることを素朴

ルドルフ・シュタイナー
51ページ参照

ベアード・キャリコット
133ページ参照

フィジオクラシー
104ページ参照

言外・法外・損得外
66ページ「クズ」を参照

エルンスト・ヘッケル
45ページ参照

に「成長＝一人前になること」と捉えず、「疎外＝不自然になること」と捉える視座が必要です。その点、森に放っても指示がないと動けない子どもが増える昨今は、まずい展開です。子どもから内発性＝内から湧く力 intrinsic power が失われることを意味しているからです。

これは「育ちの悪さ」に起因します。カテゴリーを超えてフュージョン*する外遊び体験や、よそんちで食べたり入浴したりで親以外のいろんな大人に出逢う体験が奪われました。60年代「団地化*」で育った小学生・が親になった80年代「新住民化」で育った小学生・が90年代後半に成人して性愛と友愛から退却した後、テン年代から親になったからです。

言外・法外・損得外への開かれを失い、自然とヒトの道具化が自明になって身体的（アフォーダンス的）感情的（ミメーシス的*）な劣化を被った大人が、多様性 diversity や持続的な開発目標ＳＤＧｓを語るのは滑稽。自然やヒトにコールされて気付けば中動的*にレスポンスを返している内発性 intrinsics を失い、損得の自発性 voluntary に淫しているから。

チョムスキー*いわく、この者たちが多様性や持続可能性を一見倫理的に語れど、所詮は市場と組織に於ける収益と地位を失わない範囲内という条件付きだから、焼け石に水。マルクス*が言う市場の道具やウェーバー*が言う組織（ビューロクラシー*）の道具に過ぎない自己 self を感情的に嫌悪する「育ちの良さ」がないと、「やってる感」を

フュージョン
52ページ参照

団地化
63ページ参照

ミメーシス
67ページ参照

中動的
21ページ「中動態」参照

ノーム・チョムスキー
110ページ参照

カール・マルクス
101ページ参照

マックス・ウェーバー
62ページ参照

ビューロクラシー
能力によって選抜された官僚が組織的に行う官僚政治。ただし企業組織にも適用される概念。

超えられません。
やってる感と言えばローティ。* 公正と正義に向けた法を作れば社会に公正と正義が満ちるとする「育ちが悪い」人々を文化左翼と呼ぶ。厳密に「やってる感リベラル」を指します。法が与えるのは損得での服従。損得勘定のパラメータ群が変われば簡単にバックラッシュ。余裕がなくなると「そこは俺の席だ。黒人や女はどけ」と言い出す。30年前の予言でした。

ローティが参照するアリストテレス*いわく、殺すと死刑になるから殺人がない社会と殺すにも殺せないから殺人がない社会。どちらがいいか。イエスのサマリヤ人の喩え*も同じ問い。ただしアリストテレスは法不要論ではない。感情的劣化で法が必要になるという趣旨。ならば、法形成で達成を祝う暇があるなら感情教育に勤《いそ》しめよ。ローティの主張です。

日本には「意識高い系」の言葉がある。良さげに語っても所詮ヒラメ・キョロメのポジション取り。三島が言う「からっぽ」が若い世代に自覚されていますが、「意識高い系」を気取れる者を妬む浅ましさとさもしさも含まれます。「意識高い系」もそれをディスって炎上に持ち込みたい人々も、感情が劣化しています。僕はわざと差別的に語っています。

おおた　わざとですね。

リチャード・ローティ
69ページ参照

アリストテレス
32ページ参照

サマリヤ人の喩え
新約聖書、ルカ福音書10章25節から37節にある。追い剝ぎにあって瀕死の状態の人物を、高貴な身分の人々が次々見捨てるなか、当時差別的な扱いを受けていたサマリヤ人だけが、身銭を切ってまで彼を救おうとした話。

宮台　イエスいわく、人は普遍的に「仲間や恋人のために法を破る者」「命を賭して贈与する者」に引き込まれて感染し、「法があるから、自分の損にならないように良さげなことをする者」に魅力を感じない。それを差別と呼んでもいいが、あなたが恋人としてどちらを選ぶかと問えば瞭然。孤独による心身衰弱と同様、進化生物学的なゲノムの普遍です。

サンデル*がトロッコ問題*でいわく、身体的に近接した者を橋から落とせないという、ハウザー*が言うゲノム由来の「感情の越えられない壁」は、所属共同体の文化で上書きされるので、近接した者が、黒人か白人かイエローか、大人か子どもか老人か、女か男かドラァグクイーン*かで壁の高さが変わる。だから文化の形成に結びつく育ちが、介入ポイントになる。

進化生物学や人類学や共同体主義を踏まえてこう語る僕は、構築主義*を否定しています。80年代の社会学を構築主義が席巻。フェミニズムの中でも頭の悪い部類が飛び付きました。文化の恣意性を主張するので、直ちにイリッチ*が生態学的に反論した。いわく、文化は社会の存続可能性によって篩《ふるい》に掛けられ、社会の存続を不可能にする文化は淘汰されると。

いわく、男と女、健常者と病者、優等生と劣等生を同じ人間だと括って平等化したがる近代が、実は労働生産性という単一の物差しを宛がって差別を正当化、女も病者

マイケル・サンデル
87ページ参照

トロッコ問題
88ページ参照

マーク・ハウザー
89ページ参照

ドラァグクイーン
ゲイカルチャーから発祥したといわれている、派手なメイクと女装のパフォーマー。

構築主義
86ページ参照

イヴァン・イリッチ
86ページ参照

も劣等生も条件次第で頑張れるという「人間＝道具」的言説を生み続けるが、かかるセクシズム・病院化・学校化が貫徹するたかが数百年の近代は、存続可能性を未だ検証されていないと。

この思考を、同じ人間と言いつつ国内の平等しか考えないエセ普遍主義的リベラルを批判するサンデルや、例えば男女平等を主張しつつ宗教や国籍で差別し続ける御都合主義左翼を批判するローティが継承します。ローティは幼少期のカテゴリーを超えたフュージョンが育てる仲間意識を、サンデルは仲間意識を前提とした凸と凹の噛み合いを重視します。

ローティは、カテゴリーを超えたフュージョンで得た仲間意識ゆえに、黒人が差別されたら白人が激昂することなくして、法で人権を定めても機能しないと言います。サンデルは、頭が良くても喧嘩が弱けりゃ強い友がいりゃいいし、喧嘩が強くても頭が悪けりゃ頭が良い友がいりゃいいという仲間の凸と凹の噛み合いなくして、能力主義は終わらないとします。

これらイリッチ以降の思考は、平等や人権の法形成を訴える者が、人々が共同体や仲間から見放されている事実をスルーし、市場参加の平等や行政的保護の平等を教科書通り訴えるだけなのを問題視した上で、カテゴリーの如何《いかん》や労働生産性の優劣を超え、目の前にいる者のために見返りを顧みずに一肌脱ぐ感情の働きが、構築ならぬ普遍として重要だとします。

ここまで学的に補えば、「不自然よりも自然のほうがいい」という物言いが「それってあなたの感想ですね」を超えたものだと分かります。だから僕らは二つの意味で昭和ノスタルジーではない。第一に、文字通り昔には戻れないので今あるリソースを組み合わせて失われた機能をリストア〔回復〕しようと企図している。「ないものねだりから、あるもの探しへ」。

第二に、専ら入替可能な道具として扱われれば人間は尊厳＝内から湧く力を奪われる、という普遍的事実ゆえに、市場や組織からなるシステム世界をバトルフィールドとしつつも、そこに出撃して帰還するための、互いを入替不能な人格として扱うホームベースを回復しようと企図している。その点、良くないことが沢山あっても昭和は参照するに値するのです。

坂田さんも僕も学園闘争に関わったけど、昭和の社会が、公害・薬害・過疎過密・沖縄問題・成田空港問題などクソ塗《まみ》れだったからです。でも異議申し立てをする若者が大勢いました。なぜか。昭和に育ったからです。誰とでも連帯して仲間になれたし、仲間のために犠牲になれた。中にはポジション取りに淫するクズもいましたが、徹底糾弾されました。

坂田　そうですね。ただの「仲良し」ではなく、ぶつかり合う関係も含めた仲間がいましたね。

宮台　今の若い人たちはそういう連帯がほぼゼロ。1996年頃からそうなりました。NPOで働くことはあれ、仲間のための犠牲を厭わないかつての戦場での如き連帯の営みは、ない。その意味で昭和には「失ってはいけなかったもの」が明確にあった。ならば、「失ってはいけなかったもの」を今あるリソースを組み合わせ、機能的に復権しなければなりません。

「失ってはいけなかったもの」を失っているのは親や教員を含めた大人です。だから修学前の森のようちえんも、小中学生の森のキャンプも、中高・大学生の恋愛ワークショップも、「自分たち大人は失ってしまったが、子どもには絶対失わせない」という親や教員の決意を出発点にすべきで、大人向けの親業ワークショップもそのためにやってきました。

森のようちえんは勝ち組に入るための非認知能力*を習得させるものではなく、そこで得たわくわくする力ゆえにつまらない小学校で不登校になるはずのもの。森のキャンプはリフレッシュのための週末のサウナ*ではなく、毎日の生活やそれを囲繞《いじょう》する社会に、欠けるものに気付くためのもの。共にクソ社会に適応しない別の生き方を支える価値へと促します。

そこでは「安全・便利・快適」厨の親や「言葉・法・損得」へと閉ざされた親は、実践を妨害する敵です。そんな親には、親業ワークショップを通じて自らの身体的・感

非認知能力
48ページ参照

週末のサウナ【宮台用語】
50ページ参照

情的劣化を弁え、子どもへのコントロールを諦めて貰います。それで初めて今あるリソースを用いた「失ってはいけなかったもの」の機能的復権を企図した、いろんな試みが可能になります。以上は論理的問題です。

葭田　確かに。里山と地域、保護者、多様な生命との関わりや継承をしていきたいと思いました。耕作放棄地がいい具合に広葉樹の森になっている環境を、力を合わせて藪で草を抜いたり、小道を作って子どもたちを森に放せると思いました。ところが、保護者の理解を得るのは思いのほか大変でした。そこが意外にも試みだったんです。

キーワードは「共同身体性」

おおた　宮台さんが関わっている、瀬戸内海の余島の無人島キャンプはどういうものでしたっけ？

宮台　無人島・余島。神戸ＹＭＣＡの私有地で焚火も花火もやり放題。軽トラの荷台に子どもを満載して移動し放題。無人島は火災予防条例が及ばず、私有地は道路交通法が及ばない。障害は「安全・便利・快適」厨の劣化した親だけ。劣化した親からの子どもの奪還が目的だから、子細を尋ねる親や子どもについて来たがる親なら、子どもを引き受けない。

おおた というキャンプに宮台さんが参加をし、子どもたちと一緒に時間を過ごす活動をされているわけですが、まさに今、宮台さんのお話にあった、「失ってはいけなかったもの」は何なのか。これ、よく宮台さんおっしゃるんですよね。何を失ってはいけなかったのかを自覚しなければ、これから世の中を良くしていくことはできないと。『ルポ 森のようちえん』の新聞広告には、「自分たちが何を失ってしまったのか。それがこの本を読んで分かるはずだ」ということを書いていただきました。

先に答えを言ってしまうと、同じテーマで下北沢でイベント（第1章収録）をしたときに出てきたキーワードが「共同身体性」でした。言葉に頼ったものじゃなくて、もっと身体的な関係の中で共同体感覚を味わえる、仲間感覚を味わえる。そういう感性が大事なんじゃないかということを、よく宮台さんはおっしゃってますね。

宮台 子どもたちが森で遊ぶと必ずしも言葉を使わずにテレパシーで通じ合ってるかのように身体的に戯れます。近所の完全自由保育の幼稚園を発見したのも、児童遊園で言葉を交わさずすごい勢いでジャングルジム系アスレチック遊具を高速移動する子どもたちを目撃したのがきっかけ。「どこの子?」と尋ね、そこに3人の子どもを通わせることにしました。

それが共同身体性。周りの子たちの動きに反応して自動的に体が動き、周りの子たちの動きを自分の体の動きの如く感じる、群体の身体性。遊具を使う他の子たちとは全く違う。言外・法外・損得外で相互に中動態的にアフォードされる彼女たちに「昭和」を感じました。言葉・法・損得へと閉ざされがちな今の子どもたちとはあまりにも違っていて驚きました。

言葉を使わずに協働できるのは、「同じ世界で一つになる能力」のフィジカル(物理的=身体的)面です。フィジカルな空間にコールされて体が自動的にレスポンスするのを生態心理学でアフォーダンスと言います。今日の一つ目のキーワード。共同身体性とは、物理空間内の配置や動きによって共通にアフォードされる=コールされる能力を指します。

昭和の外遊びには共同身体性を養う力がありました。共同身体性とは言葉を超えて「同じ世界で一つになる能力」です。だから子どもたちは「カテゴリーを超えてフュージョン」しました。出自や性別や年齢や母語さえ超えてフュージョンしました。それを養う外遊びの体験が奪われると、言葉の外で「同じ世界で一つになる営み」を想像できなくなります。

経済的墜落の25年間は、性的退却の25年間で、「在日は敵だ」と叫ぶウヨ豚に並行して「男は敵だ」と叫ぶクソフェミが湧くようになった25年間。そうなったのは性愛が「同じ世界で一つになる能力」を要するからです。その能力が劣化して、若い男たちが1996年頃から「コスパが悪い」と理由付けて、生身の性愛からギャルゲー*の性愛へと退却し始めます。

これは、後の日本会議*につながる「右」による98年頃から始まる性教育の不安教育化――妊娠の不安・性感染症の不安・受験失敗の不安の喧伝――に先立ちます。かつて学校性教育は「生物学」と揶揄されて子どもにスルーされましたが、大学生への聞き取りではこれら不安教育がスクールカースト*に直結、性愛に乗り出すとカーストが落ちるようになります。

背景は、96年から性愛が過剰さとして認識され、イタイという言葉で過剰さを避けるようになる動きでした。97年頃からはオタク界隈でも「おたくは知らないの?」的なマウンティングが過剰さとして避けられ、見掛けはオタクに見えなくても相手がオタクだと分かれば引き出しを開ける、「人を見て法を説く」的コミュニケーション・ツールになりました。

93年から都立大学のゼミで大学生の発言を定点観測してきたけど、男が性的退却の理由として挙げるコスパの悪さは、当初「同じ世界で一つになるのが難しいから」との意味でしたが、程なく「女と自然体で話せないから」にハードルが一挙に下がった後、クソフェミを含む「左」による不安教育――被害の不安・加害の不安――が加わると「性愛はリスクだから」に変わります。

ギャルゲー
ギャルゲームの略。女性性が強調された女子キャラが登場するゲームのこと。

日本会議
自虐的歴史観の修正や新憲法の制定などを訴える、いわゆる「右翼」的団体。合言葉は「誇りある国づくりを」。

スクールカースト
学校のクラス内に自然発生する生徒間階層のことを表すスラング。インドの身分制度であるカースト制度になぞらえた造語。

坂田　今、みんなそうですよね。まともに恋愛できない、つまり他者を見出す力がなければ、社会運動の主体にはなり得ません。

性愛から退却する学生たち

おおた　恋愛は「コスパが悪い」とか「リスクマネジメントできないから」とか。最初はウケ狙いの発言だと思いましたよね。ところが本気だった。

宮台　統計上、女の性的退却は男より5年ほど遅れますが、当初、退却の理由は男と違いました。「恋愛を何度か経験したけど、男がクズすぎてウンザリした」というもの。男のコスパ化＝損得化で、女が性愛に実りを感じなくなったんです。誰もが乗れる話題じゃないと男が飲み会で下ネタを避けるようになるのが2005年から。女は2010年からです。

　飲み会で席を外すと「知ってる？　あの子ビッチだよ」とディスられるので、互いの性愛事情を秘匿してネタが枯渇したのも理由でした。実りある性愛を生きていると妬まれるんです。かつては幸せそうな友達がいたら近づいて学んだのが、妬んで嫉《そね》む

（憎む）。性愛の幸いを遠く感じるようになったことと、同性間の関係が希薄化したことが、背景です。

関係の希薄化は、１９９６年頃からの過剰さの回避で、ＫＹ*を恐れてキャラを演じ始めたから。「60年代団地化」で育った小学生が親になった「80年代新住民化」で育った小学生が成人したのが背景。繰り返すと、新住民化とは土地に縁なき転入者の多数化。公園の危険遊具が撤去され、近隣が不信ベースになって、よそんちで食べたり入浴したりも消えました。

女の飲み会で下ネタが回避され始めた頃から、性と愛を分離して肉食系を自称する女も増えました。僕が大学生だった80年前後は、教員との恋愛や、友人の恋人との恋愛を含めて、今より圧倒的に自由でしたが、愛が切り離された性は珍しかった。肉食系という性交のゲーム化は、互いに相手を入替不能だと見做《みな》す恋愛が不可能だとする意識を背景にします。

同じ頃からナンパ塾が林立しましたが、バンゲ（連絡先交換）から性交までを指南する「僕だってできるもん」的ショボさに呆れ、交換（二人オナニー）に過ぎない「ただの性交」ならぬ贈与に満ちた「愛の性交」を指南する恋愛ワークショップを始めました。相手を入替可能な道具とするのでなく、相手を入替不能な目的として絆を結ぶためのものです。

具体的には、自分に意識が集中した状態（フロイト*が言う自己愛）を解除し、相手の心

ＫＹ
「空気、読めない」の略。若者の間で、場の雰囲気を壊しがちな人物に対して陰口のように使われるスラング。

ジグムント・フロイト
１４６ページ参照

身に生じる感覚を直接自分の心身に生じさせ（ミード*が言うなりきり role taking）、相手の幸いを自らの幸いとする構え（フロイトが言う他者愛）を貫徹するのに必要な、心身の態勢の構築を実現すべく、普段の対人関係の「交換から贈与へ」という見直しを迫るものです。

恋愛ワークショップの男は殆どがナンパ塾経験者だけど、僕の感触では歩留まり（成功率）1割。多くが「言葉は理解できるが実感できない」と言います。言葉に相当する体験を思い出せないクオリア（体験質*）問題です。カテゴリーを超えてフュージョンする共同身体性が最大のネックです。こればかりはシュタイナーの第一臨界期までに共同身体性の体験がないと、難しいかもしれない。

だからマクロには大半の男が手遅れかもしれない。大半の大学生が共同身体性——アフォードされる能力——を失っている。成人してからの共同身体性の回復は難しい。僕は変性意識*下のリマインディング（思い出し）プログラムを使うけど、森や原っぱで「黒光りした戦闘状態」で遊んだ記憶がある人は、当時の世界体験をリアルに思い出せば改善されます。

そんな記憶がない人はどうするか。スポーツや武術の嗜《たしな》みがあれば、試合中の「言葉の外でつながる感覚」を思い出して貰います。武術では、相手の攻撃をかわす際、攻撃されてから対処するのでは手遅れです。相手の身体性を自分の身体性に引き写して攻撃直前に察知する必要がある。相手の身体が自分の身体だと感じる状態です。激

ジョージ・ハーバード・ミード
アメリカの社会心理学者。1863～1931年。哲学者デューイのプラグマティズムに影響を受け、行動主義的社会心理学を開拓。のちのシンボリック相互作用論に影響を与えた。主著に『精神・自我・社会』や『行為の哲学』がある。

クオリア（体験質）
なんらかの体験をしたときに得られる、言葉にならない内的感覚。一般的には「感覚質」と訳されることが多いが、五感的な感覚と区別するために、宮台はあえて「体験質」と訳す。

変性意識
121ページ参照

しい球技も同じです。

それが「同じ世界で一つになる感覚」や「言葉の外でつながる感覚」に近いので、それを思い出して貰います。本当は年齢や性別や出自などのカテゴリーを超えてフュージョンする外遊びでの「黒光りした戦闘状態」の体験が一番ですが、それがなくても機能的に等価な体験が武術やスポーツにあれば、「その感じ」を思い出して性愛に応用できるでしょう。

纏めると、「同じ世界で一つになる」＝「カテゴリーを超えてフュージョンする」「言葉の外でつながる」です。それはフィジカル（物理的＝身体的）な時空で、同じ物や身体の配置や動きにコールされて同じように自動的にレスポンスしてしまうという共同身体性によって得られます。共同身体性の記憶である「あの感じ」を思い出せということになります。

激しい外遊びの経験も、激しいスポーツや武術の経験もない場合、どうするか。『20世紀少年』*や『ALWAYS三丁目の夕日』*などのコンテンツを見て貰い――スポーツのコンテンツはダメ――「森や原っぱの昭和的時空」と「子ども集団に漂う言葉以前のつながり」のコンビネーションを自分がその中にいるかのように想像する営みを、繰り返して貰います。

こうしてできる限りの包摂を期しても歩留まり1割です。「カテゴリーを超えてフュージョンする」「言葉の外でつながる」共同身体性の、「思い出し」や「想像」の可能

『20世紀少年』
１９９９年から２００６年まで『ビッグコミックスピリッツ』（小学館）にて連載された、浦沢直樹による漫画を原作として、２００８〜２００９年に制作された３部作の映画。監督は堤幸彦。主演は唐沢寿明。１９７０年頃の日本が舞台。

『ALWAYS三丁目の夕日』
１９７４年から現在でも『ビッグコミックオリジナル』（小学館）に連載中の、西岸良平の漫画『三丁目の夕日』を原作として、２００５年に制作された映画。監督は山崎貴。主演は吉岡秀隆。１９５８年の東京下町が舞台。

性がない若い人が大半だからです。それが僕のワークショップ経験から分かっています。この人たちは犠牲者です。犠牲者を出さないためにも、森のようちえんの取り組みが必要です。

それはよい「社会化」か？

おおた　犠牲者というのは、本来であれば幼児期に経験できたような子ども同士が言葉を超えて、言葉の外でつながる経験を得る機会を、社会的に奪われてしまったという意味での犠牲者ですね。

葭田　そういう表現だと、遊びが目的になっちゃっているかな。遊びは本来子どもにとって、遊びそのもの以外の何の目的もないんです。忖度《そんたく》も損得も利害も。ぱっと体が動くのが遊び。

でもこのあいだ、こんなことがあったんです。イチヤクソウが咲いたときに、「今日はイチヤクソウを見に行くのと、園の周りの片付けをしたいと思うんだけど、どっちを先にしたい？」って聞いたら、年長の男の子が、「森へ行く」って即答したんです。「先に森に行って、後で片付ける！」って言ったんです。そうしたらある女の子が「先に片付けてから、森に行く」って。その答えはもう何か、どっちが正解かを忖度してると私は直感的に感じて。

「じゃあ二つの意見が出たから、みんなはどうしたいか、自分がやりたいほうに分かれてみて」って言ったら、先に森に行くほうを選んだのは、わずか3人ぐらい。ほとんどは先に片付けるほうを選んだんです。

宮台　すごいね。ちゃんと社会化されている。

葭田　すごくお利口な選択じゃないですか。やることやっちゃってから、遊びなさいって、これ、大人がいつも言ってますよね？　そういう、片付けてから次のことしなさいっていう大人の言葉が、子どもに刷り込まれている。こうなると、先に森に行きたいって言った子が不安になってくるんです。多数決で決まると思ったんでしょうかね。少数派の自分は勝ち馬に乗れない。「やっぱり先に片付けるかな……」って。

坂田　ちょっとなびいちゃう。

葭田　そう。だから、あえて期待を裏切って「じゃあ、先に森に行きたいって言った子！　どうぞ、森に行ってください！」と言ったら、それまで気持ちが揺れていた森組の子は満面の笑みになって、二択の真ん中でどっちを選ぶか、よく意味が分からなかった年少さんも「そういうことか！」と理解して、走って森に入って行きました。片付け組の子たちは予想外の展開にずっこけたと思いますよ。そして「先に森に行った子に、片付けをちょっと残しておいたほうがいいよね？」って言う子がいるから「どうだろう？　片付ける子のほうが人数多いんだから、片付けられちゃったら片付けられたで、いいんじゃないかな」って一蹴しましたけど。

　こういうときに感じるのは、年長くらいになると、正解とか、マジョリティでありたいとか、複雑になって来る。

おおた　何らかの物差しがすでにあるんですよね。

葭田　そうそう。それを感じました。

坂田　ほんとは見に行きたいけれども、多くの子はやりたいことではなく、やったほうがいいことをやろうとする。ほんとに掃除がしたいんだったら、掃除すればいいわけじゃない。森に行った子の分の片付けを取っておかなくてもいいわけでね。

葭田　子どもは、掃除も元々は遊びの一環として好きなんですけどね。そこに損得の価値をさずけるのは大人です。

坂田　うん。掃除大好きっていう子、先にしたい子が掃除するのはいいと思うんだけど、そうではなくてちゃんと計算している。どちらが正しい行いか。

葭田　それはいい社会化なんでしょうか？

坂田　学校ではそれが正しい行為だと教えるし、学校以外でも、子どもはどこかでそういうものを学んでいく。例えば親に、「やることやってから遊びなさい」って言われても、最初は遊びたいから、やることやらずに遊んじゃうわけですよね。で、親に怒られるということを繰り返して、子どもは何がマルかを学んでいくんだろうけど、それは去勢でもあるよね。何がマルかを学んでしまうことは、バツを学ぶこと。そしてバツを責めるようになります。

葭田　自分の気持ちを「言える」ことがすごく大事だと思います。森に行きたいなら「先に森へ行きたい！」って。たとえ少数派でも。

坂田　そう。だから、さっきの宮台さんの身体的なものが共有できるとか、世界観とかそういう話に通じると思うんですけれども、例えば、生き物ってやっぱりすごく不思議で、一匹が寝出すとみんな寝るんです。伝染するかのように。猫でも犬でも何でもそうでしょ。

宮台　確かに。心臓の心筋細胞などにも見られる「引き込み効果」ですね。

坂田　別に約束してるわけでも、「ねえ、みんなで寝ようよ」って示し合わせてるわけでもないのに。一匹がうとうとしだすと、面白いくらいみんなうとうとしていって、最後、全部寝てる状態になっているんです。これ、あらゆる生き物がそうなんですけど、共同身体性って本来、非常に強くて、誰か寝るとみんな寝ちゃう。

宮台　だから運転している人の隣で寝てはいけないっていうよね。

坂田　そうそう。実は私たち人間もそうなんです。誰かがたばこを吸うと自分も続きたくなるとか、何か身体的に連鎖する。

そこに規制を加えていくのが、今の教育の大きな目的になっているかなと感じます。もちろん社会性を身に付けることも大事なんだけど、でも、身体的なものが全部失われると、さっきの宮台さんの話のように、コスト計算しないと行動に結びつかなくなる。損得ですね。これをやったら損か得かという計算に基づいてしか行動しないようになっちゃう。

葭田　アフォーダンスから遠ざかっちゃうんですね。

坂田　はい。身体的な感覚を失うとやっぱり、人とディープな関係を取り結ぶことが難しくなっていくんですよね。だって自分の損得や利害から外れるようなことが、他者と関わると沢山出てくるわけでしょ。そのときにどうしていいかの判断ができないから、そんなことに煩わされたくないので他人にはなるべく関わらないようにする。

葭田　人と関わらないほうが損じゃないですか。

坂田　うん。ほんとは私たちからすれば。

言葉よりも共同身体性を

宮台　幼稚園や保育園の共同身体性の時代から、少し成長して小学校低学年になると、みんながどんな感覚を持っているのかを言葉で確認して前提にしはじめます。うちの娘たちも、あんなに虫取りが好きだったのに、小学生の2年目に入ると「虫、きらーい」と言い出す。みんなが感じているだろうと想像できることに適応して、社会化されるわけです。

僕が子どもだった1960年代に比べて、女子の「虫、きらーい」の社会化はかなり早い。社会化とは、社会学の概念です。意図した洗脳である教育とは違って、成育環境の総体による意図せざる洗脳が社会化です。意図した洗脳である教育には意図せざる帰結が伴うので、意図せざる洗脳である社会化の一契機として、意図した洗脳である教育が含まれます。これは論理的問題です。

例を話します。昔は「子どもの領分」という発想が子どもにも大人にもありました。僕が京都で小学生だった頃、取っ組み合いの喧嘩をしても、先生に告げ口されませんでした。僕も月に一回は取っ組み合いをして、女子も周りで見ていたけど、嚙み付きや目つぶしや骨折があると別ですが、「学級委員やろ、やめーな」と言われても、先生を呼ばれなかった。

でも小6の9月に三鷹市の小学校に来たら、喧嘩が始まった瞬間に女子が告げ口して隣の教室からでも先生が飛んで来る。ものすごくショックでした。ちなみに転校だらけで6つの小学校に通った僕は、高学年で運動能力と成績が突然上がり、どこでも学級委員になりましたが、通知表にはいつも「学級委員にあるまじき振る舞いをする」

と書かれました。

小5のとき、女子が集められて別教室で何か怪しげな授業を受けていたので、僕は生理の授業とか分からなかったので、「怪しげなことをやっているのは許せへんやろ、みんな」と自習時間中だった男子たちに呼び掛けて、「邪魔したろ!」とみんな引き連れて、「俺の声に合わせて、せーので、ドンドン叩けや!」とプレハブ教室の壁を叩きまくりました。

似たことでは、ある自習時間のときに、クラスに○○君という金持ちの男子がいて、いつも金持ち自慢して嫌な奴だったんで、○○君が休んだ日にたまたま自習時間になったから、「今日○○おらんな、家行って懲らしめたろ」と呼び掛けて、○○君の家まで出かけて、「よーし、石投げたろか」って投げたら警察沙汰になり、駆けつけた担任の先生が泣いて、それが大ショックでした。

僕が学級委員として優秀だったのは、みんなが本当はやりたいことを読んで、悪いことでも率先してやったこと(笑)。「○○を懲らしめたろか」とか煽動すると、クラス全員がぞろぞろ付いてくるんです。女子もみんな付いてきた。「みんな我慢しとるけど本当は共通してやりたいことがあるんやったら、それをやるのはええことやん」という考え方でした。

坂田　先生が泣いたことは、宮台さんにとってはどんな意味が?

宮台　遠藤先生という女の先生でしたが、怒られると思っていたら、「宮台君はいい子なのに、何でこういうことばっかりしちゃうのかな」って先生が泣き崩れたんです。本当にいい先生でした。悪いことをすると、やさしく「どうしてやったのかな」と尋ねてくれて、そのたびにちゃんと心から反省してきたんです。

坂田　ショックだった？

宮台　はい。このとき、僕には何かが欠けてるんだなと思いました。遠藤先生の学級でも学級委員でしたが、ある日僕が議題を募ると、ある女子が「宮台君のスカートめくりで女子がみんな迷惑しています。宮台君がどういうつもりなのかみんなで確かめたいと思います」と提案して、遠藤先生が笑いをこらえている中で、ごめんなさいをしました。

　当てられてもないのに黒板に答えを書いたりしていて、僕みたいなことをすると今ならＡＤＨＤと診断されて特別支援学級に入れられるかもですが、当時の子どもたちも先生も「変な奴だけど面白い」って思ってくれたし、「宮台君のせいで授業が成り立たない」と抗議する親もいませんでした。それどころか友達の家でよく御飯を御馳走になりました。

昭和の「子どもの領分」は、親や教員を含めた地域共同体の包摂性が支えていたんです。今、小中学校でも高校でもADHDの確定診断を受ければ、学校に「合理的配慮*」を要求できますが、皆さんに考えていただきたいのは、昔と今とどちらに多様性があったかです。日本に限っては、失われた多様性を、法で規定するしかなくなったということでしょう。

でも法では埋め切れません。言外でつながれることを前提とした自然な多様性と、言葉で規定した上で法に命令された不自然な多様性は、違います。内から湧く力で前進する内発性と、外からの法に罰を恐れて損得で従う自発性は、違うんです。これを最初に区別したのは初期ギリシャの哲学者ですが、この区別への敏感さは失ってはいけないものです。

おおたさんの『ルポ 森のようちえん』にも書いてあるけれど、個体発生は系統発生を反復するというヘッケルの説があります。皆さんは高校の生物で習ったと思いますが。人間は、受精卵が卵割して分化が進んで成体になっていくプロセスをたどりますが、初期にはエラがありますし、尻尾がある時期もあります。これは人類に進化する前の姿を示します。

おおた お母さんのお腹のなかの時期ですね。

合理的配慮
障害者が他の者との平等を基礎として全ての人権及び基本的自由を享有し、又は行使することを確保するための必要かつ適当な変更及び調整であって、特定の場合において必要とされるものであり、かつ、均衡を失した又は過度の負担を課さないものをいう。以上、「障害者の権利に関する条約」より。2024年4月1日からは、障害者差別解消法にもとづき、事業者による障害のある人への合理的配慮の提供が義務化された。

宮台　胎内での個体の成長は「魚から人類への進化」を圧縮して示します。胎外に出てからの個体の成長は今度は「人類になってからの進化」を圧縮して示します。子どもたちが「言葉の外」で「同じ世界で一つになれる」のは、それが人類の大人たちの元々の姿だからです。だから、人類の大人たちが昔持っていた能力は、子どもを見れば分かります。これを最初に唱えたのがヤコブソン*です。

サピエンスの祖先であるエレクトゥス亜種から数えて180万年間、遊動段階のヒトは150名以下の小集団で移動して暮らしました。7万年前から歌を獲得、4万年余り前から歌と区別される言葉を得ます。遺伝子の突然変異で歌がぶつ切りになって語彙が入替可能になったものが言葉です。まだ文字がなく音声言語なので身体的近接性が前提です。

歌と言葉の違いは、歌が感情を巻き込むことで動機付けを伝送すること。言葉は感情を巻き込まない記述や指し示しとしても使えるので、伝送できる情報量が飛躍し、同じく旧石器（打製石器）を使っていたネアンデルタール人*やデニソワ人*の中で、サピエンスだけが新石器（磨製石器）を使えるようになり、氷河期を生き残ったんです。ただし今に比べ、言葉を歌みたいに感情の巻き込みに使う詩的言語が優位でした。

1万年ほど前から農耕に支えられた定住で集団規模が拡大します。バンド（部族）からクラン（氏族＝バンド連合）への拡張です。農耕は集団作業のルールや計画のルールや収穫物の保全・配分・継承のルールが必要だから、クランには法生活があり、言葉で

ローマン・ヤコブソン
130ページ参照

ネアンデルタール人
約4万年前までユーラシア大陸に存在したといわれる旧人類。

デニソワ人
約3万年前までアジアに存在していたといわれる旧人類。

述べられた法に罰がイヤなので従います。だから「言葉・法・損得」に閉ざされます。これが社会の誕生です。

以前ほど親しくない者が集うクランは、リアル血縁（リネージ）で仲間を記憶するバンドと違い、疑似血縁（トーテミズム）で〈仲間〉を支えます。「言葉・法・損得」への閉ざされはストレスフルで、〈仲間〉は自明でないので、定住開始と同時に、社会の外に出てフュージョンしたあと社会に戻って再統合する祝祭が始まります。なお遊動段階には呪術があっても祝祭はありません。

祝祭のフュージョンには、ストレスのガス抜き機能と、「同じ世界で一つになる」営みでの統合機能に加え、社会が仮のものだと「思い出させる」機能もあります。そのため、法生活への閉ざされを嫌って定住を拒絶した非定住民が、平時には差別されていても祝祭時には召還されます。遊動段階の身体性を継承する彼らは、眩暈の営み＝芸能を披露します。

社会の外で「同じ世界で一つになる」営みである祝祭は、タブーとノンタブーを反転します。日本の祭り＝無礼講*では乱交が行われました。祝祭は「ケ（気＝力の充填状態）→ケガレ（気枯れ＝力の枯渇状態）→ハレ（晴れ＝力の再充填）」という循環におけるハレです。力が湧き出す時空が「聖」と呼ばれ、力が使われて減る時空が「俗」と呼ばれます。

3千余年前から文字を使う神官が生まれ、大規模定住＝文明が始まります。音声言

無礼講
社会的な地位や身分の上下を関係ないものとして行われる宴会。

語は、抑揚やピッチや韻律や挙措によるミメーシス（感染的模倣）がつきものですが、身体的距離の近さに依存します。書記言語は近さの文脈に関わりなくロゴスによって遠隔に直進し、ミメーシスを伴いません。そのことが神官を使った統治を支えて、文明を可能にしました。

音声言語には、うた的側面＝動機付け機能（詩的言語）と、非うた的側面＝記述機能（散文言語）があり、非うた的側面が伝承された情報の蓄積で、道具を進化させたり法生活を可能にすることを話しましたが、書記言語は言葉の非うた的側面に特化します。人は定住化で散文言語にやや傾きましたが、文明化で散文言語への閉ざされを更に進めました。

先ほど出生後も続く拡張版のヘッケルの法則として話した通り、子どもは昔の大人たちの作法を留めています。だから、言葉のうた的側面＝動機付け機能に専ら反応します。相手が何を言っているかという文言よりも、相手がどんな態勢で＝何をさせたくてソレを言うのかに専ら反応します。テクストよりもコンテクスト（＝テクストに伴うもの）に敏感なんです。

だから修学前の子どもは互いに母語が違っても一緒に遊んで仲良くなれます。記述の機能よりも掛け声のような呼び掛け機能に敏感だからです。ちなみにイルカやカラスなど多くの動物が言葉を喋りますが、そこでの言葉も警告や招集などの呼び掛け機能が専らです。子どもの言葉は何かを実現させる言葉という点で、記述というより呪文を結ぶ行為です。

僕は6つの小学校に通い、転校のたびに語彙が違うので地元の言葉が喋れない状態になりましたが、1時間も一緒に遊ぶと「同じ世界で一つになる」ことができました。それを可能にするのが、先に話した共同身体性、つまり各人の身体が一つになってい る状態です。ざっくり言うと、子どもは、言葉を喋る動物と同じで、「言葉よりも共同身体性」なのです。これは経験から確信できます。

おおた 言葉に頼ってないんですよね。

宮台 元々それが大人の在り方でした。なので、子どもが「成長」して大人になるというイメージに問題があります。吉本隆明が言う通り、成長のプロセスは、失ってはいけないものを失う「疎外」のプロセスでもあります。つまり、1万年以上前までの遊動段階や数千年前までの初期定住段階の大人と違って、文明化された今の大人は、言葉・法・損得に閉ざされたクズ*なのです。

クズとは「言葉の自動機械・法の奴隷・損得マシン」を指す宮台用語ですが、クズは子どもの領分に入れません。逆に、子どもに好かれる大人は「失ってはいけないものを失っていない」。テクストよりコンテクストに敏感で、記述よりも呼び掛けに敏感で、言葉よりも共同身体性に敏感です。お分かりのように、これは実りある性愛の条

クズ【宮台用語】
66ページ参照

件そのものでもあります。

僕の観察から言うと、子どもに好かれる人は本人の自覚に関係なく性愛的に好かれる素質を持ち、逆に子どもに好かれない人は性愛が貧しいです。だから、外遊びの経験を欠いた、子どもに好かれにくい昨今の大人は、「子ども時代にできたことができなくなる」というより「子ども時代にできたことが少なすぎた」ので、性愛が貧しくなったのだと言えます。

こうした「感情の劣化」は「共同身体性の劣化」と表裏一体です。社会化は、社会による洗脳ですが、昨今の社会は、「欠けた者たちの凸と凹の補い合い」の生活世界を「市場と行政のボタンを押す安全・便利・快適」のシステム世界に置換したので、社会による洗脳で、大人はシステム世界のパーツになり、子どもに比べると、ズバ抜けて劣った存在になります。

おおた　つまり原始人状態だったら自然に持っていた能力を、いつの間にか捨ててしまって、この社会の檻の中でうまく生きていくための損得勘定が得意な存在になっていくということですね。それを一般的には社会化、ソーシャライゼーションと言っています。それによって子どもたちは、「社会人」になっていく。本当に「大人」であるかどうかは別にして。くだらない「社会人」と本当の「大人」の違いが分かる人がどんどん減っていって、今むしろ「大人」よりも「社会人」が偉そうにしている始末。

まさに下北沢でのイベント（第1章収録）も、この辺りがメインのお話だったので、ここで少し振り返らせてもらいます。

宮台さんがおっしゃったように、元々人間は動物と同じように、万物、人間を含むすべての自然という意味での万物の中の生《なま》の存在として生きてきたわけです。人間が自然に力を、あるいは影響を与えようなんていう発想は持っていなくて、万物の流れの中で調和的に生きていた。だからこそ言葉に頼らなくても自然にアフォードされて、その中での振る舞いをすることができた。だけど4万年ぐらい前から言葉を使い出したことによって、いわゆるギリシャ語でいう「ロゴス」の概念を人間は身に付けるわけです。持ってしまうわけです。

このロゴスが、今でいう安心、安全、便利、快適といった社会を作る上で、ものすごくプラスに働きました。自分たちで自分たちの周りに、安心、安全な、ある意味での檻を構えて、その中に安住することで、その他の自然から自分たちを区別して、社会を築き、それが都市へと発展していく。

と同時に、その檻の中でしか生きていけなくなっていきます。元々自分たちが住んでいた、生《なま》の自然。人間と自然という対比的な概念ではなく、すべてを含む万物という意味での自然の中で調和的に生きる能力を、本来人間は持っていたはずなのに、この社会の檻の中で、いわゆる自己家畜化していくことによって、その中でしか生きられなくなっていく。

さらに、その家畜同士の中で優位を争うための損得勘定に最適化してしまうと、元々自分たちが持っていた、昭和的な共同身体性が奪われていくわけです。宮台さんはこれを、言葉の内側に閉ざされるという言い方をされます。

祝祭と性愛の意味

宮台　はい。秩父には12月に有名な「夜祭」があります。それを機に先に話した祝祭の意味を再確認してください。昔の大人は、定住の法生活で「言葉・法・損得」の時空である社会に閉ざされることを、不自然だと感じる能力があったので、祭りでその外に開かれました。人から力を奪って生きづらくするのが、「言葉・法・損得」の時空だということです。

おおた　社会システムみたいなものですね。

宮台　そうです。定住による法生活の始まりが社会の始まりです。法生活は我慢の生活です。やりたいことを法で封じられるけど、法を守らないと殺されることもある。でも不自然な大人数で定住するから仕方ない。だから受け容れるしかない。ただしそれが不自然なことを忘れると力を失って生きづらくなる。だからタブーとノンタブーを反転する祭りをやって力を回復する。

なぜ祭りの無礼講が乱交を含み得たか。定住を支える農業が収穫物の保全・継承・配分を要するので、モノガミー（一対一）の婚姻 marriage が始まります。それまではキジバトみたいなツガイ mating。子どもが育つまでは一緒にいても、以降も相手とツガイ続ける永続規範はなかった。それが所有の継承線を定めるために永続規範を伴う婚姻になった。

継承線確定が目的で、好きか否かは無関係。氏族段階（初期・中期定住）では血縁関係で相手を選ぶ続柄婚。文明段階（後期定住）では同階層から相手を選ぶ家柄婚。選ぶのは親族で、本人は選べない。それが近代になると「あなたは世界のすべて」という唯一性規範と「あなたのためなら法も犯す」という贈与規範によって相手を稀少化する恋愛婚になる。

社会には性交が溢れます。そのままでは継承線が未規定。だから溢れる性交の極く一部だけが継承線を定めるとします。それが婚姻。だから婚姻は稀少。数多の性交から誰もが承認する形で絞ります。続柄婚→家柄婚→恋愛婚という展開は稀少化原理の変遷で、恋愛が稀少化原理になるのは19世紀半ばの話。人類史を1年間とすると大晦日の23時59分頃です。

それまで婚姻相手は当事者が決められず、好きか否かは無関係。そんな相手と子作りし、関係は永続を求められる。これは1万年前から定住の法生活が要求する我慢の典型で、サピエンス以降だけ数えても30万年に及ぶ遊動段階になかった不自然。かくて力が失われていく。だから祝祭で法的タブーを反転して我慢を解き放ちます。それが祝祭の乱交だったのです。

80年代に全国の祭りを巡りました。印象的だったのは7年目ごとの御柱祭での聞き取り。「次の祭りまでの我慢は辛いですか」「いや。祭りのためのタメの時間だから、祭りが近づくにつれ高まり、祭りで大爆発できるんです」。ただのガス抜きではない図地反転*は、経済人類学者栗本慎一郎*の「パンツを穿くのはパンツを脱ぐ享楽のため」を想起させます。

経済人類学の見立ては実証的観察で得られたものですが、同時に後期フロイト全体論の「超自我的二重性」に合致します。いわく、父などによる規範的抑圧は、直接的反応を抑止する脳神経的な生体防御機構である自我に、社会の代理人たる超自我*を伴わせますが、その超自我が、規範を破る営みをすると、比較不能な享楽を体験させます。なお自我や超自我は部位ではなく、脳神経の全体にまたがる機能です。

ついでに応用編。12世紀の南欧に唯一性規範と贈与規範を柱とする恋愛観念が生まれたのはなぜか。12世紀から19世紀になるまで恋愛は既婚者間の制御不能な情熱愛を意味したのがヒントです。その間、婚姻は家柄婚でした。恋愛=既婚者間の情熱愛は、家柄婚の外に設えられた祝祭の代替物でした。だから「あなたのために法も破る」と

図地反転
図柄と地の文様（背景）が入れ替わって見えること。

栗本慎一郎
経済人類学者。元衆議院議員でタレント。1941年〜。著書に『パンツをはいたサル 人間は、どういう生物か』などがある。

超自我
153ページ参照

いうわけです。

祝祭も情熱愛も共に法生活の外＝社会の外。だから超自我的二重性が相対的快楽ならぬ絶対的享楽を与えました。各所で書いたので中略すると、恋愛は長く貴族の営みでしたが、19世紀に活版印刷の普及で庶民に恋愛小説ブームが及ぶと、「あなたは世界のすべて」「あなたのために法も破る」という絶対性のロマンで瞬く間に全世界に恋愛観念が拡がりました。

更に応用編。婚外の情熱愛だった恋愛から恋愛婚がなぜ生まれたか。12世紀ルネサンス*（イスラム文化の進入）による世俗化で、南欧吟遊詩人*が貴夫人を神に擬《なぞら》え、「あなたは世界のすべて」「あなたのために法も破る」を持ち込んだのが恋愛観念の端緒。当初は達成は求められなかったのが、14世紀に宮廷愛として持ち込まれると達成が求められ始めます。

問題になったのが「あなたは世界のすべて」。口では何とでも言える。真の心は？真の心の証として病と死が持ち出された。思いの強さゆえに病で伏せり死の床に。真の心が証されても死と引き換え。達成＝非達成という逆説。毎日がつまらない貴族の遊戯です。ところが19世紀に入って庶民に恋愛小説が拡がると、小説が描く唯一絶対の恋愛を未婚者が実践し始めました。

問題になったのが、真の心の証が病と死という敷居の高さ。そこで真の心の証を、婚姻という所有を含めた法的関係の継承線を定める重大事の決断に移します。恋愛婚

12世紀ルネサンス
73ページ参照

吟遊詩人
中世ヨーロッパで各地の宮廷をめぐって恋愛詩などをうたうことを生業にした詩人たち。日本でいえば琵琶法師的な存在。

です。でも注意。飽くまで「恋愛のための結婚」です。ところが恋愛婚が普及するにつれ「結婚のための恋愛」に変じます。それが最終的に全世界に拡がった恋愛婚イメージです。かくて不倫の情熱愛から恋愛婚が生まれました。

でも恋愛婚には矛盾がある。恋愛は制御不能な情熱愛。だから婚外も厭わないどころか、それが「たとえ法を破っても」という出発点。然るに、恋愛婚であれ結婚は永続規範を伴う一方、情熱愛は永続きしない。だから恋愛史の本場フランスでは、恋愛で結婚してもやがて夫婦各々が愛人を作るようになる。80年代のフランスでは夫も妻も7割に愛人がいて、互いに認め合うようになります。

80年代の名大統領ミッテラン。* 死刑存置の世論に抗い死刑廃止をしたら程なく世論の大半が死刑廃止賛成となった。死期を悟った彼が葬式に備えて愛人50名の席次表を作ったことが「さすがミッテラン」と讃えられた。ちなみに日本で恋愛婚が過半となった70年代後半を経て、雑誌『モア』のモア・リポート*（初回は80年）が、婚外性交渉人数が先進国最多なのが日本だと報告しました。

フランスは恋愛婚の矛盾をロジカルに解決しました。恋愛して結婚。やがて情熱は去る。だから別の絆に移動する。でも互いに恋愛は諦めない。いや、制御不能な情熱愛は襲い来るもので、諦めるも糞もない。他方で結婚は相互所有ではない。「お前は私の所有物だから他人に所有させるな」はあり得ない。ならば互いの愛人作りを承認しつつ絆を守ろうと。

フランソワ・ミッテラン
在任期間1981〜1995年の元フランス大統領。1916〜1996年。

モア・リポート
集英社の雑誌『モア』による女性の性に関するアンケートおよびルポ。書籍化されている。

でも続かなかった。福祉国家政策破綻で80年代に各国で市場化が進行。人口学的流動性が上昇。ソーシャルキャピタル*が衰微。日本の新住民化に似た事態が進んで、そこで育った子どもが成人すると愛人を認めない者が増えます。多くは恋愛を諦めたくないので結婚しなくなり、政府は結婚と出産を分離します。だから今はシングルマザーからの出生が6割超です。

日本の婚外性交渉率の高さは別の背景。若衆宿*ベースの夜這い*や祝祭時の無礼講の風習が戦後まで残った日本の特に地方では、僕が全国巡りをしていた90年代半ばまで、村落的な共通感覚を背景に、男女とも罪悪感なく婚外性交渉に勤しんでいました。そこには唯一性規範と贈与規範を柱とする恋愛観念が希薄で、それがイヤで上京する大学生女子もいました。

ところが80年代新住民化で育った子どもが成人する90年代後半からは、異質な者への免疫不全ゆえ過剰さを恐れてテンプレを演じ始めます。96年から性愛回避が増大。性愛が過剰さに分類されたのと、テンプレ性愛の実りのなさが背景です。96年はセクハラ元年。米国三菱自動車のセクハラ訴訟が契機です。96年はストーカー元年。新聞記事が激増します。

そこに90年代末から妊娠不安・性感染症不安・受験失敗不安ばかり煽る自称右による性教育の不安教育化が進行。恋愛の幸いを誰からも教われないので、高校では恋愛がバレるとスクールカースト落ち。テン年代には加害不安・被害不安ばかり煽る自称

ソーシャルキャピタル
107ページ参照

若衆宿
日本各地の村落で、一定年齢に達した男性の若者が夜な夜な集まり、部分的に生活をともにしながら文化や風習を伝承した土俗的な青年教育の場のこと。若者組などともいう。明治初期まで見られたがのちに青年団などに再編成された。同様の役割を担う女子のための場が娘宿。

夜這い
夜中に男性が女性の住居を訪れ、一夜をともにする風習。

左による不安教育が累加され、特に男子が #MeToo* リスクに過剰反応して性的退却を加速させました。

かくて四半世紀前のピーク時から、高校女子・高校男子・大学女子・大学男子の全てで性体験率が半減。交際率も交際経験率も半減。少子化の原因は未婚化で、子育て支援が軸の少子化対策は無効。未婚化の原因を貧困に求めるのもパラメータ無視。貧乏で結婚できないのは80年代以降の日本や最近の韓国の特殊事情。諸外国や昔の日本には当て嵌まりません。

最近の計量分析者は生態学的思考ができません。因果関係と相関関係を区別できても、因果関係を支える前提に遡れないのは無能です。生態学的に思考すれば、カテゴリーを超えてフュージョンできない感情的劣化による属性主義が主因だと分かる。それをマッチングアプリが加速します。日本の貧困化は構造的に不可避で、貧困を問題視してもどうにもなりません。

今の生涯未婚率が2割だ3割だと騒ぐマスコミも無能。生涯未婚率は50歳時点で結婚経験がない者の割合。今の若い人が未婚で終わる割合ではない。今の大学生が50歳になる30年後を趨勢分析すれば男女とも半分は生涯未婚で終わる。なのにいつか結婚したいという大学生は今も8割台。性愛不全に帰結する感情的劣化に無自覚なままどうするのか。

どうするべきか言います。新住民化は程度差はあれ先進国に共通です。抽象的には

#MeToo
アメリカで女性の俳優が大物映画プロデューサーによる性的搾取を告発したことに端を発して世界中に広まった性犯罪、性的搾取、セクハラへの抗議運動。SNS上で「#MeToo（私も！）」というハッシュタグが使われたことから、それ自体がムーブメントの名称と認識されるようになった。

生活世界（共同体的人間関係）から調達していた便益をシステム世界（市場と組織）から調達する動きです。するとプライベートな人間関係に揉まれて初めて得られる感情的能力を失います。市場も組織も、人を入替不可能な汝*ならぬ入替可能なソレ*として扱います。これを没人格化と言います。

入替不可能な汝に戻れる生活世界のホームベースがないと、没人格化されたままになる。すると尊厳＝内から湧く力を失い、生きづらくなる。だから80年代新住民化を経て90年からひきこもり（当初は登校拒否）が問題化した。他方、80年代新住民化で育った子どもがひきこもらずに成人しても、テンプレ的関係しか生きられず、実りある恋愛ができない。

ＫＹを恐れてキャラを演じる類がテンプレ。そこでは人は入替不可能な汝ならぬ入替可能なソレ。没人格化が市場と組織を超えて私的関係をも覆う。テンプレ的な没人格界隈では人は専ら「言葉・法・損得」に反応する。かつては「言葉・法・損得」に閉ざされた法生活で力を失っても、祝祭と性愛によって「言外・法外・損得外」に出て力を回復しました。

そこでは「法より掟」「交換より贈与」「言葉より言外のシンクロ（同じ世界で一つになる）」です。それが新住民化による「育ちの悪さ」で、法だけ（法の奴隷）・交換だけ（損得マシン）・言葉だけ（言葉の自動機械）になった。「言葉・法・損得」に閉ざされた「言葉の自動機械・法の奴隷・損得マシン」が同意性交しても、つまりません（力が湧

汝・ソレ
宗教哲学者マルティン・ブーバーの『我と汝』より。汝＝You。ソレ＝It。かけがえのない絶対的な「汝」と、入替可能な機能としての「ソレ」。

かない）。

　むろん同意は不可欠ですが、非言語性（言外）が大切です。いつもの公園なのに一緒に歩くだけでわくわくする奇蹟。身体距離が縮まり・手を握り・腕に触れ・キスして・性交へ。動物行動学者モリス*『マンウォッチング』が記す自然過程です。でも、この四半世紀は「コクってイエス」でカップル誕生。僕が若い頃はなかったし、今も国外にはない。

　そこには奇蹟がありません。互いに——少なくとも片方が——許容範囲だと告げただけ。イケメンだから・友人が認めるから……と。これじゃ互いが寝ても覚めても想うまでには到れない。他方、見慣れた公園での奇蹟は、瞬時に双方を、寝ても覚めても想う状態にもたらします。

　ついでに言うと、インスタ映えのお洒落スポットを訪れるテンプレ・デートも駄目。場所に盛られてわくわくしたのか、人にわくわくしたのか分からないからです。ピースボートに乗船するたびに毎回目撃できます。船上恋愛は下船した途端に冷め、あれは何だったんだろう……とか、あれがもう一度起こってほしいのに……などと、寂しい思いをするのです。

　宮台ゼミの最終合宿で一人の女子が皆に語ってくれました。最近ある人と公園を散歩した。奇蹟的にわくわくした。それでモリスの自然過程を期待した。ところが手も触れない段階でコクって来た。この人は言質を取らないと不安で進めないいんだと思っ

デズモンド・モリス
イギリスの動物行動学者。1928年〜。主著に『裸のサル』がある。男女が出会いからセックスにいたる過程を12段階に分けた「親密さの12段階」が有名。（1）目から体、（2）目から目、（3）声から声、（4）手から手、（5）腕から肩、（6）腕から腰、（7）口から口、（8）手から頭、（9）手から体、（10）口から胸、（11）手から性器、（12）性器から性器。

た。言質を取るまでもなく「同じ世界で一つになれた」のに、それで一挙に冷めて、さようならしたと。

彼女が言うのはこういうこと。言質さえ取らなければ、「私のわくわくがこの人にも生じているのかな。私の思い違いかな。あ、手が触れた。偶然かな。触れ返してみよう。あ、手を握ってくれた。嬉しい。思い違いじゃなかった。いや、でも親愛の情くらいの感じなのかな。このあとどうするのかな……」と未規定な状態に眩暈するほどわくわくできたのに。

輪郭が定まらない状態がやがて輪郭付けられていく過程が、恋愛の入り口の最高の輝きなのに、言質を取る——言語で同意を確認する——営みでそれをぶち壊す男って何だよ。言外・法外・損得外のシンクロ力を信頼できないどころか、相手になりきることより未規定性に耐えられない自己の防衛を優先させる、「言葉・法・損得」に閉ざされたクズではないか。

僕は大学時代に初めて恋愛したときからコクったことがありません。まずデートし、あとは奇蹟を感じるか。仲間たちも同じでした。僕が若い頃の当然のコモンセンス（共通感覚）が、かくも失われた原因は、「カテゴリーを超えてフュージョンする享楽」や「言葉を使わずシンクロする享楽」を体験したことがないという「育ちの悪さ」以外に考えられません。

観客の皆様、いかがですか。ここまで語れば、80年代新住民化を起点とした、「育ちの悪さ」による感情的劣化が、恋愛や家族形成をどれだけ困難にするかを、理解できたはずです。ならば「カテゴリーを超えてフュージョンする享楽」や「言葉を使わずシンクロする享楽」を体験しないままで、子どもは将来、恋愛や家族の幸いを手にできるのでしょうか。

　新住民化とは、法学では、法外の掟を支えるコモンセンスが消え、法に閉ざされた「法化社会」になることです。祝祭や性愛が法に登録されると、言外・法外・損得外でシンクロして「同じ世界で一つになる」営みが消え、人は力を回復できません。社会が法生活の周辺に法外の営みを伴って初めて、人は24時間の没人格化による力の枯渇を、逃れます。

　力の枯渇でどうなるか。第一は生きづらさゆえのひきこもり（自罰）。第二は力の回復のための「大いなるもの」への所属（スゲエ日本）。第三は不全感の他責化による他罰化（すべて在日*が悪い・すべて男が悪い）。第二と第三は俗情に媚びた感情の政治＝ポピュリズムに帰結。特に第三はカテゴリーにステレオタイプを結合する差別主義に帰結する。

在日
78ページ参照

　かくして無関係に見えるすべてがつながります。今は「育ちの悪さ」に注目する僕だけが指摘します。言葉・法・損得の時空たる社会は大規模定住を支える必須条件。でもそこに閉ざされて言外・法外・損得外の時空を失えば、力を奪われて感情が劣化します。だから言外・法外・損得外でシンクロして「同じ世界で一つになる」営みを、子どもに実装しなければなりません。

坂田　分かります。私、以前、高尾で夜這いを復活させようと提案したんですよ。そうしたらすごい反対にあって（笑）。きっかけは日本型民主主義の一つとして、寄り合いの復活という運動があったんです。

宮台　素晴らしいです。

坂田　で、「寄り合いを復活させるんだから、夜這いもやろうよ」って言ったら、みんな沈黙しちゃって。

おおた　夜這いって、やろうよって言って始まるものなんですか。

坂田　面白いと思うんですけどね。お祭りのときはそういうものがあっていいんじゃないかって。夜這いって、レイプじゃないですからね。

宮台　女の人が5センチぐらい戸口を開けて待つ。

坂田　そう。女性に決定権があるんです。でも、そういうものは罰せられるわけですよね。法律というより、今の価値観で。

宮台　夜這いの必須条件は共同体です。夜這いは誰がどの女の家に行くのかが紛争の種です。だから寄り合いや若衆宿の中で「俺が行きたいです」「アホ、10年早いわ」みたいに揉み、「こいつは無理、お前が行け」と決まります。年齢階梯があっても、共同体的共通感覚に基づく差配です。共同体的共通感覚がないところでは、必ずクソフェミ的炎上を招きます。

おおた　若衆宿というのは、男性に対して、ある意味で青年教育を施す場でしたよね。もう子どもではないけども、まだ大人でもない時期、要するに大人の世界に入っていく手前のグレーゾーンみたいな時期の教育の場が社会の中にあったわけです。女の子には、娘宿とかそういうコミュニティがやはりあって。今風にいうとジェンダー的なものが分かれていく、男女の役割分担を加速させていくことにもなってしまうんだけど、人間の成長にはそういう過渡期があるということですね。

宮台　ここにおられる観客の皆様は「そうそう」と頷いてくれて嬉しいけど、かつての村落的共同体の記憶を持つからです。社会全体ではすでにそんな記憶を持たない者が大半です。先程のスウェーデンみたいに、男女非対称であれ、吟味して合理性があれば、習俗を残す社会だったら違うけど、ヒラメ・キョロメの新しもの好きに覆われた今の日本ではクソフェミが湧く。

坂田　そうなんです。「何言ってんの？」って言われました。

おおた　突然言われたらびびるでしょうね。

坂田　しょうがないので、もうじゃあ大奥の復活にしよっかみたいな（笑）。

宮台　これは生活世界がシステム世界に置き換わる「汎システム化」の必然です。今も若衆宿が残るのはアジア文化圏ではトルコだけ。娘宿も残ります。日本では若衆宿が夜這いや無礼講を支える前提だから、欧米知識人が「明治の日本は性のパラダイス」と勘違いしたけど、野放図な自由はなく、共通感覚と掟ベースで若衆宿や寄り合いが制御しています。

葭田　その後、継続していけるんですか？

坂田　継続っていうのは？

葭田　だから何か、男女の関係を……。

宮台　夜這いの男女に継続はないです。

坂田　継続はしないの。その日、そのときだけ。

葭田　お互い割り切ってるんですね。今だったら消防団とかが、若衆宿に当たるんでしょうか？

宮台　消防団は、若衆宿の戦後昭和的な後継です。80年代後半の各地方テレクラに旦那衆の同好会が付随したのは、消えて間もない青年団の名残です。娘宿の直接の後継が何か分かりませんが、それに似て今の女風（女性用風俗）にも情報と知恵をシェアするSNSの女コミュニティがあります。これが今は珍しい法外の連帯であるのは間違いありません。

おおた　正規の法とは違う社会のルール、掟みたいなものを感覚的に学ぶ所だったわけですよね。

宮台　はい。新住民化までは「建前と本音」と言えば、法が建前、掟が本音。本音が共同体のものでした。若衆宿に入ると先輩から「お前は何も知らんのか」と教わる類です。共同体が空洞化した新住民化以降は、法が建前、個人の損得勘定が本音。遊具撤去、焚火や花火の通報、組事務所や店舗風俗の撤去運動、幼稚園や保育園の立地反対などはそれが背景です。

子どもが見せたいもの、見せてはいけないもの

坂田　セックスのことも含めて、学ぶ場所が沢山あったということですかね。今だと、森のようちえんに来たら、子どもたちにはいろいろ学びがあるかもしれないけれど、一歩外に出たら、全然違う社会が広がっているというギャップが大きいじゃないですか。でも、高度成長期とか、その後の80年代ぐらいまでは、いわゆるお勉強ではなく、どう生きたらいいのかを学ぶ場所が至る所にあったし、あるいは学べる大人が至る所にいたと思います。今おっしゃった若衆宿みたいに、違う世代が一緒にたむろしている場所とか。それが今はなくなっている。

葭田　年少さんぐらいの頃はどこで着替えても全然平気なんだけど、年長さんぐらいになってくると、男の子が周りにいると意識する女の子たちが出てきます。卒園して、小学生になった女の子が遊びに来て川に行くときなんか、男女交じって着替えている部屋ではなく、「ちょっと恥ずかしいから、あっちの部屋で着替えていい？」とか言うんですね。この辺りの成長って、今も昔も何も変わってないですよ。

で、この間、2歳の男の子が、同じくらいの年頃の小さな女の子に下半身を見せていたの。

坂田　おちんちん見せたいのよね。

葭田　見せたいんですよ。それで「パンツはいてくれません」って先生が困ってるから、私が「えー！　見せてもらえるの？」って言って男の子のところに行ったんです。

坂田　おちんちん見せてもらえるんですか、って。

葭田　そう。「見せてくれると言うから見せてもらいに来ました」という体《てい》です。そしたら途端に隠して。今まで見せてたのに、恥ずかしがっちゃって。「おちんちんは大事なところだもんね」と言い添えました。「見せてくれるというので来ました」って言うと、ちょっと恥じらうんですよね。

おおた　それは何でしょう。いわゆるプライベートゾーンって、見せてはいけない、触らせてはいけないと今は教えますよね。性教育の入り口みたいに言われている。でも、じゃあ、なんでそこは見せてはいけないのか、触らせてはいけないのかと問われると、答えられる人は少ない。プライベートゾーンとはすなわち、ピュシスが溢れるところだからだと、生物学者の福岡伸一さんがおっしゃっていて、なるほどなあと思いました。ロゴスはピュシスに蓋をする。だからロゴス優位の時空においてはプライベートゾーンは隠す。

宮台　人類史的には、見せてはいけないもの、やってはいけないことは、時空の分割で決まります。普段の時空ではダメでも、性愛の空間では、見せてはいけない所を見せ合い、触ってはいけない所を触り合う。ただ、後期遊動段階でも呪術の際に、定住段階でも祝祭の際に、分割の境界が破られます。ややこしいので後期定住の文明段階だけ説明します。

あらゆる全体が〈世界〉。ギリシャのphysis（万物）です。コミュニケーション可能な全体が〈社会〉。古くは万物がコミュニケーション可能だから〈世界〉＝〈社会〉。

さて文字記録による大規模定住化（文明化）を境にコミュニケーション不可能なものが意識され、〈世界〉＞〈社会〉となる。バビロニアでは、星を動かす呪術が、星を読む占星術になりました。

すると〈世界〉は、〈社会〉と、〈社会〉を除く〈動かせない世界〉に2分割される。然るに〈社会〉は、言葉・法・損得が優位する法生活の時空たる「社会」と、性愛の空間と祝祭の時間を指す「社会の外」に2分割される。ゆえに〈世界〉は、「社会」と「社会の外」と〈動かせない世界〉とに3分割される。「社会の外」は、「社会」と〈動かせない世界〉の間の緩衝帯です。

〈世界〉＝〈社会〉＋〈動かせない世界〉
〈社会〉＝「社会」＋「社会の外」
〈世界〉＝「社会」＋「社会の外」＋〈動かせない世界〉

「社会の外＝性愛と祝祭」では「社会」の法的タブーを反転し、「社会（定住の法生活）」で失われる「社会」以前の力を回復する。だから見せてはいけない箇所を見せ、触ってはいけない箇所を触る。なお性愛空間は個体にとっての「社会の外」。祝祭時間は共同体にとっての「社会の外」。「社会の外」は人や共同体が力を回復するのに不可欠な緩衝帯です。

おおた　その緩衝帯の部分が、かろうじて我々になじみのある言葉でいえば「里山」であり「妖怪」ですね。私は『ルポ　森のようちえん』で、ヨーロッパの森のようちえんと違って、日本の森のようちえんは、正確には「里山のようちえん」だと書きました。

本物の祝祭と恋愛は「社会の外」だから命がけ

宮台　慧眼です。ところが共同体の空洞化で祝祭が消えると「社会の外」に性愛だけが残ります。だから「社会」ではＮＧなのに「社会の外」の性愛では、見て・見られ、触り・触られ、入れ・入れられる。「社会」の視座では危険すぎる行為だから、委ね・委ねられ、明け渡し・明け渡されないとできない。だから「同じ世界で一つになる」必要がある。かくて法外の絆が形成されます。

フロイトの超自我的二重性を踏まえて経済人類学者が言う通り、パンツを穿くのはパンツを脱ぐ享楽のため。そこに内外反転がある。プライベートゾーンを普段隠すのも大切なときに触らせるため。そこにも内外反転がある。内外反転が機能するには、普段パンツを穿いていること・普段プライベートゾーンを隠して触らせないことが、必要です。これは論理的問題です。

性教育と称して不安教育に勤しむウヨ豚とクソフェミは、不安であるほどそれが価値を生むべく機能するという、性愛の本質である内外反転を弁える教養が皆無です。ここで言う教養Selbstbildungは、ただの知識ではなく、元々の意味である「旅の苦難を経た自己形成」を指します。人の人生を左右する性教育を騙る前に、テメエが苦難から得た光を語れ。

「育ちが悪い」ウヨ豚とクソフェミの量産に見るように、80年代からの「新住民化＝共同体の空洞化」で、真の祝祭が消えたのに加え、共同体の空洞化ゆえの「育ちの悪さ」がもたらした、90年代後半からの「自己関与化＝言葉・法・損得への閉ざされ」で、真の恋愛も消えています。今あるのは祝祭や性愛に見えて、「社会の外」を抹消した似非《えせ》です。

森のようちえんが「カテゴリーを超えたフュージョン体験」「言葉の外のシンクロ体験」によって、「育ちの良さ」を実装させるということは、「社会の外」で力を回復するべく、真の祝祭や真の恋愛に乗り出せるだけの心身を実装させるということです。それを踏まえて、若い人たちがなおさら縁が薄い真の祝祭について、「なりすまし*」をキーワードに語ります。

改めて言うと、今は祝祭も恋愛も消えました。祝祭は80年代新住民化による地域空洞化で90年代までに消えます。「祭り」が残っていても以前の祝祭とは違う。恋愛は

なりすまし【宮台用語】
53ページ参照

90年代後半からの自己防衛的なテンプレ化で消えます。「カレシカノジョ関係」が残っていても以前の恋愛とは違う。祭りは祝祭じゃなく、「カレシカノジョ関係」は恋愛じゃありません。

祝祭消滅の指標は92年暴力団対策法施行による「テキ屋*の排除」。町内会の人がレンタルアコムの機器で焼そばやたこ焼きを作り始めて味が落ちた。恋愛消滅の指標は「コクってイエスでカップル誕生」。一緒に歩いただけで奇蹟の輝きを体験し、いつの間にか……という過程が消え、今で言えばインスタ映えするテンプレのお洒落スポット巡りを始めた。

おおた　それって、とんねるずの「ねるとん」から広まってしまった「パターン」だと思います。

宮台　①元々祝祭は、法生活で力を失った定住民が、法生活がイヤで出奔した（がゆえに差別される）非定住民を召還して行う力の回復。②法に守られない被差別者の相互扶助から始まった組は元々多くが在日と被差別部落*出身者。③テキ屋は組関係の三下*で、縁日から縁日へと遊動。幼少期の僕は、外から微熱を運んでくる彼らにいろんなことを教わりました。

テキ屋
153ページ参照

被差別部落
108ページ参照

三下
下っ端の意味。

おおた　法生活が嫌で出奔したといえば、私もサラリーマン生活が嫌でフリーランスになりました。フリーランスって要するに社会的には定位置がない「浪人」ですからね。

宮台　社会に定位置がない浮き草みたいなテキ屋が、5発300円の射的で、連れの女が全て外せば、何も言わずに更に5発を置いてくれた。ヨーヨー風船が釣れず、景品のぬいぐるみが貰えないと連れのオミソ（弟）が泣けば、こいつでどうだと、体積10倍のぬいぐるみをタダでくれた。ところが、祝祭のレンタルアコム化で、屋台は金券との交換の場になり、一挙に屋台の「不公平」な贈与が消滅しました。

毎年決まった時期に外から微熱を運んで来るテキ屋がいない「祭り」には、祝祭の匂いがありません。だから、幼少期の僕や友達があんなに祝祭に焦がれて興奮しても、僕の3人の子どもたちがさほど焦がれず興奮もしないのは当然です。今時の「祭り」には「掟・贈与・共通感覚」に彩られた祝祭がないからです。かかる変化に伴う共変事項を考えます。

まず、80年代前半からの組事務所排斥運動を踏まえた92年暴対法施行で、組が、地域の厄介者を運転手や電話番の三下として包摂していたのを吐き出した後、地域を離れてビジネスヤクザ化します。次に、組の役務への一般人の支払いを犯罪化した2008年からの暴力団排除条例の拡大で、ビジネスを閉め出された組がカタギ*を使って

カタギ
ヤクザではない者。

しのぎ*を上げ始めます。ただし掟を破って破門された者が大半です。

当初はカタギとはいえ半グレ*でしたが、警察のテコ入れで難しくなり、大学生や「プー」を使うようになったのが特殊詐欺や広域強盗。掛け子や受け子や出し子どころかリクルーターや指示役までが「下半分」の一般市民。「上半分」は（元）組関係だけど、ビジネスからの引き剝がしを背景に「性格が悪い」順に吐き出された輩だから、多くは組の紐がついていません。

かくして、共同体がバラける動き、組が地域を離れる動き、「祭り」とは名ばかりの非祝祭になる動きが、並行しました。そんな新住民的空間での「育ちの悪さ」ゆえに、80年代の子どもたちが長じた90年代後半から、「コクってイエス」でカップル誕生という感情的に劣化した性愛を営み始めます。だから「祝祭の終焉」に「性愛の終焉」が続いたわけです。

祝祭も性愛も「社会＝法生活」に登録され、「社会の外」じゃなくなった。然るに〈社会〉は、「社会」と「社会の外」の両方があって初めて力を失わずに生きられます。ゆえに祝祭と性愛が「社会の外」でなくなれば、「社会」に閉ざされて生きづらくなる。現に「社会の外」を欠いた生きづらさゆえに、１９９０年頃からひきこもりや摂食障害の割合が単調増加しました。

話した通り、80年代に全国の祭り巡りで「祝祭の到来を思い、日々のつまらなさを遣り過ごす」構えに合点しました。祝祭が毎日を「なりすまし」の構えで生きさせる

しのぎ
ヤクザの資金源。

半グレ
暴力団に属さずに特殊詐欺などの犯罪を組織的に行う集団。「グレ」には「はぐれ」「愚連隊」「グレー」などの意味が込められている。

のです。これは恋愛も同じです。「次の逢瀬を思い、日々のつまらなさを遣り過ごす」のです。祝祭と恋愛が紛い物の「祭り」「カレシカノジョ関係」に縮むと誰しも生きづらくなります。

本物の恋愛は「社会の外」だから命がけです。本物の祝祭も「社会の外」だから命がけです。例えば7年ごとに巡る下諏訪の御柱祭。男衆が乗る巨木の木落しや川越しで90年代半ばまで必ず人が死んだけど、問題にならなかった。それが問題になるようになって、死なくなりました（２０１０年を除く）。古くて起源は不明だけど、性的な祭りです。

木落しは陰茎を女陰に突き入れる営みの隠喩。豊穣祈願だとされます。90年代半ばに訪れたのが最後の体験ですが、昨日拝見したＥＣＨＩＣＡの子どもたちの川遊びと同じ仕組みで、川下に「防御柵」がありました。といっても、川下にずらっと並んだショベルカーのことです。人が流されて来たら直ちにすくい上げるんです（笑）。

死なないのはいいことですが、平時と違って祝祭時には安全・便利・快適より優先すべき価値があります。90年代半ばには、警察官や自治会の方々が「これは、地元の人たちが地元の人たちのためにやるお祭りで、観光する皆様はそれを見せて貰っているだけだから邪魔しないように」とアナウンスしていました。「もっと安全に」が邪魔の典型ですね。

葭田　もう一度確認ですが、それ、最近の話ですか？

宮台　90年代半ばの話です。地元の人が地元のためにやるとは、どういうことか。祭りが終わると虚脱しますが、また7年後の祭りを待望して毎日のつまらなさを遣り過ごすようになります。そこでは祝祭時の自分が「素」で、平時の自分が「なりすまし」です。そして2年前になり、1年前になると、徐々に気持ちが高まるのを抑えられなくなってきます。

このように祝祭の本質は「待つ時間」にあり、それに意味を与える力のダイナミズムの保全には、祭りが「法外」の時空に置かれる必要があります。ざっくり危険が不可欠。安全・便利・快適な観光資源への堕落を防遏《ぼうあつ》し、地元の人に力を与える強度を維持するには、「法の時空」ならぬ「掟の時空」に留めるための、地元民内部への閉ざされが、不可欠です。

秩父吉田の龍勢では「27流派」が秘伝のロケット（1メートル長）を打ち上げます。住宅地に落下したり山林に落下して火事になったりしたこともありますが、それでも台風の影響による強風下であれ挙行されます。観光収入目当ての客の呼び込みを禁欲し、「地元のための祝祭」を貫徹すべくclosure（閉ざされ）を解かないことで、初めて可能になる偉業です。

各地の火祭りには危険なものもあります。警察などの行政が危険を評価すると祝祭の強度が損なわれるので、地元の青年団や老人会に危険の評価を丸投げし、違法ですが警察官の制服を彼らに貸与するところもありました（笑）。知る限りでは90年代半ばまでそうでした。先日訪れた龍勢は警察がでしゃばり過ぎ。今後の強度の維持に懸念を抱きました。

祝祭の位置付けが低くなったのです。祝祭も性愛も「社会の外」＝言外・法外・損得外を信じさせてくれるもの。それが信じられなくなりました。背景はやはり新住民化による「育ちの悪さ」。言外・法外・損得外でフュージョンする子ども時代を失った。失わなければ、祝祭とは子どもの頃に戻ることです。失ったら、元いた場所が分からず、戻れません。

坂田　戻れない。

信じて待つ保育、並んで待つ保育

宮台　戻れないから、生きづらい。生きづらいから、ひきこもり・テンプレ男女・ウヨ豚・クソフェミが量産される。量産によって不信ベースが拡大、信頼ベースの地域や家族の共同体が消える。それで「育ちの悪さ」が再生産されます。なお共同体とは、法より掟（ウェーバー）、交換より贈与（モース*）、信念よりも共通体験（マッキーバー*）の時空です。

冒頭に戻ると、共同体の消失は不自然な状態です。そんな時代は、人類史上なかったからです。この不自然に慣れ切った大人が、森のようちえんに触れると、危険だと感じて不快に思い、価値観を否定されたと感じて嫉妬します。かつては自分より優れていると感じると、近づいて学んだのに、この四半世紀は自分を変えたくないので（自己の恒常性維持）、ディスって炎上させたがります。

今は親の大半がそんな感情的に劣化した大人です。彼らが悪いのではない。子ども時代に「カテゴリーを超えたフュージョン」や「言外・法外・損得外でのシンクロ」を体験した記憶を持たないのだから仕方ありません。でも犠牲になる子どものことを考えると仕方ないでは済みません。そういう親がＥＣＨＩＣＡの試みをあまりにも過激だと思うからです。

おおた　そう思われてるかもしれません。

宮台　ここでやっているのは、社会に適応するための訓練ではなく、逆に、社会に適応しないための訓練です。だから不登校児を生み出すだけじゃないかと思われたりします。

マルセル・モース
フランスの文化人類学者。１８７２〜１９５０年。主著に『贈与論』がある。

ロバート・モリソン・マッキーバー
アメリカの社会学者。１８８２〜１９７０年。血縁や地縁にもとづく集団としての「コミュニティ」と、特定の目的や関心にもとづく集団としての「アソシエーション」の関係性から社会を見る。主著に『コミュニティ』がある。

葭田　学校に行ってちゃんと席に座っていられるんですか、と入園前の方によく質問を受けます。お母さんたちがものすごく不安なんです。わが子を育てていく中で、最初のお子さんだと特に、「適応」を手放せないんです。社会に適応させたい。だけど、スペシャルであってほしいとも思ってる。

坂田　それはむちゃな。

葭田　その子の個性を伸ばしたいと言いつつ、適応することを手放せない。いい社会だったら、適応してもいいんでしょうけどね。やっぱり「ん?」って思うことはありますね。森のようちえんは、「信じて待つ保育」ってよく言われるのですが……。

おおた　信じて待つ、ね。

葭田　そう。タイミングは、みんなに一斉には来ないんです。内発的な動機付けがすでに起こっている子もいれば、1週間かかる子もいる。そのタイミングを先生たちがうまく捉えてあげるんです。だけど、「並んで待つ」保育になっちゃってるところがある。

宮台　分かります。

葭田　並んで待つ保育。

宮台　我慢しなさい、です。

葭田　そう、我慢する保育。気持ちが高まってなくてもそこで並びなさい、それが適応していくための大事な訓練になる、というわけですが……。

祭りに話を戻すと、それによって、80年代、90年代と、宮台さんがおっしゃるように、何を手放してしまったか。祭りは、そもそも誰のためだったのか。

鬼は外から来るのではなく、わたしたちの中にいる

宮台　だから観光客に来てほしい。観光客をおびき寄せた上で「観光客のお祭りじゃなくて私たちのお祭りだ」と気付かせるのはありだと思います。かつての御柱祭も、外から来た人が見るとあまりに過激だから「人が死なないようにしろ」と文句を言い

たくなる。そんな人に「文句を言うあなたのほうが変わらなきゃいけない」と告げるんです。

坂田　岸和田とかもすごいですね。だんじり祭。

宮台　そう。だんじり祭も昔はよく死んだ。僕、ラジオで報じたことがあるので覚えているけど、90年代末に、市役所の職員が３００人ほど、無断欠勤してお祭りに参加していたことが、市民からの通報で問題になって、職員たちが多数処分されたという騒動があったんです。

坂田　参加してもいいじゃない！　素晴らしいと思う。

宮台　僕がそのときラジオで言ったのは、祭りに参加した職員たちが悪いんじゃなく、チクった新住民が悪いんだよってこと。役所の職員がそれほどの共同身体性を持つのは、誇るべきことです。役所内でずっと問題にされなかったことも、本当に素晴らしいことです。

おおた　新住民って、よそから来てる人ですね。

宮台　そう。新住民がいかにクズかがよく分かる。僕がラジオで語ったように、お祭りのときに役所に手続きしに行く人のほうが頭おかしい。大学病院のＥＲじゃないんだからさ。急ぎだったら、だんじり祭の前に済ませておけ。

坂田　例えば、南西諸島に、泥だらけになるお祭りがありますよね。宮古島のパーントゥというのは、泥を付けられると健康でいられるというお祭りなんだけど、泥で汚れるというクレームがすごいんですって。外から来た人であっても、その場の自然とか共同体の人間関係に親和性を感じられる人は、汚れるとは思わないけど、共感を持てない人たちにとっては、自然物を汚いものと感じてしまう。

あと東北（秋田）でも今問題になっていますよね。正月になると「悪い子いねえか」とやってくる「なまはげ」。

おおた　トラウマになるというんですよね。

坂田　そう。子どもたちが怖がってトラウマになっちゃうからやめてほしいと。あれ、本来は家の中に勝手に入ってくるんですけど、知らない人が急に入ってくるのは困るとも言い始めた。だから、なまはげさんが「すいません、今から入るけどいいですか」

って事前に顔を見せて家の人の承諾を得て、それから準備をして、「悪い子いねえか」って言う。何をやってんだって思いますけど。

葭田　それなら花の森の節分とハロウィーンはかなり不適切ですね。どちらも自分の心の中に巣くう「鬼」と闘うってことです。ハロウィーンは、いつもとは違う場所にお帳面が置いてあるんです。その辺りに、黒い服装をした人が座っている。ただ座っているんです。

坂田　それは怖いね。

葭田　怖い。怖いけど、子どもたちはお帳面を取りに行かなければならない。ものすごく奮い立つ。

坂田　子どもたちは一人ひとり取りに行くわけ？

葭田　そう。その日は帰り支度の早いこと早いこと。さすがに1～2歳児の子には遠慮してもらっています。節分は自分たちで味噌用に育てた豆の中から、傷や欠けのあるものを自分で作った升に入れて、その力を借りて、大きな声で追い払うんです。豆は傷物ほど鬼を追い払う力があることになっていて、子どもたちは節分に備えて、豆を選別したり、立ち向かう準備をします。鬼を追うために、勇気を出して、小さい子を守ったり、力を合わせる姿が見られ、鬼が森に逃げて行くと歓声が起こります。強者は鬼がまた戻って来やしないか森の入り口まで迫りますが、とどめは刺さないって言うんです。

私たちが考えたいのは、鬼は外から来るんじゃなくて、私たちの中にいるんじゃないかっていう問いなんですね。そして子どもたちは鬼の哀れな弱さにもある種の共感も抱いてるようにも感じます。

おおた それ、面白いですよね。

葭田 知らんぷり、いじわる、やっかみ、仲間はずれ、うらやましがる、とか、「鬼ってそういう弱さのことかもしれないね」って。子どもが分かりやすい言葉を使って、「これは何の仕業なんだろうね」って問うんです。「みんなは、ほんとはとってもいい子なのに、なぜこういう気持ちが起こることがあるんだろうか」って。

おおた 今のお話は、evil つまり「悪」という意味で鬼を使われていますが、鬼との接触というのは、言葉の外の世界にある未規定性との接触であると同時に、自分の中にもそういう部分があるはずだ、ということですね。本来人間は、ある種の怖さを含む森や自然という未規定なものと調和的に生きることができる。ということは、この自分たちの中にも、そういう未規定なものを元々持っているはずだよね、という意味で、鬼を捉えることもできるかなと、今聞いて思いました。

坂田　畏怖心というんですかね。恐れるじゃなくて、自分より力のあるもの、思い通りにならないものに対して尊ぶ気持ちを含んだ畏れ。そういうものの欠如が問題かな。

葭田　すべてを科学的に捉えられない。

坂田　そう。科学って森羅万象を説明できると考えているところが全然駄目なんですよ。

宮台　それは駄目な科学です。

恐怖と向き合うこと

宮台　言葉で名指せるものは限られています。名指せないものをバタイユ*は「呪われた部分*」、リーチ*は「境界的なもの（曖昧なもの）」、ラカン*は「シニフィアン過剰*」と呼びます。違う国や地域への転居で日常を違う言葉で過ごすと分かります。小6の秋に京都から東京に来て、関西弁の多くが東京弁に翻訳できないので、しばらくは喋るのが苦手になりました。例えば、「びびる」です。

「びびる」には「びっくりする」も含むし、「畏れ多くも」も含むし、「臆病風に吹かれる」も含むし、周りの目が気になる状況も含む。全部「びびる」です。「お前びびっとるやろ」。ヤクザ映画にも出てくる台詞《セリフ》。これを、「びっくりしてるだろ」とか「臆病風に吹かれてるだろ」に置き換えるのはちょっと違う。

理由はどうあれ躊躇する状態を指すんだけど、標準語で「躊躇してるだろ」「ためらってるだろ」という言い方が自然にできる場面はない。もう一つ、関西弁はフランス語に似ていて、喧嘩のときに相手をびびらせるために使う「なめとんのか、われ、いてこましたるど」みたいに、言葉が一つながりになった定型文が多い。

東京の小学校で使ったら、先生に激怒された。直訳だと「なめてんのか、お前、ぶ

ジョルジュ・バタイユ
57ページ参照

呪われた部分
57ページ参照

エドマンド・リーチ
57ページ参照

ジャック・ラカン
55ページ参照

シニフィアン過剰
56ページ「シニフィアンとシニフィエ」参照

っ殺してやるぞ」で、ぶっ殺すという語彙を敢えて自己決定的に選択したことになる。でもそういう理解は間違いで、意訳は「おい！」。せいぜい「おい！　てめえ」。喧嘩になったら誰だって「おい！」って言うでしょ。

おおた　お約束ですよね、一つの。

宮台　お約束。でも、先生が言うんです。「ふざけんなよ」とか「怒ってるんだぞ」とかにしなさいって。それじゃ迫力がねえなって。

坂田　民度が高いと人をののしる言葉が多様で豊かであると、恩師から学びました。標準語は単調なので、他者との微妙な距離を表現しにくい。

宮台　標準語は、共通感覚や共同身体性をキャンセルして、政治的命令が津々浦々に直進するように作られた人工母語＝国語だから、地域の生活形式と結びついた言葉と違って使いにくい。標準フランス語とか標準ドイツ語とか多くの国に標準語があるけど、国民化の装置だから、人々は標準語に収まらない＝言葉にならないものについての感覚を必ず持つ。

ところが、例えばフロイトのトラウマという言葉を、ベトナム戦争以降、もっぱら

ＰＴＳＤ（心的外傷後ストレス障害）に結び付けて理解するという、アメリカのヒステリックな理解が進んだ結果……。

坂田　それはすごく間違ってる。

宮台　はい。ＰＴＳＤは無条件で良くないことですが、トラウマは違う。そもそもトラウマ＝心的外傷という翻訳が間違いで、元のギリシャ語は、「貫かれる」から「負ける・痛む」に意味が転回したもの。衝撃の体験という翻訳が正しい。例えば、名状し難いもの、言葉にならないもの、未規定なものに触れることはトラウマですが、それが良くないことだと言う人はいません。だって、避けられないんですからね。

そういうものに触れてびびりまくるトラウマ体験が、言葉に対する適切な距離を取らせてくれるんです。つまり、大人になったときに「なりすまし」ができるようにさせてくれる。だから小さいうちに、言葉にできないことに触れて、びびりまくればいいんです。トラウマになると言うなら、それはいいトラウマなので、徹底して与える必要があります。

坂田　そうなんです。子どもが時々怖い思いをするとか、そんなことはＰＴＳＤでも何でもないわけですよ。自分が見たり考えたりしている世界の向こう側に、思い通りにならない世界や、怖い世界があると感じること、知ることが大事なんですね。
森とか自然というものは、優しいだけじゃなくて、すごく怖いんです。夜、森に入るとよく分かると思うんですが、闇には多様性があって、異様に怖い暗がりがあったりする。ありませんか？　皆さんも。森に入らなくても、夜道を歩いていて、ちょっと頭の中で想像すると……。

おおた　あれは怖いね。僕、今でも怖い。

坂田　今でもありますよね。夜、歩いていて、ふと何か考えちゃうとやばいやばい、怖いことを想像しないと自分に言い聞かせて、声を出して、歌って帰るとかしますよね。もう怖くて怖くてたまらないっていう経験は、大人でもあるわけですよ。
私は昔、よくバイクに乗ってたんですけど、夜中、正丸峠（埼玉県）を走るんです。今みたいに新道じゃなくて旧道だったんですけど、ふとミラーを見たら、暗いどころじゃなくて真っ黒なんですよ。考えたら、街灯はまったくないわけです。ミラー見なきゃよかったんですけど、見た途端に恐怖に駆られて。そういうことってあるでしょ？　人間の常識では通じないもの、そういうものを想像して、ちゃんと怖がるという経験をしないと駄目。喜ぶだけじゃ駄目なんです。怖いとか嫌だっていう感覚がないと、喜びを感じられないんです。

葭田　わざわざ仕掛けてでも、ね。

坂田　園でも、そういうこと考えてやってるんでしょ？

葭田　そうそう。節分は、怖い気持ちでいっぱいの自分と向き合う勇気がいることなんです。「自分の鬼が目の前に現れたと思って払うんだよ」って子どもたちには言いますね。でも、中には園舎に逃げ込んじゃう子もいるわけ。そういう子は、立ち向かわなかったことを1年悩むんですよ。そして次の年にリベンジ。1年越しのトライ＆エラー。

坂田　今年こそはって思うわけね。

葭田　そう。今年こそって。でもリベンジには1年待たなくちゃいけない。子どもにとっては満を持すための時間ですが、親にとっては長い1年のようです。
途中で豆がなくなると「先生、豆がない！」って叫ぶんですよ。でも大人は全然助けないの。子どもたちが「豆がない！」って言ったら、「豆がなかったら声で追い払いなさい」って。だから大きな声を出して「鬼は外！　鬼は外！」って言って。それでも鬼はなかなか追い払われてくれないんだけど、ようやくいなくなって打ち勝つわけ。その一連のことに加わらずに、安全な所で震えてる子もいるんですけど。そういう子はチーム全体から見たら……。

坂田　それはやっぱ恥なんですね。

葭田　恥なんです。

おおた　その感覚はありますね、大人でも。例えば電車に乗ってて、おじいちゃんおばあちゃんを見かけたのに、ちょっとそのタイミングを逸して席を譲れなかったとき、「あー、俺何やってんだろ」って思ったりすることはあります。今度同じシーンに遭遇したら、もう絶対、ちゃんと躊躇せずに声をかけようって、しばらく心が痛いとき、ありますね。

坂田　子どもたちも、単に自然や森で遊んでいればいいわけじゃなくて、試されるシーンってしょっちゅうあるんです。例えば郡上八幡（岐阜）に行くと今でもそうですけど、橋の上から川に飛び込むんですよ。私は絶対飛び込めない高さなんですけど、「川ガキ」っていうように、子どもは飛び込む。でも最初は、特に小さい子は飛び込めないです。でも飛び込める勇気があって初めて、子どもたちの世界で一人前扱いされるということがある。だから6年生ぐらいになっても飛び込めない子はすごくつらい。それを大人がへんに慰めたりフォローしないんだよね。

葭田　しないですね。

坂田　飛び込めない子は、今度こそ飛び込もうと思うんだけど、怖くて怖くて飛び込めなくて、ものすごく意気消沈して家に帰る、っていうことを繰り返して繰り返して、いつか飛び込めるようになるんですね。「えいや」っていう瞬間がやってくる。これは通過儀礼的な要素もあるんですけど、郡上八幡以外ではほぼなくなっていますね。

葭田　「えいや」のタイミングは個人差があるから、それを私たちは待ってるんですよ。

坂田　みんながやってるんだからやりなさい、じゃないんだよね。子どもが内発的にその瞬間をつかむ。

葭田　園の近くの川に板をかけて橋にする飛び石があるんですけど、そこを跳ぶのも、一つの通過儀礼なんです。で、去年の冬、川に氷が張ったんですね。その橋をぴょんぴょん行った先に氷があったから、ぴょんぴょん跳べる子は氷まで行けたんです。でも、ある年長の子は跳べなかったの。何度も手前まで行くんだけど、跳べずに戻ってくる。それでどうしたかというと、ズボンをまくってね。

坂田 入ったの？

葭田 入った。何度も何度もチャレンジしたんだけど跳べなかったから。でも、卒園するひと月ぐらい前だったかな、跳んだんです。

そういうとき、その子の同級生も、「やれよ！」とか「やれんじゃない？」って声をかけるんだけど、何かすごくソフトなの。あんまりしつこく言わないんですよね。お前の決心次第だぞっていうことを、みんな共通認識で分かってる。

坂田 すごい。

葭田 ほんと感動します。

宮台 子どもの頃、家族で四万十川に行きました。地元の子どもたちが、すごく高い橋（沈下橋）から飛び降りているんだけど、僕はできないんです。小４だったと思います。だけど、僕よりも低学年の女の子が飛び降りるのを見て、「えっ?」と思って。

坂田 女の子も飛び降りるんやってこと?

宮台 はい。それを見て、弟が飛び降りたんですよ。

坂田 さらにえっ? て。

宮台 僕は、飛び降りて大人になりたかったんじゃなくて、周りで誰が飛び降りたのかを見て、だんだんやばくなってきたと追い詰められたんです。

ソレか、汝か?

宮台 追い詰められて飛ぶことになる。あくまで事後的に大人になれたと思いました。昔はよくあったけど、そういうふうに大人になった。葭田さんが話されたけど、強制されていたら飛ばなかった。昔は泳げるようになるのもそんな過程でした。今は「イヤならやらなくていいからね」と言葉にした上、懇切丁寧にマンツーマンで指導します。どっちが自然だろう。恐怖心の除去が必要でしょうか。
キーワードは仲間や共同性。ビデオジャーナリストの神保哲生とすでに四半世紀もマル激トーク・オン・ディマンドをやってきました。最近、僕が書いた統一教会を巡る朝日新聞の記事で、重要な部分が3点削除されたことをネットニュースに暴露して騒ぎになりました。こういう態度を続けられるのも、彼に「へたれになったな」と思われたくないからです。

朝日新聞をディスりまくっていたら書かせて貰えなくなるじゃんって、僕だって思います。でも、それでも敢えてやれば、僕とコンビを組んでいる神保哲生に、恥をかかせることがなくなると思うから、逃げずに進む勇気が出るんです。所詮、人は孤独に弱い、だから、いちばん大切な仲間を失いたくないというのが、最も力が出る動機になります。逆に、どうでもいい人のことはどうでもいい。転校だらけで6つの小学校に通った原体験です。

人は孤独になると免疫力が落ち、病気にかかりやすくなって早死にします。慢性の孤独を感じる人は一日一箱のタバコを吸うのと同じダメージを被ります。恋人とハグすると分泌されるオキシトシンの機序だとされます。これは体の話。心も同じです。人は、重要な誰か――神様や亡くなった家族や親友でもいい――に見られていないと、やはり力を失います。

戦間期のブーバー*は、人は入替可能なソレ《it》として見られると力を失い、入替不可

* マルティン・ブーバー
90ページ参照

能な汝youとして見られると力が湧くとし、周りに誰もいなくなっても神が入替不可能な汝として見てくれる限り力を失わないと言います。彼に先立ってウェーバーがソレとしての扱いを没人格と呼び、ブーバーと同時代のフッサール*が生活世界ならぬ物理世界の存在と呼びました。

だから、体と心に力が湧く状態を続けるには、孤独であってはいけないし、大切な人に「見られる」存在でなければいけません。単なる実感ではなく、科学と哲学の基本命題です。俺は一人でもAmazonプライムとNetflixがあれば生きていけるぜみたいな輩は、基本的な教養がなく、現状を認知的に整合化しているだけ。人はそれだと早死にし、鬱化したり神経症化したりします。そういう人が沢山湧いているでしょう。

葭田　子どもは毎日、「先生見てて！　先生来て！　ママ見てて！　ママ来て！」ですからね。一日に何度も言いますね。

おおた　子どもにとっては、親なり先生なり、信頼してる大人が自分のことを見ててくれることが一番の励ましであり、勇気が湧くことであり、成長のエネルギーになる。これは取材していて、僕もすごく感じることです。

＊エドムント・フッサール
90ページ参照

子どもを親から奪還せよ

坂田　そうですね。だから科学って、そういう現実をすべて後追いしてるだけなんですよ。でも今は、まず「エビデンス」と言いますよね。科学が先に来るんです。例えば自然の中で子どもが遊ぶのがいいなら、科学的に証明しろみたいな話になる。私は国際会議にも出てるんですけど、そこでも証明しないと進まないようなところがあります。

でも実際は、科学の進歩とか発達の前に、起きていることを分析する力とか、見る力とか、読み解く力が先にあると思うんです。

３歳児くらいまでの子どもって、よく土を触って口の中に入れるんですけど、それは免疫力を付けるためでもあるんです。元々人間は体内に微生物を持ってないから、外的自然からしか取り込めない。さらに、人間は微生物を、口と皮膚からしか取り入れられません。今や自然は嗜好品ではなく、必需品と言えます。

昔の子は鼻垂らしながらも元気でほとんど風邪をひかなかったのに、最近の子はなぜアレルギーだらけなんだろうとか、本来、そういう問題意識とか疑問がまずあって、後追いで科学は追いかけてくるはずなのに、先に答えを求める傾向が、今は強烈にあります。それはもう教育の現場や、それこそ皆さんの日々暮らしている生活の中でもそうだと思うんですけど、誰もが答えを早く欲しがっていて、待てない。

宮台　坂田さんの話は大事。科学者は研究課題を設定するけど、なぜその問題を研究するのか——問題設定と言う——を科学では説明できません。それを説明しようという問題設定も説明しなければならないという自己言及に陥るからです。気候危機がやばいからという動機もあれば、気候危機が存在しないことを証明しようという動機もある。科学の営みも、問題設定においては価値まみれの意志があるだけ。価値から自由な科学的な研究なんてありますか？

坂田　あり得ない。

宮台　それを最初に言ったのが社会学者ウェーバー。「価値自由」を掲げました。これを頓馬が「科学は価値を語るべからず」と誤解したけど、「客観に見える科学が初めから価値まみれであるのを弁えない者が、知らずに価値に拘束される」という不自由を問題にしました。数多の問題からそれを問題として選んだ際、人はすでに価値に囲繞されているのだと。

この理解を戦間期ヴィトゲンシュタイン*の言語ゲーム論を下敷きにパラダイム（範

ルートヴィヒ・ヴィトゲンシュタイン
108ページ参照

型）概念へと彫琢したのが科学哲学者クーン*で、要は人々の生活形式が問題設定を前提づけるとしました。91年の大学設置基準大綱化以降、坂田さんがおっしゃる「誰もが答えを早く欲しがっていて、待てない」問題に予算配分されるようになったのも、クーン的問題です。

それとは別に親について。僕は90年代の諸著作で「子どもを親から奪還せよ」と言い続けてきました。典型が『まぼろしの郊外』（朝日新聞出版）の「専業主婦廃止論」。子どもに構う暇があったらセックスしてろ、不全感を子どもをダシに解消するなと。属性主義で結びついた愛が薄い両親ほどそうなります。だから最近になるほど深刻化している問題だと推測しています。

それで、2011年からの恋愛ワークショップを、2015年から親業ワークショップに切り替えました。恋愛ワークショップでの男の歩留まりの極端な低さが、母親による抱え込みに理由があると判断したからです。例えば「女とフュージョンするよりコントロールしたがるフェチ男」には「母親に過剰にコントロールされてきたと訴える男」が目立ちます。そこには代理的な復讐があります。

親業ワークショップで観察できるのは、子どもの耐久消費財化（国産車より外車を所有したがること）と、子どもを使った代替的地位達成（子どもの地位上昇を自分の地位上昇だと思うこと）と、子どもの環境の安全・便利・快適化（安全・便利・快適な環境に置きたがるコントロール厨化）です。これを見れば、感情的劣化の世代的昂進を確信できます。

＊トーマス・クーン
133ページ参照

「60年代団地化」で育った小学生・が親になる「80年代新住民化」で育った小学生・が親になるゼロ年代末からテン年代の「スマホ化」で育った小学生を観察しました。親に抱え込まれ、例えば良かれと進学校に入れられると、地元の大人や子どもとの交流機会が絶たれ、地元の優等生だったのが進学校の劣等生になって自己像が損われ、コントロール厨化します。

それでワークショップ記録『ウンコのおじさん』を2017年に上梓しました。近隣の「ウンコのおじさん」は法外を体験させてくれ、法外のカオスに対する免疫を与え、法外の魅力を教えてくれる。子どもは、損得を超えた内から湧く力（内発性）による利他性を帯び、早期教育で知識を詰め込まれるのではなく、知識が得たくて堪らなくなるような動機づけが得られる。

難しい言葉は一切使っていないから誰でも読めるし、読めば納得できるので、Amazonでもどこでも極めて高評価です。ちなみにウンコのおじさんとは、集団登校する小学生たちと散歩の方向が一緒だからと並び歩きつつ地面や電柱にウンコの絵を描く僕であり、幼稚園に送りがてら近所の女児たちにつかみっぺや鼻糞飛ばしのジエスチャーを教える僕です。

子どもを抱え込まず、坂田さんとか葭田さんとか、ダメな親が持たない能力を持つ不思議な大人に、子どもを預けるように訴えています。先ほど感情的劣化の世代的昂進の話をしましたが、親自らが感情的劣化を自覚し、親が抱え込めば子どもが親以上に劣化することを危惧し、劣化した自らよりも感情豊かな大人に育てることを目標にして貰います。

おおた　宮台さんが感情の劣化とおっしゃったときの「感情」とは、共同身体性だったり、共通感覚だったりという意味で、個人としてすごく怒るとかすごく悲しむとか、そういうことではないですよね。周りとつながる、言葉を超えてつながり合える、そういう感覚を感情とおっしゃっている。

宮台　そうです。正確には、あれやこれやの物理的《フィジカル》身体的なダイナミズムに容易にアフォードされる身体能力と、自分が持たない魅力を持つ者にミメーシスして一挙手一投足を真似てしまう感情能力ですが、アフォーダンスの身体能力を前提としてミメーシスの感情能力が働くので、それらが損なわれることを、ひとまとめに「身体的・感情的な劣化」と呼びます。

アメリカのケツの穴なら糞がついていても舐めるジャパンですから、近頃はエンパシー（共感）ブーム。自らの身体的・感情的な劣化を自覚せず、子どもを抱え込んでいる親が、エンパシーに向けて子どものケツを叩くって、「てめえが一番エンパシーの障害なんだよ！」ってなわけで、笑止千万。最近は非認知能力もブームですが、マジで腹の皮がよじれて苦しい（笑）。

何事においても、前提を遡り、前提同士の絡み合いを洞察する、生態学的思考が大切です。シュタイナーいわく、世界にわくわくする力の習得臨界期のクリアが前提となって、世界の光や音の豊かさを触知する力の習得臨界期がクリアでき、そのクリアが前提となって、世界を数理的に理解する力の習得臨界期がクリアできます。臨界期は「しめきり」のことです。

生態学的思考の時間軸として臨界期概念は重要です。これはシュタイナーを起点として、ピアジェ*（認知的発達）→コールバーグ*（道徳的発達）→ブルデュー*（ハビトゥス的発達）と心身の能力全体に展開しました。総じて「同じ世界で一つになる力」ですが、これらはいいとこ取りやつまみ喰いができません。共感が大事だから共感しろってか？　またもや腹の皮がよじれます。できません。

坂田　できないですね。仲間がいない、本音を話し合う友達がいないような親が、子どもに「頑張って友達つくりなさい」って言ったって、そういう親を見て育つ子どもに友達ができるわけないじゃないですか。仲間というのは、損得を超えた関係性です。例えば相手が困ってたらどうにかしてあげようと思う。これをしたら幾らもらえるとか、後で恩返ししてもらえるとかとは関係なく、とっさに抱く感情じゃないですか。周りにそういう仲間のいない親の子どもたちが、仲間を持てるわけがないんですよね。だったらもう、親が子どもを手放さないと無理ですよ。

ジャン・ピアジェ
スイスの心理学者。1896〜1980年。0〜2歳を感覚的運動期、2〜7歳を前操作期、7〜11歳を具体的操作期、11歳以降を形式的操作期として子どもの認知発達段階を分類した。主著に『思考の心理学』がある。

ローレンス・コールバーグ
アメリカの心理学者。1927〜1987年。人間の道徳的発達を、前慣習的レベル（幼少期・児童期）、慣習的レベル（思春期・青春期）、後慣習的レベル（一部の人が到達する）のそれぞれに2段階がある6段階に分類した。主著に『道徳性の発達と道徳教育』がある。

ピエール・ブルデュー
フランスの社会学者。1930〜2002年。ある特定の集団に見られる思考・

宮台　手放してくれないので、葭田さんが親をうまく騙して子どもを奪還しなきゃいけない。僕は学生時代に原理研*から学生を奪還するってことをやっていましたけど（笑）。

坂田　それと同じだと。

宮台　同じです。子どもをエゴで囲い込む親も、同様に悪だから、同様に奪還するんです。

葭田　奪還します（笑）。でも……うちの園はこの活動を続けるためには、お母さんたちとの協働で回っていますから。その中で損得や我が子感を超える経験をしてもらえたらいいです。

坂田　それはそうね。そうでないと成立しないもんね。

葭田　いろんな場面でお母さんたちが力を貸してくれています。うちは月に1回、職員会議をガッツリやるんです。子どもの保育の現場の質が低下しないためです。しか

判断・行動の傾向を「ハビトゥス」と呼んだ。主著に『ディスタンクシオン』がある。

原理研究会
統一教会の文鮮明が提唱する統一原理を研究するという名目で統一教会への勧誘を行う学生サークル。原理研の名称や活動目的を隠して学生を勧誘するケースも多く、たびたび社会問題化している。

しそうすると、働いてるお母さんは困るわけです。それでも、ここは働くお母さんのための施設ではありません、と明言しています。「子どもにとってどうなのか、ということを一番に考えているので、ここはぜひ力を貸してほしいんだ」と。そうしたら、働いてないお母さんたちが、「働いてるお母さんの子を見ます」って言ってくれたんですよ。「私たちが見ます」と申し出てくださって。そうやって職員がいろんな情報共有をする時間を保障してくださるのと同時に、保護者同士の共同保育の機会が生まれてきます。

宮台　本当に素晴らしい。でも、大事なのは、子どもが親を選べないことです。葭田さんのＥＣＨＩＣＡに子どもを連れて行き、職員たちや他の親たちと凸と凹の噛み合いで補い合いながら前に進もうとする親がいる時点で、子どもは恵まれています。同じく僕のワークショップに誰が来るのかと言えば、現実に違和感を抱くだけの問題意識がある親たちです。

森のようちえんに来てくれるのも、親に意識があるからです。イエスがパリサイ派*の律法主義に違和感を抱く理由の一つは、律法に従える者は恵まれた層で、子どもを食べさせるために盗むしかない層が置き去りにされているからです。すでに救われている者だけが救われるなんてあり得ない。だから金持ちが天国の門を通るのは駱駝が針の穴を通るより難しいのだと。

パリサイ派
イエスの時代に存在したユダヤ教の一派。モーセの律法を厳守し、その実践を強調し、イエスを批判した。ファリサイ派と表記することもある。

すでに救われている者だけが救われるような契約を神は温存しない。だから契約は改められた。それが旧約（古い契約）に対する新約（新たな契約）です。同じく、自らが救われるために律法を守る利己的利他を神は喜ばない。思わず弱者に手を貸して財産をはたくような利他的利他だけを神は喜ぶ。だから契約は改められた。それもまた旧約に対する新約でした。

かくしてイエスはラビ*（パリサイ派聖職者）から貧しき民衆を言葉によって奪還します。その言葉は、忘れていた大切なこと・大切だからこそ思い出したくなかったことを、誰にも思い出させるものだったと、ヨハネ福音書が記します。つまり言葉自体が奇蹟だったから、福音書の冒頭が「初めに言葉ありき」から始まります。それゆえ他と違って奇蹟物語の記述は最小限です。

イエスがダメな自称聖職者から民衆を奪還したように、僕らもダメな自称親から子どもを奪還しなければなりません。分かる奴にだけ分かってもらうってやり方ももちろんある。それによって継承線をつなぐことは重要です。でも最終的には機を見て輪を拡げないと、救われている者だけが救われるトートロジー*に閉ざされ、皆のためという公共性に到れません。

機とはいつか。平均賃金・最低賃金・一人当たりＧＤＰ（生産性）など全経済指標が垂直降下。社会指標も、大人も子どもも幸福度がＯＥＣＤ最低水準になり、自分に価値があると思う高校生の割合も最低、家族といて幸福だと答える高校生の割合も最低。

ラビ
ユダヤ教の律法学者であり、指導的力を持つ役職。

トートロジー
日本語では同語反復。ある概念を同じ意味を持つ言葉で説明して、結局意味をなさないこと。

コクってイエスでカップル誕生のつまらなさゆえに性的退却も止まらない。ならばいよいよ機が近くはないか。

汎システム化する社会の中で

宮台 なぜ性的退却を重視してきたか。コクってイエスで誕生したつまらないカップルが、相互所有の権利を主張し合うのは醜悪です。一緒にいたら互いに好きが止まらなくなり、一緒に散歩して「同じ世界で一つになる」奇蹟を体験し、気が付いたら……という僕が若い頃には標準で今も国際標準の性愛過程が、最近の日本で失われたことは、生態学的にはそれだけの問題には留まりません。

おおた 今は、契約みたいな関係ですよね。

宮台 システム世界つまり市場と組織はそれでいい。市場は売買契約。組織は参加契約。組織の参加契約は労働市場の売買契約を前提とし、市場が組織を囲繞する。でも資本主義は資本の自己増殖過程。資本主義的市場の外が取り込まれて、誰もが入替可能なソレになる。組織は行政官僚制の手続主義。お店屋さんが会社員になると誰もが入替可能なソレになる。

おおた　さっきも言ったように、私は「浪人」として出版社と手を組んで仕事をしています。ただ実際には「会社」じゃなくて、「汝」としての「編集者」と仕事をしているつもりです。でも、大きな出版社だと仕事の途中で異動とかで見ず知らずの新しい編集者に担当替えされることがあります。しょうがないのは分かっていますが、私としては大ショック。あれは、会社が社員を「ソレ」だと思ってるからできちゃうことなんですよね。

宮台　マルクスとウェーバーが百数十年前に予測した通りの事態が進んだ。だから私的領域を含めてすべてが「契約みたいな関係」に頽落した。それで、互いをソレ扱いするシステム世界（市場と組織）＝バトルフィールドと、互いを汝扱いする生活世界（家族と地域）＝ホームベースという対比が崩れ、すべてがシステム世界になった。僕は「汎システム化」と呼びます。

　この生態学的全体性を視野に収めれば、身体的・感情的に劣化した親が、身体的・感情的に劣化した子を育てるのは、親が悪いと言って済む問題ではない。だからどこに介入ポイントがあるかを吟味します。汎システム化で失われるのはかつてあった体験です。体験を失うと想像力が失われます。ならば親に対しても子に対しても体験デザインが必須です。

以上は論理的問題です。次の問題は、誰が適切な体験デザインをできるかです。冒頭に話した通り、かつて子どもはこう育ったという自然な過程を、自分もそう育ったがゆえに、親が体験記憶してきました。念を押すと、社会の存続可能性を埒外に置く社会学的構築主義を学的愚昧として退けます。以上の理路は情報だから、情報発信して中高大生に自分は被害者だと気付かせます。

葭田　気付かせる。

宮台　気付かせないと、親になったときに、自分の親がそうだったように、必ず加害者になるからですね。これまた論理的問題です。

おおた　奪還の話で言えば、それこそ葭田さんがやったことが恐らく奪還だと思うんです。お子さんが元々通われていた幼稚園が早期英才教育やります、となったときに、「いや、それはまずいでしょ」と思って作ったのがここだったわけじゃないですか。

宮台　確かに。

おおた　社会としては英才教育の流れなんです。つまりロゴスの檻の中で、その中での損得勘定で優位な立場に立つための教育みたいなものが良いものだとされていく流れがあって、そういう方向にどんどん行こうとしているんだけど、葭田さんはそれに抗って、この園を作ったということですよね。

葭田　そうですね。で、共感してくださる方が、園をスッとつないでくださってるんですけど。でもやっぱり定員28人ですから、圧倒的な少数派なんですね。だから不安に……。

坂田　まあね。でも一方で、ＥＣＨＩＣＡは外に開いていて、例えばお祭りをすると、ものすごく人が来るわけでしょ?

葭田　もちろんそう。うちがどんなことやっているのか興味を持たれる方には、おいしいところをチョイスしてほしいという気持ちも沢山あります。
　ただ、心配しているのは、ピアノも習います、バレエも習います、英語もやってます、そして自然もやってます、みたいになるんじゃないかってことで。

坂田　自然もやってます……。それって、自然を教育の道具ぐらいにしか考えていない。

おおた　オプションの一つみたいになっちゃうんですね。

葭田　そうです。親は、「子どもがやりたいと言ったんで」って言うんですけども。

坂田　そうなんだ。ここにいる二十何人かのお母さんたちには、今、共有できる思想とか考えがあると思うんですけど、やっぱり世の中全般はそうなっていません。でも、ここで遊んでいる子どもたちも、そういう社会と向き合わなきゃいけなくなりますよね。そう考えると、自分の子どもがどう育つかということだけでなく、これから自分の子どもたちが出ていく社会についても関心を持ち、責任を負ってくべきだと思うんです。

最近私が衝撃を受けるのは、宮台さんもそうだと思うんだけど、大学生と話すときなんです。ある学生が「感動したくない」って言うんですよ。映画とか本の話になって、「私、映画見ません」「本も読みません」って言うから、なんでか聞いたら、「気持ちが揺れ動くのが嫌なんです」って。だから映画も見ない、本も読まない。感動したくない。どうしていいか分からなくなるから、なるべく気持ちを動かさずにいたいって。

葭田　うちの夫がそうですね。「心肺停止」ですね。

おおた　常に葭田さんにドキドキさせられてるからじゃないですか。たまには休ませて、っていう意味での心肺停止？

葭田　そうですね。私がいろいろ事件を起こすから。だからそれ以外はできるだけ心肺停止でいたいって。でも今お話を聞いて、これでいいのかと不安になりました。

坂田　でも葭田さんの場合は、実際はいろいろな事柄が起きちゃってるっていうことですよね。大学生たちは、宮台さん的な言い方をすると「挫折の先取り」をしていて、何かやってから「はっ！」って固まるんじゃなくて、起きる前に避けている。

葭田　それは耐性が弱くなりますね。

坂田　だから心が揺れ動く恋愛なんか絶対したくないわけですよ。でも、そうは言っても、世の中みんな結婚するから、結婚願望は強いわけ。ある学生は、絶対に間違いのない恋愛をしたい、絶対に最初から自分と合うと分かってる人としか付き合いません、みたいことを言っていました。そんな恋愛はないと思うんですけど。で、自分と合うかどうかってどうやって調べるのかを聞いたら、マッチングアプリだって。もう、うんざりしちゃいますね。

そういう子たちが、今20歳ぐらいです。この園にいる子どもたちがこれから出ていく世界は、そういう大人がいっぱい待ってるんです。さらには彼らが子どもを産んでいく世界が待ってる。

葭田　私はお母さんたちに、子どもが正直な気持ちに反して変節しなくていいことを応援してほしいと思います。小学校に行って、自分の気持ちが十分に反映できなかったりする中で、「問題があるお子さんです」という扱いを受ける時期を迎えることもあるかもしれないけれど、それは、その子が間違ってるわけじゃないんですね。学校を変えることはできなくても、やがて広い世界に出たときには、その子の振る舞いとか言動が王道になるかもしれない。だから、学校という枠組みの中でちょっと突出しているからといって動揺しないで、誰かをおとしめること以外は、その子が気づいたり、深まっていける時間を保障してほしいって、よく話します。

私たちから見るとまっとうであっても、小学校、中学校に行くと、集団だから一律になりなさい、と求められる時期を迎えることがあるんですよ。

おおた　そうですね。すごく狭い枠組みの中でね。

葭田　そう。そうなるとお母さんやお父さんが不安になっちゃうんです。そういう時期を子どもがなりすましていければいいんだけど。だから親には、「わが子」っていうのも手放してほしい。いくらその子が一番になっても、その子が出ていく世界はとても生きにくい世界になってしまいます。

宮台　秩父市の人口統計を調べたら、1975年が8万人でピーク。今が6万人。2045年には4万人でピーク時の半分。今の主要産業は電子部品と自動車部品ですが、中国にやられて10年経たずに終わるでしょう。秩父市の急降下は日本全体の縮図です。自営業者ならぬ会社員に依存する経済は、会社を支える産業が立ちゆかなくなった途端に終了です。

90年代前半に青森市をフィールド調査していましたが、工業団地の誘致で潤っていたのが、91年のバブル崩壊時には工場閉鎖でぺんぺん草も生えない状態になります。巨大ショッピングモールを誘致する予定で自営業者の商店街を一掃した場所は、更地のまま放置されました。それで若年男性の自殺率と若年女性の売春率が急増しました。雇われ人だらけの工業都市の宿命です。

おいしいものへの自律的（自発的）依存は、やがて他律的（余儀なき）依存に変じ、依存先が崩れた途端に終了。おいしいものは毒饅頭。原発や基地など迷惑施設の立地で政府の交付金に依存する地域は、迷惑施設が終わるか交付金の打ち切りで終了。分散型アーキテクチャより集中型アーキテクチャのほうが高効率ながら、条件依存的で脆弱です。エネルギー供給と同じです。

森の植生遷移と同じく生態学的な摂理です。なぜ日本各地が人口減少に苦しむか。なのに東京圏に一極集中するのはなぜか。中央に依存する集中型アーキテクチャだからです。なぜＧ７で日本だけ脱火力が圧倒的に遅れるか。先進国のＥＶの新車割合が２～10割なのになぜ日本は２％か。答えは同じ。地域独占電力会社の利権に反する政策をとれないからです。

なぜアーキテクチャを変えられないか。葭田さんが言う「一律になりなさい」に柔順だから。柔順さはヒラメ（上を伺う）・キョロメ（周囲を伺う）を意味します。正確には、上に抗う前に周囲を伺う「空気の支配」（山本七平*）です。だから、60年代後半にあれほど社会運動が活発だったのに、今は日本にだけ社会運動が起こらない。悪を自民党には帰属できません。

コロナ禍で日本にだけ見られた珍妙な自粛警察*も、周囲を伺う「空気の支配」。先に話した、過剰さの回避から来る性的退却も、周囲を伺う「空気の支配」。この周囲が共同体ではなく、ぼんやりしたＳＮＳ世間なのがポイントです。だから匿名ＳＮＳのＸ（旧ツイッター）利用率はアメリカの倍以上。世間の空気を隠れ蓑にして恥じない

山本七平
評論家。１９２１～１９９１年。日本社会を支配する思考・行動様式を「空気」と表現し、主著『「空気」の研究』を著した。

自粛警察
コロナ禍において、マスクの着用、ソーシャルディスタンスの徹底、会食の自粛など、感染防止策がぬかりなく実施されているかを、誰に頼まれたのでもなく監視し、ＳＮＳなどを通じて世に通報する人たちが現れた。彼らのことを自粛警察と呼んだ。

日本的劣等性が背後にあります。

日本における「空気の支配」

宮台　ここで学的考察。戦間期のマンハイム*いわく、伝統の空洞化によるアノミー*（前提崩壊）が「伝統主義」の噴き上がりを生む。リッター*の埋め合わせ理論の図式です。羊毛業とエンクロージャ*による国土全域の森林破壊が、ギリシャ以来の physis（万物）とは似つかない「自然」概念を生んだ。これも同じ図式です。だから日本人は physis を「自然」と訳してはいけないのでしたね。

埋め合わせ理論の図式では、日本人は共同体が空洞化するほどヒラメ・キョロメ化する。日本と同じ仏教国とされるタイ。都会でも田舎でも同じく、困っている人や弱者っぽい人がいると、例えばバス内でも「俺の席に座りな!」と遠くから大声で呼び掛けて手を差し伸べる。僕が子どもの頃の日本もそうでしたが、今は、わざわざ自分が……他の誰かが……と躊躇しがちです。

似た話。忘れもしない２００５年。本務校の冷房は7月にならないと入らない。ところが6月末に酷暑。２００人の大教室に講義しに行ったら窓が締め切られて灼熱地獄。学生らに窓を開けさせてから問答。「なぜ窓を開けないの?」「他の人が開けない

カール・マンハイム
ハンガリーの社会学者。１８９３〜１９４７年。主著に『イデオロギーとユートピア』がある。

アノミー
社会規範が崩壊して招かれる無秩序状態。

ヨアヒム・リッター
ドイツの哲学者。１９０３〜１９７４年。社会が空洞化すると埋め合わせとして奇妙な観念が跋扈する、とする「埋め合わせ理論」を提唱した。主著に『ヘーゲルとフランス革命』がある。

エンクロージャ
地主による、牧場化のための囲い込み。結果的に、農民から賃金労働者への人口流動を促し、産業革命の素地となった。

のに、わざわざ自分が開けるのはちょっと……」「みんな窓開けようぜって呼び掛けりゃいいじゃん」「……」。

事後に熟考しました。話した通り1996年から過剰を回避して「KYを恐れてキャラを演じる」作法が拡大。悩みをすべて話せる友達がいなくなり、友達=知り合いに頽落した。結果、窓開けの率先すら、過剰だと見做され始めた。これは共同体の同調圧力とは似て非なるもの。周囲が何を感じているのかを探らないまま、行為の外形だけをキョロメする浅ましさです。

結果「空気の支配」が、周囲の内面をスキップし、外形にだけ照準したものになる。すると「空気の支配」を破る契機が失われます。山岸俊男*が計量分析を元にいわく、一般にイジメを見たときに止めに入るか否かは、同調する者が何人いるかという見立てに依存する。アメリカでは1人いれば踏み出すのに、日本では10人いないとダメ。それが「空気の支配」。

さて、イジメ阻止に同調する者が何人いるかの見立てをどこで得るのか。所属集団内の交流を通じて各集団成員の内面を知ることで得る。ところが所属集団が共同体でなくなり、成員が防衛的に過剰の回避に淫すれば、各集団成員は互いに内面が分からないから、最悪事態の最小化（マクシミン）という危機管理戦略が優越し、外形だけで空気を判断し始める。

僕の責任で展開した以上の学知を総合します。「空気の支配」が行動原理となる日

山岸俊男
社会心理学者。1948〜2018年。主著に『社会的ジレンマ』『安心社会から信頼社会へ』がある。

本では、共同体の空洞化やそれによる関係性の希薄化で、ありもしない空気に反応するような「空気の支配」へのキョロメ的過敏化が生じます。応用編ですが、組織の上と下との関係性の希薄化で、上司が考えてもいないことを忖度《そんたく》するヒラメ的過敏化が生じます。その結果が日本の垂直降下です。

最近になるほど酷くなるこうした感情的劣化は、組織内の権力作動を歪めます。1989年の『権力の予期理論』*（勁草書房）で書きました。組織権力は命令服従関係の連鎖。それは服従者側の自由（創発性）をむしろ残します。売れる車を作れという命令で、何が売れる車かを模索する営みが服従になります。ゆえに命令服従連鎖で組織の情報処理能力が大幅に増幅されます。

ところが日本では、社長命令を請けて何が売れる車かを模索する服従者が、「社長は内燃機関の専門家だからEVだと気を悪くするだろう」と忖度して選択肢を切り縮め、組織権力の集合的創発性が損なわれます。上から下への命令服従連鎖とは逆向きに上向する忖度連鎖はただでさえ集合的創発性を阻害しますが、腹を割らない上下関係がそれを加速します。

アメリカのPR会社エデルマンによると、役員への社内の尊敬度はOECD加盟国で日本が最低。上司のケツなら糞が付いていても舐める者が出世すると弁えるからです。「上司は内燃機関の専門家だからEVだと気を悪くするだろう」と忖度する者ほど出世し、他国なら当たり前の選択肢を創発する部下が、ケツ舐め上司によって主流

権力の予期理論
137ページ参照

から外されていきます。

こうして、常識的には、共同体の縛りがなくなると人は自由になると思われがちですが、僕の研究ではまったく違うのです。理論的には、空気に縛られるキョロメや忖度に縛られるヒラメというパラメータがある場合、ありもしないものに反応する過剰な空気読みや忖度によって、人はより不自由になります。それが、日本の会社界隈やアカデミズム界隈の創発性を毀損しています。

昔から理論的に分かっている通りに現実が加速しているだけです。だから日本が産業構造改革できず、生産性を上げられないのも当然です。今後も変わりません。変わらない理由は、法や制度の問題でなく、エートス＝変わりにくい行為態度の問題だからです。要は、葭田さんが言う「一律になりなさい」に柔順に従う子どもを作り出す大人の問題だということです。大人のエートスは、簡単には変えられません。

なぜ恋愛・性愛がつまらなく感じるのか

宮台　数理から出発した僕の理論的特徴は、20歳代の『権力の予期理論』に見るように、マクロな状態をミクロな関係構成原理から説明すること。社会をマクロに思考するにもミクロな関係構成原理から出発せよと説いたのが、ウェーバーと同時代のジンメル*「社会化」論。この社会化は、社会による洗脳ではなく、ミクロな形式がマクロを編み出す原理を指します。

その構えを彫琢したのがルーマン*社会システム論。それを継承したのが宮台予期理論。「空気に縛られる」傾向と「所属集団の椅子取りにだけ腐心する」傾向という、江戸期由来の長期的傾きと、「KYを恐れてキャラを演じる」「自分がどう見えるかにだけ腐心する」という、過去四半世紀の短期的傾きを、いじらないと、ネットを見てありもしない空気に縛られるという日本社会の圧倒的な劣等性は変わりません。

念押しすると、子育て支援が少子化対策にならないのも同じ原理。むろん、過去40年夫婦の子ども数が変わらず、少子化が未婚化の関数なのは実証済み。未婚化が貧困化の関数なのは過去四半世紀の事実だけど、過去の日本にも他の先進国にもない傾向。ならば介入ポイントはどこか？　結婚に実りがあると思えるような家族体験と恋愛体験がないことです。

日本青少年研究所（現・日本児童教育振興財団内）による1976年来のほぼ7年毎の日米中（韓）高校生比較調査が示す通り、家族と共にいる幸いも父親への尊敬も他国よりずっと乏しく、自己価値感も自己効力感も極端に低い。諸機関の調査では高校生男女・大学生男女とも性体験率・交際率・交際経験率が四半世紀前のピーク時に比べ半減しました。

聞き取りでは、「言外・法外・損得外のフュージョン」で「同じ世界で一つになる」

ゲオルク・ジンメル
137ページ参照

ニクラス・ルーマン
136ページ参照

営みが過剰だと体験され、「一緒に居るだけで途方もなくわくわくする奇蹟」を体験して自然に身体距離が縮まる過程を知りません。マッチングアプリを含め「友達からディスられないことを以て許容範囲とする、コクってイエスの属性主義」で、相手は所詮入替可能になります。

先日まで本務校の都立大では、女子10人のうち4人が「寝ても覚めても恋い焦がれることはない」と言い、過半が「中学時代にはあったけど」と言う。この現実の関係性の希薄さゆえに、いい齢《とし》こいた「推し活」や、売り掛けゆえの風俗参入者が続出の「ホス活」や、セラピスト相手に瞬間恋愛する「女風」など、こしらえものの関係性の濃密さに惹かれます。

佐々木チワワ*との動画で繰り返した通り、「現実の関係性」と「こしらえものの関係性」が濃密さを巡って綱引きしている事実や、濃密さを巡る「現実の断念」ゆえに「こしらえものの許容」があるのだという事実を、頭が悪いマスコミを含めて大半が理解しない。未婚化もホス活も、現実の実りなさを直視するようになった点で、皮肉ではあれ確実な進歩です。ならばこれはチャンスです。

つまらない＝力を奪われる相手とは恋愛したくないし、まして結婚したくない。当たり前です。男は、女につまらなさを体験させない営みの困難さゆえに、性欲発露のコスパが悪化して性的に退却。女は、コスパ男がつまらないがゆえに性的に退却。性別非対称性があります。とはいえ最近になる程、「属性主義の女がつまらない」と訴え

佐々木チワワ
ライター。2000年〜。歌舞伎町など夜の街を描く。著書に『「ぴえん」という病　SNS世代の消費と承認』がある。

る男も増えています。

「なぜ恋愛や性愛がつまらないか」という所に介入ポイントがあります。まず、多くが相手のつまらなさを訴えつつ、自分のつまらなさを棚に上げがちなのが介入ポイントです。次に「つまらない＝力を奪われる」の反対が「わくわくする＝力が湧く」ですが、どんなときに力が湧くのか弁えない人に、人類学的祝祭論を通じて弁えて貰うのも介入ポイント。

復習すると、いずれもワークショップ参加者に「言外・法外・損得外のフュージョン体験」と「同じ世界で一つになる体験」を思い出させれば歩留まりが上がる。思い出せない場合の代替メソッドもある。ただしハウツーではない。相手の挙措にアフォードされる身体能力、相手にミメーシスする・相手をミメーシスさせる感情能力を、鍛える必要が基本あります。

然るに、そうした身体能力と感情能力を育てるにも、「言外・法外・損得外のフュージョン体験」「同じ世界で一つになる体験」が必要です。「鶏と卵」の問題に見えますが、互いが強化し合う交互的条件付け（相互の前提供給）があるということ。要は幼少期から「言外・法外・損得外のフュージョン体験」と「同じ世界で一つになる体験」をデザインするのです。

教員も親も近隣も、大人は子どもの成育に関わる潜在的な体験デザイナーです。それを自覚したら、「知識の伝達」から「力の伝達」にシフトしなければいけない。19世紀末のシュタイナー「臨界期」論や、戦間期のデューイ*「経験と教育」論を踏まえた体験デザイナーは、「言外・法外・損得外のフュージョン体験」「同じ世界で一つになる体験」のデザインに向かわなければいけない。

体験デザインと言うと、ハビトゥス（階級的行動様式）の格差を拡げると批判する頓馬が湧く。その種の批判は、受験生に「語れる経験」を高額提供するアメリカの業者には該当するけど、金持ち子弟や豊かな社会の師弟こそが奪われがちな近隣体験を問題化し、短期間で供給できる派手な「語れる体験」とは無関係に、「長期の日常体験」による身体や感情の能力醸成を企図する僕には、該当しません。

*ジョン・デューイ
89ページ参照

お金で買われる「体験」

おおた　体験と言うと、ボランティア体験ですね。

坂田　今はボランティアが一番多いです。

宮台　そんな短期体験パッケージ・ツアーの販売業者が山のようにいて、金持ちが買います。

坂田　「意識高い系」の親がお金で買って、子どもに体験させる。

おおた　アメリカから3泊4日でフィリピンに行って、ボランティアして帰ってきました、みたいな。それを履歴書に書くわけですよね。

宮台　ハーバードやスタンフォードなど一流大の子は親の年収は日本円で平均2千万円。その階級的事実がすでに重大なハビトゥス格差をもたらしている以上、短期体験ツアーがさして何かを加えることはない。恐いのは、森のようちえんやキャンプ実践が、意識が低い「意識高い系」の勝ち組化ツールだと見做され、実践の効果を親が中和してしまうこと。

荒野塾を実践する同志でキャンプディレクターの阪田晃一は、幾つかトリッキーな問答を親に仕掛けて、意識が低い「意識高い系」のクズ親を炙り出し、迷わず排除しています。クズ親の子どもは気の毒ですが、悪貨が良貨を駆逐する波及効果を考えれば不可欠です。目標は関係性。そのために、クズ親自身にも変わって貰う実践だから、そもそも買えるものではありません。

おおた　すごく重要な視点だと思います。先ほど坂田さんがされた、自然が「道具」

になってしまうという指摘ともつながりますけど。

坂田　うん。単なる教材。

おおた　で、それこそ坂田さんの専門である生物多様性からすると、人間って元々万物の流れの中で生きてきたはずですよね。そういう観点から言えば、この森のようちえんとか、ここ（ＥＣＨＩＣＡ）の自然体験というのは、自然と触れ合って知識を増やそうとか、何かサバイバル的なスキルを身に付けるためのものではないですよね。そうではなくて、自然の中に自分も一緒にいて、その流れの中の一部なんだということを理屈抜きに感じることができる。それが生き方の根底にあるような人間をつくっていかなければいけない。

坂田　そうそう。人間が生き物として生きるということが大事ですよね。

宮台　認識論ならぬ存在論です。認識論は、現に視座次第で物事が変わるので、物事を然るべく認識させる主体側の条件を問います。その思考は局所的＝内省的。存在論は、現に僕らが生きながらえているので、生きながらえるのに必要なフィジカルな（認識不関与な）客体側の条件を問います。その思考は全域的＝生態学的。極端気候など文明危機には存在論が必ず浮上します。

坂田　もちろん人間は言葉をしゃべるわけですが、実は言語は、人間だけが持っているものではないことが今は明らかになっています。鳥たちも文章を作っているんですよ。シジュウカラとかヤマガラはすごいんです。面白いですよ。

宮台　鳥類や鯨類の言葉は、オースティン*「言語行為論*」では、コンスタティブ（事実の記述）ならぬパフォーマティブ（事実のもたらし）で、警告や挨拶や嘲笑という行為。これと重なるけど、ヤコブソン「詩論」では、散文言語（＝ロゴス）ならぬ詩的言語（＝歌）。「悲しい」という発声や歌を聴いても悲しくならないけど、悲しい詩や歌を聴けば悲しくなります。

　鳥は「タカが来た、逃げろ」みたいにコールする。コールは直ちにレスポンスを促すもの。「逃げろ」というコールで「逃げる」というレスポンスを現実化します。幼児の言葉もコンスタティブな記述ならぬパフォーマティブな行為。コールでレスポンスを現実化します。だから動物の言葉と幼児の言葉は同じであり、幼児の言葉は大昔の大人の言葉と同じなのです。

坂田　そう。元々は人間もそういうふうに言葉を使っていたわけです。

ジョン・ラングショー・オースティン
156ページ参照

言語行為論
156ページ参照

ちょっと余談になるんですけど、鳥たちは「タカが来た。気を付けろ」とか「タカが来た。ここは要注意」とか、そういう言語を構成していることが分かってきたんですけれども、そうすると面白いのは、他の鳥をだます鳥が出てくる。言葉を覚えると、だますようになる。ヤマガラが餌を食べてるところにシジュウカラがやってくると、「タカだ!」って言って、だまして遠ざけて、自分だけ食べる（笑）。

おおた　そんな賢いんだ。

坂田　そうなんです。そういう面白いことがいろいろ分かってきています。

話を戻しますと、人間は生き物としてあるんだけど、やっぱり他の生き物たちとは違います。そもそも、生き物を生き物と認識すること自体が人間であるというか、人間しかできないということがありますね。だから生き物の世界を理解するときには、世界がものすごく重層的にできていることを、五感で得ることが大事です。世界は、人間が見ている世界だけではないようだ、と。蛇は蛇の世界を生きているし、タマムシにはタマムシの、枯れ木がないと絶対に生まれることができない世界があるわけで、この小さな森にも、生き物たちが多重に重なって存在しているんだ、そういうふうに世界はできているんだということを、身体的に了解することが大事なんですね。

生態学の勉強とか、そういう理屈は、後々付いていけばいいことです。頭で理解する前に、身体的に会得してほしい。本来、アジア的な知のあり方には、身体知という形があると思うんですけど、今はそこがスポッと抜けてしまっていますよね。だから、なぜこうなっているのかと理屈を言わないと、なかなか理解してもらえないんですけど。

葭田　すみません、少し話は戻りますが、先ほど、高収入のおうちが体験をお金で買うという話がありましたよね。

宮台　自然体験をパッケージで買うとか、救貧ボランティア体験をパッケージで買うとか。

葭田　そのパッケージに対しての、私たちの大いなる強みは「連続性」です。ここに3年なり4年なりの間、毎日通って、森の景色が変わったり植生が変わったりしていくのを連続して見ていくのと、パッケージはきっかけであって、それで分かった気になるのとでは、質が全く違います。

それでも、「安全・便利・快適」の誘惑には勝てない。高度経済成長期に黒光りして遊んでいた昭和の子たちは、なぜ簡単に、自然界にあるヒトであること、その関係性を手放してしまったのかということです。武甲山はご神体なんですけど、石灰岩の採掘で高度経済成長期を支えて姿や生態系を変えていきました。古来オオカミは御眷属として祭られてるのに、江戸時代から藩をあげて捕獲し、絶滅に導いた。そういう矛盾は、何が欠如していたのかと思って。私たちの心の中に連続性として、環境観というものがあったと思うんです。それでストップをかけたり行動を変えたりするような人物になぜならなかったか。安全・便利・快適というささやき恐るべし。

「弱者は法より掟」の崩壊

おおた　ちょっと補足すると、子どもたちが言葉に頼らずに一つになって遊んでいる状態を、宮台さんは「黒光りした戦闘状態」と表現されています。それで今、葭田さんがおっしゃったのは、高度成長期の日本を作った人たちは、戦後間もなく生まれて、そういう黒光りした戦闘状態の中で遊んだ経験もあるはずなのに、なぜ彼らはその後、そうした身体性を失う社会へと走っていったのかということですね。

葭田　その頃は貧しかったから、成功とか収入とか、日本を復興させるんだ、みたいな別の目的のほうが強かったんだろうなとは思うんですけどね。

宮台　敗戦直後はシステム世界（市場と行政）がズタズタなので、人間関係からなる生活世界を頼りました。人はシステム世界でソレ it。生活世界で汝 you。ほとんどの生活時間・空間で人は互いに汝でした。汝として眼差す営みがなりきり role taking を生み、人の体験が自分の体験になります。だから原生自然のわくわくも黒光りした戦闘状態のわくわくも伝承されました。

古王国・中王国・新王国と断続したエジプトを超えて２６００年続いたマヤ文明*は、システム世界に当たる分業的複雑化と、それによる原生自然間接化を、意図的に抑止していました。文明は１００以上の小規模都市国家が構成し、気候的に収穫物の長期保存が利かないから過剰な階層分化がなく、農民・商人・職人の間でバンドの楽器持ち替えの如き交替がありました。

各都市国家では月蝕と日蝕を秒で予測するマヤ暦を独占する神官が指させば月蝕や日蝕が始まるので、暴力ベースの権力でなく神秘力を畏怖させる権威で統治されます。だから、神官が説く天界・地上界・冥界の空間観念を前提とした、死と再生を循環する時間観念の共有が揺るがず、人の体験が自分の体験になる構え、原生自然を常に参照する構えが、続きました。

この超長期の文明が滅びた理由が、極く最近、日本人研究者の地層分析で判明しました。都市国家内・都市国家間の共和的秩序ゆえに人口が増えた所に、15年間の極端気候が襲った。神官のマヤ暦ベースの案内に従っても耕作が失敗、神秘ゆえの権威が

マヤ文明
70ページ参照

失われた。全資源が稀少化し、都市国家内・都市国家間の争奪戦が起こった。かくて程なく文明離脱が生じました。

　僕なりのマヤ研究で共同体自治（ミュニシパリズム）に不可欠な知恵を探った結果、「人の体験が自分の体験になる構え」と「原生自然を常に参照する構え」——葭田さんの「貴重な作法」——の前提を保全するには、「統治ユニットの規模抑制」と「分業的複雑化（≒システム世界化）の抑制」の貫徹が必要だと分かった。統治規模抑制・分業的複雑化の抑制がないと「貴重な作法」は終了します。

おおた　戦後の日本でも「統治ユニットの規模抑制」と「分業的複雑化の抑制」が利かなくなったというのが、先ほどの葭田さんの問いへの答えですね。

宮台　その通りです。補足です。そうした作法が定住社会のどこに残るか。日本だと被差別部落と組（ヤクザ）界隈です。元々組自体が、差別されて「法」に守って貰えず（世間が彼らに対し「法」を守らず）、ゆえに「掟」を結んで相互扶助する集団です。だからどの組も在日と被差別部落出身の割合が高い。山口組も神戸港の荷役《にえき》集団がルーツで、同じく差別される人々でした。

「弱者は法より掟」は普遍的摂理です。さてピケティ*いわく「労働利益G＞投資利益R」という史上例外的な戦後25年間。50年代の中流拡大で先進国が「福祉国家化」し

トマ・ピケティ
107ページ参照

て、弱者の生活世界（相互扶助）もシステム世界（市場と行政）に置換、「弱者も掟より法」に反転します。ところが70年代に福祉国家政策が破綻すると、80年代からは新自由主義化が進みます。

政府縮小による市場原理主義化を指し、90年代に製造業からライセンシー（ITとバイオ）への産業構造改革がアメリカ発で各国で進んだ。日本は製造業の既得権益を身軽にすべく非正規雇用化に留まる竹中平蔵*的「なんちゃって新自由主義」。97年から日本だけがGDPも実質所得もベタ凪ぎの「失われた25年」に。背景にある日本的劣等性は話しました。

今日の注目点は、日本版「なんちゃって」を含め、新自由主義化が「政府縮小と市場経済化」に留まらず、生活世界をシステム世界に置換する「汎システム世界化」を意味したこと。デフォルトが「弱者は法より掟」。福祉国家化で「弱者も掟より法」。財政困難による新自由主義化で「弱者は法より掟」に戻らなきゃ……と思ったら弱者の掟界隈がすでに消滅していた。

20年前から予測しました。「社会の穴を経済で埋める段階」（システム世界化）が、経済停滞で「社会を削り経済に盛る段階」（汎システム世界化）になると、やがて削り代の枯渇で「社会の大穴が経済に大穴をあける段階」になるだろうと。そうなった。なぜか。「労働するのも消費するのも人」ゆえに、「社会の劣化による人の劣化で、経済も劣化する」からです。

竹中平蔵
経済学者、政治家、実業家。小泉政権などで経済政策に大きな影響力を持った。

それが生態学的思考。葭田さんの「貴重な作法」とは、「人の体験が自分の体験になる構え＝ピティエ」＆「原生自然を常に参照する構え＝フィジオクラシー」。論理的にピティエが「弱者は法より掟」を含意するので、「生活世界（デフォルト）↓システム世界化↓汎システム世界化↓全体壊滅」の植生遷移は、畢竟《ひっきょう》「弱者は法より掟」の破壊に基づく全体壊滅です。

『かえるくん、東京を救う』と『すずめの戸締まり』

宮台　関連するのがソルニット*の『災害ユートピア』。大地震や巨大ハリケーンによる「システム世界＝法で回る時空」の壊滅で、消えた「生活世界＝絆で回る時空」が復活する場合があり、被災者が「ユートピア＝ない筈の場所」で力が湧いたと語ります。自分個人が弱者というより界隈全体が弱者という我々意識があれば、法ならぬ絆で連帯して、力が湧き得ます。

ただし無条件じゃない。95年阪神淡路大震災でも災害ユートピアが出現。山口組が本部を開放して抗争用の備蓄物資を市民に無償贈与したなど、数多の贈与エピソードが報じられた。２０１１年東日本大震災では、宮台ゼミ生が大挙ボランティアに出向き、寺の檀家衆と創価学会による避難所を除き、避難所で世帯間の支援物資争奪戦が

レベッカ・ソルニット
アメリカのノンフィクション作家。１９６１年〜。主著に『災害ユートピア』がある。

生じていたと報告してくれました。

16年間で「システム世界」が「生活世界」を更に侵食したということです。というと単純に聞こえるけど、そうじゃない。生活世界が侵食されて消えるとはどういうことかを、1995年の阪神淡路大震災を踏まえた1999年の村上春樹著『かえるくん、東京を救う』*と、2011年の東日本大震災を踏まえた2022年の新海誠監督『すずめの戸締まり』*が、描きます。

『すずめ〜』のポイントは二つ。第一に、大地震は災害でありつつ、「社会＝言葉・法・損得」に閉ざされた者を、〈世界〉の訪れを通じて「社会の外＝言外・法外・損得外」へと解放するという観念。だから主人公の鈴芽が、閉じ師たる草太を追いかけて廃墟から廃墟へと遊動します。このセンシティブな事実を阪神淡路の震災直後に上梓した僕の『終わりなき日常を生きろ』*（筑摩書房）も記します。

第二に、「原生自然からの贈与＝フィジオクラシー」の忘却が大地震を大災害化するという観念。道祖神が由来で村内外の境界に置かれた地蔵は、身代わり地蔵として知られる逸話の遥か前から、災厄を忘却する村人に代わり、「境界＝社会の外」に立って災厄を身代わりに引き受けてきた。つまり要石《かなめいし》。祭り巡りに併せて地蔵巡りをして来た僕にはお馴染みだった。

『すずめ〜』が間違いなく典拠とするのが『かえる〜』。『すずめ〜』では大地震の正体がミミズですが、『かえる〜』の設定も同じです。主人公の前に現れたかえるくんが

『かえるくん、東京を救う』 村上春樹が1999年に月刊『新潮』に発表した短編小説。

『すずめの戸締まり』 新海誠監督のアニメ映画。

『終わりなき日常を生きろ』 1995年の宮台の著書。

言う。明晩ミミズと戦うからそばにいてくれ。主人公が自分は喧嘩が弱いとこぼす。かえるくんが言う。見てくれるだけで力を貰える。見てくれないと戦いに負けて東京に住む人が皆死ぬよ。

だが約束日時直前、凶弾に倒れた主人公が昏睡して入院。意識が戻ると目の前にボロボロになったかえるくん。約束不履行を謝るとかえるくんが言う。君は夢の中で僕の戦いを見てくれた。それで充分。だから勝てた。地震は起きなかったろ？　でもぎりぎりだったな。なぜ僕に頼んだかと尋ねる主人公に、かえるくんが答えた。何の取り柄もない平凡な人だからだよ。

かえるくん＝要石＝地蔵。その忘却は原生自然からの贈与の忘却。それで地震が大災害化する。贈与されると重荷を負う。Gift はドイツ語で毒。重荷を意識すれば人は自ずと反対贈与で解毒する。反対贈与は簡単。ちゃんと見るだけでいい。でも忘れるのは駄目。忘れた人は野放図になる。すると、原生自然は大災害の贈与つまり剝奪によって、自ら対称性を回復するだろう。

生活世界を忘れたシステム世界への依存は、先ほどの「人間関係のキャンセルが帰結する、人へのなりきりの忘却」によるホームベース喪失と同時に、それを通じた伝承線途絶――要石や地蔵の忘却――によって、今話した「分業的間接化が帰結する原生自然の忘却」が大災害を発生させる。誰もが野口五郎や桜田淳子*を知った国民的番組の消失でそれが加速されます。

野口五郎や桜田淳子　昭和のアイドル。桜田淳子はのちに統一教会の信者として合同結婚式にて結婚する。

坂田　統一教会の……。

おおた　ホットな話題ですね。

「保守」とは何か

宮台　原生自然からの贈与は、まず生活世界なきシステム世界の分業的複雑性で間接化され、次に生活世界なきメディアの個人化による脳内エコーチェンバーで二重に間接化され、忘却されるということです。反対贈与を欠けば、原生自然は大災害の贈与――人々の自明性にとっては剝奪――で対称性を回復する。避けるには、生活世界をリストアして反対贈与する必要がある。

汎システム世界化→生活世界空洞化→原的贈与の忘却→反対贈与の忘却→原生自然による対称性回復＝大災害。「家族（≠生活世界）の大切さ」「自然（≠原生自然）の大切さ」の説教はイイトコドリで無効。先の2作品は現実の大災害を反省してこの生態学的理路＝フィジオクラシーを示しました。でも巷は誤読ラッシュ。フィジオクラシーの忘却が病膏肓に入るからです。

些細なことにへバり付く目標混乱は、自己にだけ意識が向いてポジション取りする日本的劣等性だと言いましたが、そこに更なる日本的劣等性が加わります。共同体適応規範はあれど共同体存続規範がないという問題。縄文以降、山だらけの中に点在する小さな沖積平野に住んで狩場や農地を巡る縄張り争いを免れ、共同体同士のジェノサイド*がなかったからです。

各地に氏族が点在する環節的段階*から、有力氏族が各氏族を束ねる階層的段階*に移行する際も、氏神を放棄させるジェノサイドはなく、支配的氏族の氏神の横に被支配的氏族の氏神を小さく祀るシンクレティズム（習合）が一般的でした。仏閣の敷地に神社があり、神社の鳥居を潜《くぐ》った奥にシメ縄を巻かれた巨石・巨木（道祖神）があるのも、シンクレティズムです。

殺戮より習合が善いにせよ、引き替えに共同体存続規範が欠落します。逆に、共同体同士のジェノサイドがあれば、共同体存続に命を賭ける規範を持つ共同体しか残らないので、共同体存続規範が実装される。ジェノサイドがないので共同体存続規範がない日本は、世界でも珍しい。だから日本だけ、システム世界化に抗って生活世界を保守しようとする動きが一切なく、ホームベースが完全に消えた。

だから日本は先進国で幸福度が最低です。幸福度は人間関係の関数です。入替可能なソレit扱いされると幸福度が下がる。だから幸福度の低さは共同体の空洞化を指す。ちなみに子ども幸福度はＯＥＣＤで下から２番目。高校生が家族生活で感じる幸せも

ジェノサイド
大量虐殺のこと。

環節的段階・階層的段階
社会学者ニクラス・ルーマンの概念。環節的段階とは環形動物（ミミズなど）のように同型的なユニットが集まったもの。階層的段階ではユニット間の同型性が崩れて、上層から下層までのヒエラルキーが生じる。

日米中韓で最低。これらは安全・便利・快適なシステム世界（市場と行政）に頼って生活世界（共同体）を捨てて来たことを指します。

これを放置する政党が「保守」を名乗るのがまさに日本的劣等性です。復習です。システム世界の充実は豊かさを意味します。それで生活世界を手放せば「富すれば鈍する」を意味します。システム世界化による「富すれば鈍する」段階において、経済的凋落でシステム世界が機能不全に陥れば、「貧すれば鈍する」感情的劣化が加速。貧困ゆえの生活世界の相互扶助はマクロには二度と戻りません。

これが日本人の劣等性。繰り返すと、それは「保守」概念の軽薄さに表れます。元々「保守」とはフランス革命期にバーク*が提起した「社会保守」。産業革命で社会は複雑性を増す。理性には限界があるから複雑性が理性の限界を超える。だから然々《しかじか》の社会になれば人が幸せになると臆断して革命してはダメ。人が幸せを感じる「その社会らしさ」という共通感覚が台無しになるからだ。

ところが、南北戦争以降は南部が主張した「市場の自由」の尊重を保守と呼ぶ「経済保守」概念が、ロシア革命以降は反共を保守と呼ぶ「政治保守」概念が、公民権運動と学園闘争の時代以降は宗教生活を否定するリベラルへの憎悪から生じた宗教原理主義を保守と呼ぶ「宗教保守」概念が生まれた。時代のイデオロギーに依存しない普遍思想は「社会保守」だけです。

20世紀のニューディール*以降、民主政の方向性が、「市場の自由」対「再配分」の

エドマンド・バーク
アイルランド出身の政治思想家、政治家。1729〜1797年。「保守思想の父」と呼ばれる。主著に『フランス革命の省察』がある。

ニューディール
1933年にアメリカのフランクリン・ルーズベルト大統領が世界恐慌を克服するために打ち出した政策。

軸と「参加主義」対「権威主義」の軸を直交させて得られる四象限で記述可能になりますが、両軸とも選挙の投票選択と議会内の投票選択を円滑化させる二項図式に過ぎず、「社会保守」の要諦たる生活世界（共同体）とシステム世界（市場と行政）との最適バランス化が埒外になります。

となると、選挙の投票選択と議会内の投票選択では主題化されない選択前提として、システム世界化（市場化・行政化）にも拘わらず生活世界（共同体）を捨てることに抗う価値的貫徹が、自明な志向として存在するか否かが、社会の帰趨を決めるようになります。然るに日本はそうした価値的貫徹が最も乏しい。それが劣等性の中核です。だから日本では「社会保守」の主題化が必須なのです。

ところが、更にそこに、何事であれ価値的貫徹自体が不得意だという日本的劣等性が加わる。「価値的貫徹」の対立概念が「学習的適応」。三島いわく、一夜にして天皇主義者が民主主義者に豹変する「からっぽな日本」。そこに価値的貫徹はなく、空気への学習的適応だけがある。「僕が一番の天皇主義者」が「僕が一番の民主主義者」に豹変するさもしい一番病だけがある。

それが何につながるかを示したのが丸山眞男*。勝っている間は「一億総火の玉」で一体化するが、負け始めると「俺のせいじゃない、あいつ（ら）のせい」と他責化が始まり、負けると「内心忸怩《じくじ》たる思いはあれど空気に抗えなかった」と下から上まで責任逃れ。すべては「沈みかけた船の座席争い」。沈みかけた船を子々孫々のために作り

丸山眞男
政治学者。1914～1996年。太平洋戦争後の日本の思想に最も影響を与えた人物の一人といわれている。

直そうとする者がいません。
キョロメで周囲の空気を感じて学習的適応を示し、ヒラメで上の意向を忖度して学習的適応を示すから、価値的貫徹ができません。先に話したようにそれが「空白の25年」を生んだのに加え、それが幸福に必要な共同体存続（生活世界護持）を不可能にします。この劣等性が法形成を汚染するので、法形成ではどうにもならず、マクロには問題が永続する。

坂田　「だってみんながそうなんだもん」ってよく言うんですよね。

宮台　そんな中で僕らがまともに生きたかったら、生活世界をリストア（回復）するしかない。ただ難しい。知恵が必要です。日本人は「誰も見てくれなくても見てくれる神様」がいないから弱い。ならば「見てくれる神様がいなくても見てくれる誰か」がいればいい。見てくれるとは汝 youとして眼差されること。互いが互いを汝として眼差し合う場所がホームベース。
ＥＣＨＩＣＡで言えば、ここが子どもたちの体験のベースになったら、それがそのままホームベースとして失われないようにする。卒園して小学校のつまらなさに倦んでも、ここに来たら初心に戻れて感情的に回復できるようにする。そんなことを考えていると葭田先生に伺いました。60年代の集団就職組や出稼ぎ者が「望郷」して時々

「帰省」するのと同じです。

ユダヤ人と中国人はグローバル化に強い。ディアスポラ*やジェノサイドの悲劇の共有を経て形成された血縁主義ゆえホームベースが失われないからです。彼らは世界中どこに赴任・留学・進出しても「単身乗り込む」ことはない。どこにでも血縁ネットワークがあり、見ず知らずの者でも同じネットワーク上にあると分かれば、徹底的にリソースをシェアします。

血縁主義とは血縁ネットワークをホームベースとする生活形式。血縁ネットワークに育まれてリソースをシェアされる。疲れたり失敗したりしたら、そこに帰還して力をリストアし、新たにバトルフィールドにリエントリ（再参入）する。リソースのシェアと、バトルフィールドでの戦闘とホームベースでの回復のサイクルが、圧倒的な強さを支えます。

その営みは国境と国籍を超えます。19世紀アメリカでは、清教徒の教養ゆえに差別された、利子を生業とする金融業を、ユダヤ血縁ネットワークが一手に担い、国外に勢力圏を拡大して巨大投資を要する重工業化を支え、各国でユダヤロビーが力を持つようになります。血縁主義を知らぬ者から見ると陰謀を巡らす利権集団に見え、更に差別されるようになる。

日本では久米三十六姓に象徴される中国の伝統で、沖縄だけが例外的に血縁主義です。就職にしろ結婚にしろ、疲れたり倦んだりしたらいつでも戻ってこいというホー

ディアスポラ
「離散」を意味するギリシャ語。生まれ育った地から追放され離散せざるを得なくなること。

ムベースからのメッセージを受け取り、そのぶん失業率と離婚率が高くなります。沖縄に限らず、失業率と離婚率は必ずしも社会の劣化を意味せず、弱者が助け合うという絆を意味し得るんですね。

葭田　それで言うなら、私たちも弱者として助け合ってこれたかな。

おおた　それはこの園（ＥＣＨＩＣＡ）が運営する花の森こども園のことですね。

葭田　そうです。社会的には完全に無視をされ続けながらも、案外面白がって一緒にやってきた。

坂田　でも普通は、その状態が耐え切れずに、心折れちゃうわけだよね。

葭田　心折れそうなことは何度もありましたが、誰かが挫けそうになっても、復活するまで仲間が倍の力で支えてくれた。

坂田　やっぱり、共有できる仲間がいるのが大きい。

おおた　元々、価値を持ってましたよね。貫徹優位の。

坂田　葭田さん自身がそういう価値観を持っていたし、その価値観を共有できる仲間がいるしね。NGOをやっていて思うのは、みんなすぐに、団体を大きくすることを考えるんです。でも私に言わせれば、価値観を共有することが可能な人数というものはあります。それを超えて大きくしちゃうと、崩れるのも早い。でもなぜかみんな団体を作ると、会員何万人を目指しましょうとか、規模の話にすぐなるわけですよ。最低3人、価値観を強固に共有できる仲間がいれば、一時的に落ち込むことはあったとしても、壊れないと私は考えています。

宮台さんがおっしゃった価値の話で言うと、日本人がなぜ駄目かと言うと、自分が持っている価値以外の、違う価値に触れることをしないからです。人類はそこそこ長い歴史があるわけですから、それこそ本も含めて、さまざまな価値の蓄積がありますよね。本を読むというのは、死んだ人も含めた他者との対話だと私は思っています。だから学ぶべきものは膨大にあるし、永遠にある。学ぶことは価値の対決でもあるわけですが、それから逃げ続けるのが教育だという感じに今はなっている。「さまざまな価値を学ぶなんて難しいことは、あなたが考えなくていいの。他の偉い人たちが考えるから」と、考えること自体を放棄した人が、世の中に合わせて生きていけるまっとうな人、みたいになっている。そんなアホな話ないわけですよ。それはもう同調圧力に弱い人間でしかない。

葭田　ゆでガエルになってしまうような感じね。

秩父から考える

宮台　ゆでガエルになれるのは、ある意味恵まれているんです。ここ秩父には秩父事件*の困民党《こんみんとう》の伝統があります。日本の民権運動は貧窮した秩父や恵那で生じました。民権運動が重要なのは、ゆでガエルになる余裕さえない人々による共同体自治の動きだからです。維新以降一貫して、共同体自治を意味するような民権化が徹底的に弾圧されてきたんです。

そんなルーツがある秩父ですが、石灰岩が取れた秩父は、やがて「秩父セメント」を中核とする集中型アーキテクチャに依存する体制に、自ら好んで、というか、持続可能性を考えずに、なりました。当たり前ですが、やがて石灰岩が取れなくなりました。そして、結局どうなったでしょう。現在これだけ自然があるのに、第一次産業従事者を調べたら2・8％です。

秩父事件
1884年に、悪徳金貸しや政府の悪政を批判し、貧民の救済を訴えておこした日本近代史上最大の農民蜂起。ECHICAが運営する「花の森こども園」のすぐ近くにある椋神社から始まった。

坂田　そんなに少ないんですか。

宮台　そう。自動車部品産業と電機部品産業の従事者が7割台です。でも皆さん、大丈夫。日本はマクロには垂直降下するので、集中型アーキテクチャに依存する体制はどのみち続かず、分散型アーキテクチャを基軸にした自立的経済圏と自治的共同体の結合に戻らざるを得なくなる。大規模な産業構造改革に成功した中国や台湾や韓国に互して自動車部品産業と電機部品産業を維持できる可能性は、そもそもありません。

そして共同体自治と言えば、まさに秩父の十八番《おはこ》です。だから秩父の困民党的な共同体自治の伝統を、ＥＣＨＩＣＡを出発点として復興できるチャンスが来ると僕は思っています。特に日本は血縁主義から最も遠い「去る者日々に疎し」の文化なので、その分、土地を愛する営みと仲間を愛する営み――地縁主義の文化――が、大事にならざるを得ないんです。

だからこそ、秩父がどういう場所だったのかを振り返るのはたいへん意味のあることだと思っています。日本には殆どここにしかない、自治の伝統のある土地に、このＥＣＨＩＣＡがあるというのは、歴史的な偶然としてはすごいことなんです。だったら、その偶然を使い尽くす構えを、秩父の人たちが共有する営みがなければいけません。龍勢の祝祭を見る限り、その可能性はしっかりあると思います。

葭田　秩父事件は、高校の教科書では、「自由民権運動の激化した形だ」という一文だけ。もったいないです。私が高校の日本史で秩父事件を知った頃は、襲撃されたほうの家の子孫も同級生にいたし、一方で、田代栄助という首魁《しゅかい》の親族もいる時代だったので、「とにかく100年は家族が戦いに出たことは黙っていろ」というような感じでした。教育も変わりましたね。権力に逆らうからこんな目に遭ったんだっていう。

坂田　誇りじゃなくて、恥になってしまったということですね。

葭田　はい。私たちは20年ぐらい前の映画『草の乱』*の後に、遅ればせながら少しずつ秩父事件を調べ始めたんです。そしたら決して恥ずべきことではなく、私は随分力をもらいました。

　そうこうするうちに、小学生とその保護者向けに秩父事件のワークショップを頼まれたので、どうしたら分かりやすく事件を伝えられるか考えていたとき、長男に「あなたがこの時代に生きてたらどうする?」って聞いてみたんです。「俺、農民にならないし」と答えたら張り倒そうかなと思っていたら、「僕がその時代に生きてたら、裁判所の判事になって無罪にする」って言ったんです。「それだ!」と思いました。

宮台　素晴らしい。

『草の乱』　秩父事件を描いた2004年の映画。監督は神山征二郎。主演は緒形直人。

葭田　長男の言葉をヒントに、ワークショップではくじ引きをしてもらって、参加者に、事件に関わる役を割り当てることにしました。そうすると、高利貸しになったり、農民になったり、裁判所の判事になったり、警察官になったりするわけです。国家に殉じなければいけないとか、役によって使命はいろいろあるわけだけど、それぞれの視点で、この事件を味わってもらいました。

面白かったのは、子どもたちのワークショップでは、どこか歩み寄るところを探そうとするんですよ。例えば農民が破産するような事態になっている。農民は首をくくるか、娘を売るしかないと。その人も好きで農民になるわけじゃないんだけど、選べないわけですよね。志があれば何にでもなれた時代ではないですから。そのときに、高利貸しがなんとかしたほうがいいというアイディアが、子どもたちのワークショップからは出てくるんです。

こういうのを見ていて、人は何になるかではないと思いました。今は偏差値を輪切りにして、優秀だったら「お医者さんになったら?」とか「弁護士になったら?」と親はすぐ言うけれど、どんな弁護士になるのか、どんな医者になるのかということに、価値があるんだなと。

おおた　今の話を聞いていて、生き生きとした共同体を運営できるメンバーを育てなければいけないという、宮台さんがよくおっしゃるテーマにつながると思いました。つまりこれ、子どもにやらせればできるということですよね。子どもはそういう能力を持ってるじゃん、と。どうやったら全体が一番良くなるかという感覚を、理屈じゃなく、子どもは元々持っている。持っているのに、そこに損得勘定みたいなものばかり刷り込んでいくと、本来持っていた能力が欠けていって、結局、沈んでいく船での座席争いをするような大人になってしまうという。

共同体の基本は有機的連帯

宮台　そう。かつて本務校で就職支援委員会委員長をしていたとき、学生の大半が適職幻想に洗脳されているのに驚きました。葭田さんがおっしゃるように正解はただ一つ。どんな仕事に就いたにせよ自分流に価値的貫徹を行うことです。適職に就けなかったら腑抜けになって生きていくのか。適職幻想に取り憑かれている人々は、経済垂直降下が避けられないこの乱世の下では、オツムがいかれているというしかない。

レギュラシオン（調整学派経済学）に近い社会学者ジェソップ*いわく、戦後復興特需を起点とした高度成長期、ピケティの「奇蹟の25年」は、労働者が賃金上昇を目指せたフォード*主義＝大量生産&大量消費をもたらした。ところが、耐久消費財の新規需

ボブ・ジェソップ
イギリスの社会学者、経済学者。1946年〜。著書に『資本主義国家』などがある。

フォード
アメリカの自動車会社。

要一巡、第四次中東戦争*以降の資源不況（石油ショック）と、ニクソンショック*以降の為替不況が、ほぼ同時に襲った。

福祉国家政策は挫折、80年代から新自由主義へ。単なる市場原理主義じゃない。大規模設備投資の困難ゆえに、機能的に使えても、流行遅れだとして意匠替えで買換えさせるのが、ポストフォード主義＝多品種少量生産＆記号的消費。賃上げ困難ゆえに労働運動も、賃金から雇用環境に焦点をシフト。「仕事での自己実現」と「消費での自己実現」が唱導されはじめた。

生産から販売まで記号的アイディアが勝負になった会社は、「仕事での自己実現」を餌に「創造的人材」を釣り、教育も、勤勉さより「創造的人材」に焦点をシフト。さて「創造的人材」になる競争に負けたらどうするか。大丈夫。「仕事での自己実現」と機能的に等価な「消費での自己実現」がある（笑）。かくて「自分らしいライフスタイル」という奴隷化が進展します。

「仕事での自己実現」も「消費での自己実現」も「これをしなきゃ自己実現できない」という思い込みですが、システム世界（市場＆組織）には好都合。各人は「主体＝自分の主人」であるつもりで見事に「奴隷＝システムの操り人形」となる。誰もが潰しが利くように外国語も算数も理科も社会も芸術も高得点を目指す能力主義へ。まさにアルトー*の「俺は俺の主人なのか」状態。

70年代半ばからの日本的学校化で、自営業者が子弟に継がせずに「いい学校・いい

第四次中東戦争
1973年10月に起きたイスラエルとアラブ諸国の戦争。第一次オイルショックをもたらした。

ニクソンショック
1971年にアメリカのリチャード・ニクソン大統領が示した政策。国際秩序の方向転換として世界中に大きな衝撃を与えた。

アントナン・アルトー
フランスの詩人、演出家。1896～1948年。

会社・いい人生」と昭和スゴロクの学歴競争へと尻叩きしたと話しました。改めて時期に注意。これまた自己実現という虚構に駆動された異常です。外国語ができても算数ができなきゃ算数ができる友達を頼る。算数ができても喧嘩ができなきゃ喧嘩ができる友達を頼る。それが長らく常識だったじゃないですか。

僕はそんな小学時代を送った。人類史的にはそんな「凸と凹の嚙み合い」こそが、長らく遊動や定住の生活形式だったではないですか。つまり生活世界の空洞化を背景にシステム世界（市場と組織）による操り人形化が進んだのは最近なんです。ウェーバーのほぼ同時代人デュルケム*は「凸と凹の嚙み合い」を有機的連帯と呼び、サンデルが共同体の基本形だとしました。

この基本形があれば「蜂起する農民になれない自分は農民を無罪にする検事になる」と熱く語る子どもが出てくる。それが有機的連帯。頓馬の理解と違って、単なる分業じゃない。デュルケムやサンデルの本旨は各人が損得を離れて皆のために凸と凹が嚙み合えること。正確には「個人の」損得勘定だけに劣化するのが問題で、「共同体の」損得を真剣に勘定して分業参画するんです。

おおた　宮台さんのいたずらもそうでしたよね。

宮台　ありがとうございます。皆を貶める金持ち野郎を成敗しにいこうじゃないかと。

＊**エミール・デュルケム**
87ページ参照

警察沙汰になるのはやり過ぎだったけど（笑）。

坂田　個人の損得じゃないね。それだけでは自分をつき動かす大きなモチベーションにはなり得ない。

宮台　蜂起です（笑）。逆に、個人の損得だけのために生きる奴はただちに殺されてきたことが最近の人類学の研究で分かっています。言いたいのは「殺せ」という話じゃなく、それが進化生物学のメカニズムで、利他性をゲノムに刻んだ個体を残したという話。実際今の子どもたちがみんなの利益になることを考えて連帯できるということは、ちょっと考えられなくなりました。

「森のようちえん」卒園後の子どもはどうなる？

おおた　社会とは何か、民主主義や共同体とは何か、という話になってきました。そういう共同体のメンバーを育てる上で、ある種の「やんちゃの勧め」みたいな話が、前半にあったかと思うので、ちょっと話を戻したいと思います。

片付けてから森に花を見に行くか、見に行ってから片付けるか、という問題がありましたね。これは多分、お母さんたちがすごく関心のある問題だと思います。先に片付ける。やるべきことをやってから遊ぶ。これは社会的に正しい振る舞いなので、お母さんたちは子どもに教えたいと思うだろうと思います。一方で、今すぐ花を見たいという子どもの気持ちも大切にしたい。これも一つの正しいあり方だろうと。つまり社会の中でうまくやっていくために、ある程度の適応は必要。だけど一方で、自分がこれをやりたいという気持ちも大事にしよう。この二つをどうやって両立させていくのかという問題があります。

この解決策となる一つのキーワードが「なりすまし」だろうと思います。この場面では社会にうまく適応していこう。だけど自分自身を失わないぞ、自分の気持ちは捨てないぞ、というあり方です。自分の本心を確実に持ちながら、でも表面的には、ちょっとうまくやっておこうかな、というふうに日常を泳いでいくことを「なりすまし」と言っています。

先ほどもお話に出てきましたが、「なりすまし」て生きていく能力を身に付けるためには、この森のようちえんみたいな場がものすごく重要になる。だからこういう活動を、日本のいろんなところに広めていかなければいけないと宮台さんも問題意識を持ってくれて、今日の会にも協力をしてくれているわけであります。

そこですごくシンプルな質問です。森のようちえんをすごくいいと思うんだけども、卒園して小学生になった後、「社会」でうまくやっていけるのかを心配するお母さんたちは沢山いらっしゃいます。この不安に対してどう答えるか。それぞれ答えをお聞きしたいなと思うんですが。

宮台　渡米してキリンビールの医薬事業部門を立ち上げて取締役に上り詰めた父は、論争で人を追い詰めまくる中高時代の僕を「それじゃ社会を生きられない」と諫め、僕は「たかが会社員のあなたに社会のどこが見えてるんだ。あなたが言う社会には行かない」と答えた。今だったら「あなたが言う社会は続かない」と言ったと思う。これでよくないですか。

坂田　そういう問いが生まれるのは、社会は変わらないという諦念があるからですよね。でも実際、歴史を見れば分かるように、社会ってどんどん変わっていくわけですよ。駄目な方向にも変わるし、今の時代から見て、いいねと思う方向にも変わる。だけど、今を生きている人たちはなぜか、「社会はそうはいっても変わらない」って思っている。

おおた　社会はこういうもんだ、みたいな、固定されたものがあるんでしょうね。

坂田　そうそう。「小学校でじっと座って授業受けられないのは、だいたい森のようちえんとか、シュタイナー学園の子よね」って私もよく言われるんです。要するに社会に適応できない子だって。そういうところに行かせる親は、何を考えてんのって。

この前も滋賀県で森のようちえんの話になったときに、そういう意見がすごく出ました。「結局そういう子たちは学校に適応できなくて、みんな不登校になるのよね」という意見が多数でした。それが今の社会ですごくメジャーな価値観だという面はあります。結局人間というのはある程度縛りをかけないと駄目とか、コントロールしなくてはいけないというような価値観。社会はずっと変わらないと思っている。でも、実は変わらないのは社会ではなく自分。変わることが怖くて不安だから、変えたくない。

でもまさにこういう幼稚園が、かつてなかった幼稚園が生まれているのは、今の価値観を良しとしない新しい社会の萌芽《ほうが》が生まれている証拠であるはずなんです。しかもここだけじゃなくて、全国を見ても、すごく増えているわけですよね。今の社会をおかしいと思う人たちが、変えていこうとしている。「社会を変えるぞ!」と強く意識してやっているわけじゃないかもしれないけど、何かしら違和感を抱いて、今とは違うものを作りたいよね、ということで動きだしている。

ただ、それに対して、古い価値観の側はすごく攻撃してくるわけです。それは嫉妬もあると思うんですね。自分たちが信じているものと違う価値観を突きつけられると、人は否定したくなるわけじゃないですか。「信じて従っている自分たちがバカみたいじゃん」「好き勝手したほうがいいっていうの?」と考えてしまう。さっきの子どもの片づけの話と同じです。「片付けもせずに、見たいからって森に好き勝手に行く子を許すの？　大人の言うことを聞いて掃除する私たちが損するの？　我慢している私たちがあの子たちの分も片付けなきゃいけないの？」となる。

同じような不満の気持ちを、普通の幼稚園に子どもを行かせているお母さんたちも持つわけです。自分たちの不満を解消するために一番いいのは、相手を攻撃してなくすこと。常に、そういうものなんですよ。新しいものと古いものは対立するものなんです。その対立を楽しんでしまえるしたたかさを持っていたいと思っています。

宮台　人は貫徹したい価値があると内から力が湧き、社会に合わせる他ないと諦める適応の構えで力が奪われる。だから学習的適応より価値的貫徹が大切。周囲に合わせないとチーム仕事ができなけりゃ、価値的貫徹の戦略として「なりすます」。そもそも「社会」に合わせろって何？　適応厨の「同じ穴の狢」しか知らない親や教員に、社会が見えてるってか？

先の話の続きですが、父に言った。あなたは戦後の大卒組で最初に成功したリーマン。新たな挑戦だらけで「わくわくした」だろう。そのあなたが自分と同じ人生を歩めと言う。28組（少人口の1928年生まれ）のあなたと違って倍のコストがかかるのに二番煎じの人生を勧めるのか。あなたは「つまらない」存在に成り下がった。それを聞いて父は泣きました。

それから父は変わり、数日後に言った。医薬事業の立ち上げは大変だった。餅は餅屋なのに何をとち狂ってるんだとか、社員数人のベンチャー「アムジェン」とジョイントするなど恥知らずという上司もいた。それがエリスロポエチンの成功で医薬業界で注目されて収益をあげると、掌返しでゴマを擦り、自分が応援したからだと手柄を横取りする輩だらけ。

自分が間違っていないと思うなら、上や横を見て諦めちゃダメだ。自分はそう信じて生きてきた。それなのに「自分みたいになれ」を履き違えた。済まなかった。「大企業の役員になれ」じゃなく「自分の価値を貫徹して挑戦しろ」と言うべきだった。研究者になったら、立身出世を考えて上や横を見るんじゃなく、大切だと思う挑戦を続けろ。応援するぞ、と。

94年秋、知られていなかった「ブルセラ女子高生*」の生態を朝日新聞に書き、取材した子らを殺到するマスコミに紹介し、彼女らが連日テレビに出たことで「援助交際*ブーム」になったとき、学会の不興を買って先輩から絶縁状を貰ったりする中、師匠の小室直樹*と父、そして文系の学者なんぞに世の中は動かせないと言っていた母だけが「よくやった」と言った。

母は、父親（僕の祖父）が昭和天皇に動物学を御進講申し上げる動物学者だったり、弟兄（伯父）が極東米軍のレーダーサイト全体を設計したＧＥ極東支配人だったり、弟（叔父）が新型コロナ患者を救ったエクモ*の開発リーダーだったりしたのもあり、父と

ブルセラ女子高生
ブルセラとは、ブルマーとセーラー服のこと。ブルマーとは、かつて女子児童・生徒が体育の時間に着用していた運動着。女子高校生の象徴的な存在である使用済みのブルマーとセーラー服を、性的な意味合いを含む商品として買い取り、販売する業者が現れた。

援助交際
金銭的な援助を得る代わりに性行為に応じること。

小室直樹
社会学者。1932～2010年。宮台の師。主著に『ソビエト帝国の崩壊』がある。

エクモ
人工心肺を用いて、体外で血液のガス交換を行う装置。

もども理系の天才だけが社会を変えると信じ、文系学者を「算数ができない口だけの輩」と軽蔑していました。

エリートの役員か官僚か判事になれと言う父と、世直しできない凡庸なエリートは男じゃないと言う母——魔都上海で生まれ育って敗戦を確信していた母——が、中高紛争などを巡り激しく対立したのも、思春期以降「つまらない奴／おもしろい奴」という二項図式を刻んだ。僕と父の対立は、母と父の対立の再現だけど、価値的貫徹が重大だと学ばせて貰いました。

「変な社会学者」は突然変異で生まれたんじゃない。体制側の父と、反体制側の母の対立。文系学者を蔑視する父母と、突如文転した僕との対立。麻布中高の、口だけのヘタレ学生と、無口でも筋を通す学生との対立。警官隊導入に前のめりな教員と、学園闘争*を一貫して支持する教員との対立。だから僕は頓馬な大人たちの「世間の常識」に汚染されなかった。

改めて言う。過去25年の停滞ならぬ垂直降下は、「ヒラメ・キョロメの日本的劣等性」と「共同体の空洞化による価値一元化」の重なり合いで生じた、「60年代団地化」↓「80年代新住民化」↓「テン年代SNS化」という世代的に昂進した感情的劣化の、当然の帰結。それを最短の言葉で言う。「おもしろい奴」が減り、「つまらない奴」が増えたから、こうなった。

つまらない＝力が奪われる。おもしろい＝力が湧く。こんなに「つまらない奴」だ

学園闘争
ここでは、宮台とおおたの母校・私立麻布中学校・高等学校で1968〜1971年に起きた学園紛争のことを意味する。校内に機動隊が突入し生徒と衝突したのち、約40日間におよぶロックアウト（学校封鎖）が行われた。義務教育段階にあたる中学生も学校に通うことができなかった。学校を半ば私物化していた校長代理への反発が原因。生徒の側に立つ教員と校長代理の側に立つ教員とで職員室も二分した。全校集会にて生徒たちが校長代理をつるしあげ、辞任に追い込むことで事態は収束していったが学園に残した傷跡は深かった。

らけになれば、過去25年ひたすら激化する性的退却も当然。友人の希薄化も当然。親子の希薄化も当然。家族がつまらなくて当然。家族を作りたくなくて当然。でも「当然」だと学習的適応に留まれば「つまらない奴」の拡大再生産。生きる力が湧かない「つまらない社会」のまま。

ならば、まず、「つまらない／おもしろい」「つまらない／わくわくする」という二項図式を大人も子どもも実装する。次に、人や社会が「つまらない」と嘆くだけでなく、自分が「おもしろい奴」「わくわくする奴」になる。更に、今さらそうなれない大人（親や教員）は子どもが「おもしろい奴」「わくわくする奴」に成長できるようにする。だから森のようちえんです。

森のようちえんは子どもに「つまらない／わくわくする」という二項図式を実装させる。具体的には「言外・法外・損得外でシンクロ」して「同じ世界で一つになる」能力だ。だから森のようちえん出身者に不登校が多くて当然。小学校が「つまらない」からだ。不登校が多くなるからダメ？「つまらない」小学校に適応して「つまらない」と感じなくなるほうがダメ。

坂田さん、「森のようちえんを出ると不登校になるのよね」と言う親のツラを見てください。殆ど「つまんねえ大人」。身体能力・感情能力を欠く「こういう大人になってはいけない」見本市。分かりにくければ、恋愛ワークショップで「うまく恋愛するにはどうしたらいいですか」と尋ねる大人。うまく？　はあ？　まず同じ世界に入って、寝ても覚めても焦がれ合うんだよ。

　そんな子どもに戻った「言外・法外・損得外」のイチャイチャ次元の後、次に自分たちの関係は何だろうという「言葉・法・損得」の関係性次元（社会的次元の事実面）が被さって「どうしたらいいだろう」と選択に立たされ、更にそれが周りに認めて貰えるだろうかという社会的承認次元（社会的次元の規範面）が被さって「どうしたらいいだろう」と選択に立たされる。

　ワークショップ経験では、どうしたらうまく……と尋ねる大人は、子どもに戻ってイチャイチャ次元で戯れることができない。身体的アフォーダンス・感情的ミメーシスの「育ちが悪い」からです。イチャイチャ次元がクリアできたら、関係性次元と社会的承認次元の兼ね合い次第では「なりすまし」が必要になります。それが「世を忍ぶ恋」。文学の定番です。

坂田　「うまく」恋愛するにはって聞いてどうする……。

宮台　元々婚外情熱愛として始まった、「あなたは世界のすべて」（唯一性規範）と「あなたのために法も破る」（贈与規範）を軸とする恋愛は、身を滅ぼすものです。16世紀末のシェイクスピア『ロミオとジュリエット』も18世紀前半の近松門左衛門『曾根崎心中』、近松半二『新版歌祭文《しんぱんうたざいもん》野崎村《のざきむら》の段』も家や村の規範に反する「反社」の恋だから、成就は「心中」です。
「うまく」恋愛する？　そんなの恋愛じゃない。神への委ねに由来する恋愛規範と、家や村の存続に紐付いた社会規範は、元々制御不可能性と制御可能性という対立を示す。古来「性愛の時空」と「社会の時空」は互いに外在。「性愛の時空」は「社会の外」にある。そのバリエーションが恋愛だったはずです。子どもワークショップで語ったら子どもが大感激してくれました（『こども性教育』）。

お母さんも変わるチャンスがある

坂田　だから私たちの世代で社会の価値観が変わっていけばいいんだけど、それは自分たちの世代で終わらない問題でもあって。次の世代の今の子どもたちが社会を担えるような人になってくためには、やっぱり人との共感能力とかそういうものがないと、一つひとつ撃破されてしまう。

葭田　多分、お母さんになった段階で、また発達するんですよ。幼稚園を選ぶときには、それまでは自分のことしか考えてなかったお母さんが、子どものためにどうするかを考えるわけで。私、「お母さんが成りました」っていう詩を書いたことがあるんです。幼稚園児のお母さんだったときに書いて、ママたちにも配ったことがあるんです。それまではやっぱり、自分しかなかったわけですね。自分が一番だった。それがもう、子どもが生まれると、ちょっと子が動いただけでも目が覚めて、コロンと寝返り打っただけでも心配して。あれ、この子ちゃんと生きてるよなって。大丈夫なのかなって。そういう過程一つひとつを積み重ねて、お母さんになっていくと思うんですね。

うちは、サービスを受けにくるだけの園ではないんです。完璧にできた所に、自分は客としてやってくる、という園ではないので、みんなと一緒にやらなかったら、この園は成り立っていかない。だから「めんどくさいこともいっぱいあると思うんだけど、お母さんたちも一緒にやりませんか」って言うんですね。「園にお任せでいいんですか」って。

身を預けていただければ、お母さんも変わるチャンスがあると思います。絶対変わる。変わったと思っていないお母さんも多いかもしれないけれど、お母さんたちや子どもたちに、私はすごく成長させてもらっています。そういうふうにみんなで毎日毎日暮らしていくことで、感化され合っているんですよ。

おおた　さっきの若衆宿的な共同体に似ていますね。お母さんたちも、先輩たちから少しずつ学んでいくという意味で。

葭田　それはあると思います。

坂田　最近のお母さんたちは、年齢がさまざまだったりするしね。

葭田　そうそう。だから自分が変わることを期待できる人が来てくれるといいなと。

宮台　苦難は希望。聖書が導きになります。詩篇119篇71節「苦しみに遭ったことは私にとって幸せでした。私はそれであなたの掟を学びました」。マタイ11章28節〜30節「疲れた人、重荷を負う人は、私のもとに来なさい。…私のくびきを負い、私から学びなさい。そうすれば魂に安らぎが訪れます。私のくびきは負いやすく、私の荷は軽いから」。

詩篇いわく、「苦しみ抜いた者にだけ分かることがある」。どうでもいいこととどうでもよくないことを、苦しみ抜いた者が見分ける。どうでもよくないことが掟です。これを踏まえてイエスいわく「私が負うものは軽い」。人が負い切れないものを負って来たが「思えば」軽いと。ハッとする。苦しんで来たが、「思えば」苦しむ程のことか。そして安らぎが訪れる。

そこにあるのは多視座化による相転移*です。苦しみ抜いた者は、他者の耐え難い苦しみが見えるようになり、自らの荷の軽さに覚醒します。自分への閉ざされが他者へ

相転移
水が氷になったり水蒸気になったりするように相(phase)が変わること。

と開かれ、相転移する。相対的比較ならぬ絶対的確信。一昨年（２０２２年）に襲撃され、構内の位置が分からず救急車が50分遅れたとき、頸動脈近くの出血で意識が薄れながらウクライナの戦場を思いました。

子育てを苦難として負うと、さまざまな苦難を負った先輩方が視界に入り、多視座化で相転移が起こる。荷は軽くなって安らぎが訪れ、それゆえ学びが生まれる。それがニーバー牧師*の言葉、「神よ、変えられないものを受け容れる心の静けさと、変えられるものを変える勇気と、変えられないものと変えられるものを見極める知恵を、与えたまえ」です。

宣教するつもりはないです。イエスが人として実在した事実をローマ行政文書とユダヤのタルムード*が記録。見知らぬ男イエスが眼前に現れて語るだけで人々が覚醒して力を得た事実を数多の福音書が伝えます。人には語れないことを語り、人には与え得ない力を与えたので、人々は奇蹟を感じたのです。皆さんは神を信じずともイエスの語りに驚きます。

イエスは神がこう語ったからこうしなさいとは一切言わなかった。皆が私から得た力は私の力ではなく、神の力が私を通して現れただけ、その意味で私は神の子だと言い続けた。だからキリスト教を研究したユング*は晩年、トーラー*を丸暗記したイエスを、しかし神の言葉に這いつくばるパリサイ派とは逆に、〈世界〉に満ちた力をその身に顕す者だと見ます。

ラインホールド・ニーバー牧師
アメリカの神学者。１８９２〜１９７１年。「ニーバーの祈り」が有名。「神よ、変えることのできるものについて、それを変えるだけの勇気をわれらに与えたまえ。変えることのできないものについては、それを受けいれるだけの冷静さを与えたまえ。そして、変えることのできるものと、変えることのできないものとを、識別する知恵を与えたまえ」（聖学院理事長・大木英夫の訳）。

タルムード
ユダヤ教の聖典。モーセの律法および律法学者によって解釈されてきた口伝律法の集大成。

カール・グスタフ・ユング
スイスの心理学者。１８７５〜１９６１年。分析心理学（ユング心理学）を確ユングいわく、神も悪魔も人も「神として・悪魔として・人として」人が体験したり思ったりしたものに過ぎない――神も悪魔も人も社会システムの内部表現――とする構えが元々のグノーシズム*（原グノーシズム）で、イエスは原グノーシストだったとユングは推測しました。ただし主なる神の更に上にアイオーン*など超越表象を持ち出すグノーシズムとは別物です。

伝えたいのは、イエスも釈尊*も、同じく人として実在し、人には語り得ないことを語って人々に奇蹟を体験させ、それゆえ人々が語り継いだという事実。主なる神や三位一体（三一）のイエスや仏陀や如来などの神格を信じなくてもいい。人だったイエスや釈尊の語り――特に苦難や苦についての語り――に、彼らの傍らにいた人々と同じく驚いてほしいと思います。

12世紀ルネサンスがエロス（人の愛）をアガペー（神の愛）に擬え、超越の享楽ゆえに小説を通して19世紀に全世界化した「恋愛」は、従ってエリ・エリ・レマ・サバクタニ（神は私を見捨てるのか）と苦悶したイエスに似て人を大きな苦難に陥れ、それゆえ人は何より恋愛から苦難という福音＝希望を得るんです。だから恋愛力に満ちた親の子育て力は信頼できます。

『ロミオとジュリエット』『曾根崎心中』『新版歌祭文野崎村の段』など古典文学が描く、社会の時空から遠く離れて初めて成就された性愛の時空は、単なる苦難や悲劇か。苦難や悲劇だからこそ、このクソつまんねえ社会での数少ない福音ではないか。自ら

立。

トーラー
ユダヤ教聖書における最初のモーセ五書のこと。

グノーシズム
1世紀後半に起きたキリスト教史最大の異端。

アイオーン
グノーシズムにおける霊的存在。もともとは時間や永劫を意味するギリシャ語。

釈尊
お釈迦様、ブッダのこと。仏教の開祖。サンスクリット語では、ガウタマ・シッダールタ。パーリ語では、ゴータマ・シッダッタ。

の枠を揺るがされたときに、成長する代わりに妬み嫉むような親に、間違ってもならないための条件をお話ししました。

坂田　すべて心中ものですね。

宮台　そう。社会に合わせるのではなく、たとえ死しても愛を貫徹するかどうか。恋愛に限らず、困難によって試されて初めて相手が信頼に値するかどうかが分かります。僕が学園闘争のカオスを体験して心から良かったと思うのは、坂田さんがよくおっしゃることですが、偉そうなこと言っててもいざとなったら逃げる奴がいる事実を学べたことです。

坂田　そうなんですよね。やたら決意を表明する人は信用できません。

宮台　安全・便利・快適な受験環境よりずっと大切でした。困難に試されることで相手が見極められ、相手に自分を見極めさせられる。だから僕は人間関係に於いて困難を待ちます。困難に試されて今までにない信頼を互いに得たとき、人は強い絆で結ばれます。その意味でもまた、困難は福音です。まぁ、そう思わないとやってらんないってのもありますが（笑）。

坂田　やってらんないです（笑）。

「森のようちえん」は都会でも可能か？

おおた　そろそろお時間なので、突然ですけども、質疑応答にいきましょうか。せっかくの機会ですから。

坂田　こういうときに、なんで日本人って手を挙げないんですか。大人になると。

葭田　そんなことないよ、挙げますよ。

宮台　アメリカやドイツだと、質問をどうぞと言うと、まず全員が手を挙げるんです。で、当てると、「えっ！」ってびっくりします（笑）。

坂田　そうそう。ケニアだとみんな手を挙げて、「はい」って当てると、当てられてから質問を考えるみたいな感じ。

おおた　小学1年生の授業参観はそうですよね。子どもたちは「はい！　はい！」って手を挙げて、先生に当てられると、「えっ」。答えられない。

じゃあ僕、一つ坂田さんに聞きたい。森のようちえんをテーマにしたときに、必ず出てくる反応の一つが、「でも東京じゃできないでしょ」みたいなものです。要するに都会ではできないでしょ、と。それに対して、坂田さんはどういうふうにお答えになります？

坂田　森のようちえんの一番重要なポイントは、自然環境とか森です。だからもちろん、こういう秩父のような場所でできたらそれに越したことはないわけですけど、まちの中に自然がないかといったら、そういうわけではないんですね。自然を形態的にしか捉えていない人は、単純に山があるところに自然があって、都会には自然がないと思い込んでいる。だけれども、まちの中って実は生き物がいっぱい。自然をざっくりとしか捉えていないと見えてこないけれど、石の下、小さな草むらとミクロな視点で見れば、雨の多い日本は生き物だらけです。要するに視点を変えることで、自然の見方は変わります。自然がないと思っていたところにも、そもそもあるじゃんということに気付くようになっていきます。

もう一つ、自然は自分たちで変えていくこともできると思います。例えば公共の場所とされている公園のあり方を考える。公園にただ見映えのする木が植えられていればいいんじゃなくて、どんな植物を植えるとどんな虫がやってきて、どんな鳥がやってきて命が連鎖し、生き物が豊かになっていくのかを考える。

そういうことに、子どもたちも含めた市民と一緒に取り組んでいこうという動きが、京都で出てきています。もっと生物多様性が豊かになるように公園を変えていこうとしているんです。こういう取り組みに参加することで、自然を単に享受するだけじゃなくて、人間の行い一つで自然は変わっていくんだという実感を子どもたちが持つわけですね。

公園のほかにも、屋上をもっと利用するとか、都会でもいくらでも方法はあるんですけど、森とか環境を「道具」としてしか考えていないと、都会には道具がないので無理という話になってしまいます。そういうお返事になります。

おおた　ありがとうございます。

「昭和」をどう捉えるべきか？

質問者A　序盤のほうで「昭和的なもの」が一つキーワードになっていたと思います。

僕は昭和を生きたことがないんですけど、昭和の資産が失われて、日本の停滞とかが起きているというのは重々承知した上で、でもその昭和っぽさって、生きにくさとか、なじめない人がいても声を上げられないとか、取りこぼされる人もいたりとか、そういう側面もあったと思っていて、それが混在していた昭和をどういうふうに考えるべきなのか、お聞きしたいと思いました。

宮台　繰り返すと、社会はいいとこ取りできないという前提に立つべきです。それが「生態学的思考」。平たく言えば①悪い面がいい面を支え、いい面が悪い面を支えるのみならず、②悪い面も別の視座からはいい面で、いい面も別の視座からは悪い面です。僕が数多学んだ学園闘争。これも、成田空港建設問題・ベトナム戦争加担問題があればこそでした。

坂田　水俣もだね。

宮台　はい。それらを直接的に告発するテレビドキュメンタリーも多数ありました。小学生の僕はそれで正義感を植え付けられました。また、普通にヤクザがいました。表共同体を生きられない人々が裏共同体を作ったのがヤクザ界隈。それを含め、取りこぼされる人たちが多数いたけど、彼らには連帯の可能性がいつも開かれていました。

大事なことです。御質問は、生態学的両義性というものを踏まえておられない。

なぜ今世紀に「社会的包摂」が喧伝され始めたか。この言葉を民主党政権に実装したのは僕ですが、単に弱者が取り残されているからではなく、第一に、リッターの埋め合わせ理論で話した通り、かつての弱者の連帯が消え、第二に、安倍襲撃*について朝日新聞に書いた通り、呼んでも応えない地域と家族ゆえに仕方なく統治権力を呼んでも応えないからです。

「呼んだら応える統治権力か、自力救済か」の択一がホッブズ定理。でも昨今は、連帯する弱者の共同体的自力救済でなく、追い詰められた個人的自力救済の暴発になりがち。でもそれは、生活世界空洞化を含めた弱者の連帯消滅が原因。連帯消滅は、呼んでも応えない地域・家族＝生活世界空洞化を、呼んだら応える統治権力＝システム世界で埋められると思ったからです。

つまり、呼んでも応えない地域と家族＝生活世界空洞化を、呼んだら応える統治権力＝システム世界で埋めるのは、いいことに見えて、生活世界空洞化を放置・奨励するものだという悪い面があります。似た話が「物流の２０２４年問題」です。頓馬は政府の無策を批判するけど、２０１０年までは隣近所が預かってくれて、再配達問題などなかったことを忘れています。

坂田　昭和ってノスタルジーとかじゃなくて、ある意味、今と同じなんです。うちの

安倍晋三襲撃事件
2022年7月8日、元総理大臣・安倍晋三が演説中に銃撃され死去した事件。逮捕されたのは、統一教会のいわゆる「宗教二世」の元自衛官だった。

母親は、人に打ち克ってなんぼっていう人で、要するに学歴がすべて。自分の人生が面白くなかったものだから、私を使って自分の人生をやり直す、強烈な母親だったわけです。そんな考え方の人が高度成長期も、たぶん今もいっぱいいて、いわゆる教育ママになっている。でも当時は、それがありつつも一方で、そういう母親に反発もできたんです。イヤだよねって同調してくれる仲間もいた。でも今はどうですかね。そういう親がいて、精神的虐待を受けているとする。母親に歯向かおうと思っても、周りには「まあ、あなたのうちのことだから」って言われて、同情してくれる友達も、家出の手伝いをしてくれる友達もいないんじゃないですかね。

私は何度も家出を繰り返したんですけど、必ず手伝ってくれる友達がいたんですよ。夜中に、まだ10代の女の子が二人で、でっかい布団を持って……何ででしょうね、布団なんか持っていかなくてよかったのに、布団を夜中に引きずって歩いた(笑)。当然、職質されるわけです。それで家に連れ戻されるというのを何度もやっていたんだけど、たった一人で引きずるんじゃなくて、いつも誰か心配して手伝ってくれる人がいたんですね。そういう環境があった。

子どもを枠にはめようとする大人は昔も今もいるんです。それはずっとあるわけ。ただ、そうした力に抗う力と、抗うための仲間を作れない社会が一番やばいんです。今がまさにその時代。だから劣化しているって宮台さんが言うんです。

葭田　今は、冷たい仲良し、ですね。

坂田　そう。冷たい仲良しはいっぱいいるわけ。ＳＮＳで「いいね」とかしてくれるけれども、実際に自分の体を使って動いてはくれないということですよね。そこの弱さですね。

ドイツと日本を比較する

質問者Ｂ　テーマが変わってしまいますが、みなさんにお聞きしたいです。私はドイツに1年住んでいて、向こうで保育士の資格を取りました。ドイツの幼児教育に触れてみると、基本的に子どもたちが集団で遊ぶということがないんです。私も昭和生まれで、同年代の子どもたちと一緒に遊んだ経験があったので、結構カルチャーショックは大きくて。ドイツだと子どもたちに「みんなで一緒に遊ぼうか」って声をかけても「いいや、僕はこれがやりたい」「私はこれがやりたい」って個人的に遊ぶんです。たまに一緒にやり出しても、最後まで何かを作り上げることもほとんどなくて。そんな中で日本に帰ってきたら、個人主義は大事で、自分の意見を言える大人になってほしいという感じですよね。でも昭和は基本的に集団主義だったのが、その後、なんで個人主義がいいとなっちゃったのか。ただドイツの今の20代を見ると、自分たちの意見をちゃんと発言しているんです。この辺り、幼児教育とどうつながっているのか……。ちょっとまとまらないんですけど。

宮台　いや、まとまってますよ。ドイツはナチスを反省し、全体主義と同調圧力の排除に真剣です。自分の違和感を言い続け、自分の価値観を表明し続けることを、国民の義務として貫徹させてきた。義務教育課程でも「質問しないのは、君が存在しないのと同じだよ」と教え、「その他大勢という入替可能な存在になるのは、恥ずかしいことだ」と教えます。それが「個人主義」の真の意味です。

同じ全体主義と同調圧力が十八番だった日本は、相変わらず極度に劣化したままです。繰り返し質問し続けると「他の人が質問しないのに質問し続けるのは、頭が悪いのだ」という扱いを受け、いじめ傍観であれ、異様に高い匿名SNS利用率であれ、その他大勢という入替可能な存在であろうとし、それを隠れ蓑にイキる卑怯者が量産されている状態です。

この明白な日本的劣等性を放置し続ける営みは売国です。現に放置し続けたから先進国で日本だけが、既得権益温存で産業構造改革に失敗して米国半分以下の生産性に甘んじ、中央依存でエネルギーや食の共同体自治に失敗して災害に過剰に脆弱。コロナ禍ではフローに依存する自営業を全面支援した他国と違い、営業自粛の強制で潰し

五輪疑獄
東京五輪をめぐる汚職事件。

統一教会問題
安倍晋三襲撃事件の犯人が統一教会の宗教二世であったことで統一教会に耳目が集まり、さらには統一教会と自民党との癒着関係が明るみになった。現在の正式

まくり、頓馬な自粛警察が湧きました。

安倍首相という瓶の蓋がとれないと五輪疑獄*も統一教会問題*も自民党裏金問題*も表沙汰になりませんでした。と事実を話しただけで、死者への冒瀆だと頓馬が湧く。頭の悪さは幼稚園以下。瓶の蓋がとれないと何もできないオマエの日本的劣等性を話しているんだよ。非正規化に加え、アベノミクス*=既得権益を身軽にする低金利の円安誘導で、実質購買力は70年代水準。

その70年代の国民負担率=税金+社会保険料は2割でしたが、半世紀後の今は5割弱。可処分所得減少で内需は薄く、低生産性の大企業温存ゆえに革新的製品がないから外需も薄い。可処分所得減少にも拘わらず賃貸暮らしの質を維持しようと、数年前から20代のパパ活が大ブーム。これらすべては、全体主義と同調圧力が十八番という日本的劣等性が背景です。

全体主義と同調圧力が十八番の状態をヒラメ・キョロメと表現してきました。昨日長女から「パパの予想通りになったね」と言われました。コロナ禍前から円安は1ドル160円になるって言ってたのはパパだけだったと。答えていわく、予言したんじゃなく、(今皆さんに話し、長女にも話した)社会全体の生態学的連関を観察すれば、そう長期予想して当然だろ、と。

ヒラメ・キョロメは、先に話した通り、共同体空洞化の進展で信頼ベースが不信ベースになると、むしろ激しくなります。かかる「江戸期からのヒラメ・キョロメ」×

名称は、「世界平和統一家庭連合」。

自民党裏金問題
自民党五派閥が政治資金パーティーにかかわる政治資金収支報告書を不記載にしたり、ノルマ超過分の収入を事実上の「裏金」として政治家にキックバックしていたこと。2022年11月にしんぶん赤旗がスクープ。およそ1年後に他メディアも報道し、問題が表面化した。

アベノミクス
2013年発表の「日本再興戦略」における経済政策に対し、当時の首相であった安倍晋三の名前にちなんでつけられたニックネーム。大胆な金融政策(第1の矢)、機動的な財政政策(第2の矢)、民間投資を喚起する成長戦略(第3の矢)の「3本の矢」を放つと表現された。

「新住民化以降の共同体空洞化」というミクロな社会形成原理が、マクロな垂直降下に帰結しています。森のようちえんは英才教育ではなく、ミクロな社会形成原理に抗って共同体自治を支援します。

それを「社会という荒野を仲間と生きる」と呼んできました。恋愛ワークショップをし（成果が『「絶望の時代」の希望の恋愛学』『どうすれば愛しあえるの』『大人のための「性教育」』『こども性教育』）、親業ワークショップをし（成果が『ウンコのおじさん』）、まちづくりワークショップをした（成果が『まちづくりの哲学』）。葭田さんの森のようちえんは僕の実践とシンクロします。

森のようちえんのルーツにあるのは森の民ゲルマン人の「森の哲学（自然信仰）」。森のようちえん自体は20世紀半ばにスウェーデン（ゲルマン人）やデンマーク（アングロサクソン人でドイツに隣接）で拡がった。葭田さんのＥＣＨＩＣＡをフィーチャしたおおたさんの『ルポ　森のようちえん』が書く通り、日本は森の哲学より里山の哲学で独自展開しています。

古い生活形式が、平地に拡がる巨大な森林での「森の生活」だったか、山がちゆえの小さな沖積平野での「里山の生活」だったかによります。中世以降、前者では森の生活と平地の生活が分かれ、休暇になると森に入る形で、英国由来の「自然＝失われた風景」概念に親和します。後者では平地の生活に森が浸透し、森に平地の生活が浸透します（森の手入れ）。

重大な違いで、欧州は「自然」が失われたものへの再帰的意識に基づくので*（埋め合わせ）、自覚的な自然保護に向かい易いのに対し、日本は生活と森の相互浸透ゆえに再帰的な「自然」概念が元々なく、自覚的な自然保護に向かい難い。だから日本は「里山の『生活』を取り戻す」という唱導で結果的に里山的自然が保護されます。森のようちえんの貢献ポイントです。

しかしここでは共通性が大事です。森のようちえんの基本は子どもを森に放つ完全自由保育です。子どもには一人じゃできない楽しい遊びが一杯あります。万年転校生の僕は、男子とのドッジボールと女子とのゴム跳びで受け容れられました。完全自由保育ではそんな遊びの相手を見付けるのが重要になるけど、特に森では一人じゃできない遊びだらけ。

一人じゃできない遊びに向かおうとする子どもたちを見るのは楽しい。子ども（たち）が何かを始めると別の子どもが「入れて」「寄せて」とお願い言葉を言って加わります。時には集団同士で場所や道具や遊具の奪い合いになります。そこから頼れる「ボス役」が生まれたり、貸し借りが生まれたりします。そんなふうに仲間を作る営みを学びます。見ていて楽しい。

遊びの魅力だけじゃなく、この子と一緒に遊びたいと思うのも大切です。一緒に遊びたい相手に思いを伝えることや、一緒に遊びたいと思って貰える子になることができるようになります。仲間と一緒に遊ぶことが個人の自己決定（個人主義）と不可分な

*再帰的
96ページ参照

のです。そして「同じ世界で一つになる」。そうした過程を経て、恋人や親友を作れる大人に成長します。

坂田　子どもたちは、一人ひとりが好きなことをやっていると、自然に仲間になっていくところがあります。ドイツでも、実際みんな好き放題やっているんだけど、じゃあ隣で遊んでる子は関係ないかというと、意外にそうでもないんです。別々のことをしているんだけど、ちょっと休憩したときに隣の子の遊びに興味を持ったりして、個人が完全に孤立してるわけではないんですよ。自分が「こうなんだ」って言うには、他人に「そうなのね」って受け止めてもらわないといけないわけで、すると自分も、他人の「こうなんだ」を受け止めなきゃいけない。結構厳しい世界でもあるんです。

　ドイツのNGOを見ているとよく分かるんですけど、そうやって育ってきた今のユースといわれる世代、つまり20代の子としゃべってると、ものすごく人の気持ちを受け止めようとします。そして自分のことも言います。日本だと、言いたいことをワーッと言って、他人の話は聞かない人がいっぱいいるんですけど、ドイツの若者は、自分の言いたいことを伝えるには、相手の言うことをちゃんと聞かないと伝わらないぞ、という感じになっていますね。もちろん個人差がありますけど、集団としてそういう傾向が強いなと思います。

日本で個人主義と言うと、「それぞれ勝手にしなさい」みたいなイメージが強い。そこが一番おかしいところで、ドイツで行われている個人主義的なやり方と、日本でやられてしまってる個人主義的なやり方とは、決定的に違います。それは確かにナチスへの反省とか、そういう歴史的な背景も大きい。

B　では今日、話題になっていた身体的共鳴というようなものは、ドイツではどういうふうに生まれてくるのでしょうか。私はそれがあんまり感じられなくて。日本の良さというのは、集団の中で相手を思いやるところ。ドイツだと、いわゆる空気を読むところが向こうの人にはないから、すべてを言葉で伝えなくちゃいけないことに、結構自分はストレスを感じました。疲れちゃうし、戦っているような気になっちゃって、そこがいいところかと言われると、私はいいとも思わなかったです。また別の文化なのかな、というふうには思うんですが。

坂田　そうですよね。それはもう文化が全然違う。歴史の捉え方が違う、自然観が違うと言ったほうがいいかな。

宮台　文化が人を作り、人が文化を作る。だから文化が歴史の捉え方を方向づけ、歴史の捉え方が文化を方向付けます。ギデンズ*がそんなスパイラルを構造化と呼び、文化に抗う人の営みに光を当てます。翻って、「空気を読む」のはいい面でも「空気に縛

*アンソニー・ギデンズ
83ページ参照

られる」のは悪い面。日独比較から「空気を読みつつ、空気に縛られない営み」を学ぶべきです。

「空気を読みつつ、空気に縛られない営み」を多重帰属が助けます。複数の集団に帰属することです。ドイツは多重帰属を大切にし、学校が子どもを抱え込みません。子どもには、学校も、教会も、スポーツクラブも、学年が上がればボランティアサークルも、ある。単一帰属だと、ほされる恐怖で所属集団の空気に縛られる。空気を読んでも縛られてはダメ。

日本は単一帰属を自明視しがちです。多重帰属していると「お前はどっちが大切なん?」と言われる。数々の転校先で経験した日本の文化です。ならば「どっちも大切や。それが何や」と言える子を育てる。これが大事なのは、「どっちが大切なん?」じゃなく、「俺らと遊んだほうが楽しいんちゃう?」と、魅力で引き寄せる文化に、貢献する大人になるからです。

恋愛ワークショップで仰天するのは「あいつと俺とどっち取るんや?」「あの女と私とどっち取るの?」とほざく男女が多数いること。「そうじゃないよ。相手を幸せにする競争を第三者と展開して、自分といたほうが楽しいよって持っていきな」と伝えていますが、そんな当たり前なことが分からないのも、単一帰属が当然だと自明視する文化が背景にあります。

ただしゼロ年代には昭和の時代よりも束縛する男女が明らかに増え、ソクバッキーという言葉も生まれた。言外に閉ざされた「言葉の自動機械」も増えた。ヒトは言葉の動物。縛られると縛りの外を想像し、ここにいろと言われるところではないどこかを夢想します。ハイデガーが言う通りです。だから縛るんじゃなく、自分といるほうが楽しいと思われるように、何気なく、必死で動く。それで振る舞い方が改善されます。

坂田　ナンパの重要なところですね。

宮台　そう（笑）。恋愛も友愛も、あるいは連帯する社会運動も、すべて仲間を作って何かをする営みで、根底には「俺のところに来ると絶対楽しい」という働きかけがあります。その逆が「俺のところから抜けたら地獄に落ちるぞ」みたいな、オウム的*・統一教会的なマインドコントロール。それに違和感を抱くためにも、恋愛や友愛の経験値を高める必要があります。

坂田　一つ思い出した。ドイツのＮＧＯの子が言っていたことです。やっぱり彼も親と対立したらしいんです。高学歴で優秀な子だったので、親から「もっといい会社に行けるのに、何で環境ＮＧＯなんかに勤めるんだ」ってすごく圧力をかけられたと。日本と一緒で、やっぱりそういう価値観もあるんです。でも彼が言っていたのは、今

***オウム真理教**
166ページ参照

宮台さんが言ったように、家族以外にもグループがあって、年齢もさまざまな社会的な仲間がいたと。例えばその子は、近所の森が壊されて道路になっちゃうことに反対したのがきっかけで、NGOの世界に飛び込んできたんだけど、そのときに知り合った大人たちや同世代とかとの付き合いがあるから、親に反対されても、違う価値があると知ることができた。

しかもその子、「鉄ちゃん」だったんですよ。尋常じゃない鉄道マニアで、日本のJRから招待されるくらいの半端ない鉄ちゃん。そこにも仲間がいる。というふうに、沢山のグループがあり、「時々逃げ場になってくれるところをいっぱい持っているから、僕はこういう活動ができてるんだよ」って言ってました。

宮台 そう。多重帰属とは「たこ足」のこと。足を1本切っても他があるから大丈夫。多重帰属していれば、言いたいことを言って、「外すぞ!」と脅されても、「御自由に。俺の所属集団は他にも沢山ある」と言えます。全体主義や同調圧力に抗って自分の意見を言える大人を作るために、たこ足の多重帰属を推奨します。いかにもドイツ的な発想です。

坂田 そうですね。一方日本は、帰属意識が強くてみんなでいろんなことを一緒に作り上げたりして、一見、すごく仲良く見えるんだけど、そこがつぶれると終わりなんですよ。大きな会社がいいと思って入って、人生を全部そこに預けちゃうから、会社が倒れると自分の人生も一緒に倒れちゃう。それはクソな生き方なわけですよね？

宮台　そう。恋愛も、「私にはあなたしかいない」もいいけど、「相手は幾らでもいるが、あなたじゃなきゃイヤだよ」がもっといい。言われた側もそのほうが嬉しくないですか？　ところが最近になるほど、若い男たちに「処女厨」が増えています。自分が比較されるのを恐れて、コントロール可能性にへばりつく「安全・便利・快適」厨です。これは恐ろしい感情的劣化です。

坂田　会社が倒れても、自分には他にも帰属する場所があるという価値観と世界観が日本にはない。みんなで頑張っているように見えて、実はそこがつくれていない。そこがドイツと決定的に違うところだと思う。

おおた　それは日本の学校制度の問題でもあるんです。子どもに関することはすべて学校に寄せちゃったから、学校が居心地の悪い場所になったら、子どもにはもう他に所属するところがない。いろんなところに自分の帰属意識があれば、ちょっと都合が悪くなったらこっち、次はこっちと、ごまかしながらというか、それぞれなりすましながら、並行していくことができるはずなのに、すべて一本化されちゃったからこそ不登校が増えたのかなと思います。

宮台　確かに。80年代に地域がバラける新住民化が進み、85年から1万5000円のNIES諸国*OEM*のテレビがバイパス沿いの量販店で売られて「テレビの個室化」が進み、ゴールデンタイムにお茶の間でテレビを囲む団欒《だんらん》が消滅。同年、電電公社民営化で黒電話一択が数多の多機能電話になって「電話の個室化」が進み、世界初の出会い系「テレクラ」につながる。

そんな流れだから、皆に一律の営みをさせ、お前だけが皆と同じことができないと責める頓馬な学校が、生きづらく・行きづらくなって当たり前。だから、学術誌では86年から、マスコミでは90年から登校拒否（不登校の古い名称）が話題になります。また、共通前提がないから「平均」であろうとし、「平均」から外れた子を叩くイジメも86年から急増しました。

劣化する大人たちに言葉は響くか？

質問者C　先ほど、感情が劣化している大人たちから子どもを奪還しろというお話がありました。みなさん、自分たちに預けてくれよとおっしゃっていたんですが、劣化

NIES諸国
NIESとは、Newly Industrializing Economiesの頭文字。日本語では新興工業経済地域。1980年代に急速な経済発展を遂げた国々のこと。

OEM
Original Equipment Manufacturingの頭文字。出来合いの商品に委託者のブランドをつけて生産すること。

している大人にそういう言葉を響かせるために、何か気を付けてることがあれば教えていただきたいです。響かない大人がいると思うので。

宮台　１９９３年の都立大赴任以降のやり方は「思い出し」。学的にはクオリア（体験質）の検索。きっかけは授業でした。理解したかと尋ねるとイエスと答えるが、どう理解したか更問いすると頓珍漢な答え。若い人ほどそうなるので、僕の言葉に体験記憶を当て嵌められないからだと分かりました。そこで、ここでの喋りみたいにクオリア記憶を検索させることにした。

アフォーダンスやミメーシスやなりきり role taking の学的概念を、「言外・法外・損得外のシンクロ」≒「カテゴリーを超えたフュージョン」≒「同じ世界で一つになること」と連発パラフレーズするのも、いずれかのフレーズが記憶にヒットするのを狙ったもの。「幼少期の外遊びは？」「スポーツや武術の経験は？」と尋ねるのもクオリア検索のためです。

また、大目標と不整合な体験記憶は抑圧されます。アドラー*的には目標混乱を正せば抑圧が外れる。だから大目標を取り替える。自然音やアンビエント音を流し、公園の芝生や河原の草叢で大の字で「脳内」日向ぼっこして貰い、幼い頃に一番幸せだった場面――抑圧された幸せ記憶――を自らがそこにいるように「思い出し」、その再現を未来の大目標にして貰う。

アルフレッド・アドラー
１６６ページ参照

いずれも外遊びした体験記憶や家族と共在した体験記憶のクオリア検索です。皆さんは「自分の主人は自分」のつもりで「乗っ取られた自分」なので、アドラーいわく「課題の分離が失敗した目標混乱の状態」で記憶が抑圧されます。それを解除すれば「思い出し」に成功します。それでもクオリア検索に失敗する場合、映画や音楽のコンテンツ体験を使います。

　コンテンツを体験させて僕の言葉に対応するクオリアを得て貰います。授業では「コンテンツ教育」と呼びます。人は自らのクオリア記憶を参照してモデル構築やデータ解釈をするので、高度な数理や計量を教育する場合も有効だからです。例えば「60年代団地化」の時代を概念的に説明した後、60年代の映画やドラマを体験させてクオリアを宛てがいます。

　コンテンツ教育は93年の都立大赴任から数多くの試行錯誤を経て洗練されました。小学生・中高生・大学生の学齢別に、適切なコンテンツをリストしています。特に大切なのは、時代ごとにコミュニケーションのモードが変わる事実を実感させること。親や教員の皆さんにはできない。問題意識を持ったことすらないからです。ならば子どもを預けて貰います。

　アドラーいわく、子どもの目標混乱は親の目標混乱に引き摺られ、親の目標混乱は親が子ども時代にそのまた親の目標混乱に引き摺られたもの。だから子どもを預けて貰うのでは足りず、保護者——父母や祖父母など——もコンテンツ教育の対象になります。それを経た保護者が、薄々分かっていたが違和感を言葉にできなかったと言う。今回はどうでしょう。

御覧の通り、身体的・感情的に劣化した子どもや親に言葉を響かせるべく三重四重にフェイルセーフ*をかけた「思い出し」の実践をします。ただし漠然とした「つまらなさ」を含めて言葉にならないモヤモヤを抱えていることが前提。元々モヤモヤがなくて「沈みかけた船の座席争い」にだけ淫する親は、歩留まり的な不良品率としてデフォルトで見捨てます。

デフォルトの不良品率を下げる実践にコストを掛けると、機会費用が生じます。つまりコストを別の実践に振り向けたほうがずっと実りある結果が得られます。削りカスとして見捨てざるを得ないのは残念ですが、デフォルトの不良品率は僕の力ではどうにもなりません。それを含めての「社会という荒野を『大丈夫な』仲間と生きる」なのですね。

葭田　私はママたちに、「苦しみ抜くしかないです」って言っています。

宮台　今、葭田さんがおっしゃったように、そして先ほどイエスを引照したように、苦しみと違和感がすべての出発点。皆さんはこのあと家庭や保護者界隈で、「振り返り」とそれをベースにした「討議」を続けてください。今回の僕は旅芸人として呼ば

フェイルセーフ
装置はいつか壊れることを前提として、故障時や異常時でも安全が守られるようにシステムを構築すること。

れた「種播き爺さん」だからです。何の芸かと言えば、モヤモヤとその背景を言葉にする訓練を重ねたプロの芸です。

坂田　受け取った人が、「まさにそれが私の気持ちです」っていうふうになれば、その言葉を使って、今度はその人が他人に語れる。やっぱり形にすることは大事ですね。

宮台　はい。あと先ほどの坂田さんの話に紐付けると、遊動段階・定住段階の別なく人類史上、共同体とは「顔が見える範囲での凸と凹の嚙み合い」で、誰であれ、得意な面と駄目な面がある以上、駄目な面は、嫉妬せず感染して得意な人に任せましょう。平成・令和の感情的劣化は、すべての面で嫉妬とマウント取りを反復する「孤独な浅ましさ」に象徴されています。

おおた　僕はそれを「自分にはない才能を持つ人とチームになる力」と呼んでいます。今日をきっかけに討議を繰り返し、どんどん「自分にはない才能を持つ人」を巻き込んで、地道に面を広げていきましょう。

第３章

「森のようちえん」実践者との対話 vol.2

宮台真司
×
おおたとしまさ
×
関山隆一
in
横浜

（2022年11月26日、横浜・森のようちえん めーぷるキッズ）

関山隆一（せきやま りゅういち）
NPO法人もあなキッズ自然楽校理事長。ニュージーランドの国立公園でのガイドを経て、帰国後は子どもや家族向けに自然体験活動のイベントを企画・運営。2007年にNPO法人もあなキッズ自然楽校を設立。以後横浜市を中心に児童への野外活動を展開。2009年に幼児期の自然体験を行う「森のようちえん めーぷるキッズ」を開園。

世界はそもそも出鱈目である

宮台　関山さんは昔ニュージーランドでネイチャーガイドをされ、日本に帰ってアウトドア用品の「パタゴニア」*で働いておられました。僕も1ヶ月前に「パタゴニア」の鹿児島研修でレクチャーしました。これは偶然じゃなく、今はヒトが身体的存在であることの意味を言葉で伝承できる人材がとても少ないからだと思います。都道府県ごとに数人点在するぐらいではないかな。

このままだと、僕らの世代が死ねば伝承線が途絶えるかもしれず、危機意識を抱いています。本日お集まり下さった皆さんにだけは、身体的存在であることの本質がどこにあるのか、分かっていただきたく思います。御存知の通り、「身体的」とはphysicalの訳で、もう一つの訳が「物理的」です。だからphysicsを「物理学」と訳し、physicianを「物理学者」と訳します。

ところがこれらの訳や、元になった英語自体が近代の世界観に閉ざされています。これらの語源は、ギリシャ語のピュシスphysis。「自然nature」と訳されますが、これは誤訳。「万物all things」が正しい。「自然」の対立概念は「文化culture」「人為artificiality」。「自ずとそうなる」という意味の元々の日本語「じねん」をnatureの

パタゴニア
アメリカのアウトドア用品メーカー。環境に配慮した商品を取り扱い、ビジネスを通して環境問題へ取り組む活動を積極的に行っている。

訳語にしたのも、近代の二項図式への擦り寄りです。

繰り返すと、ギリシャ語ピュシスの正訳は「万物」。ギリシャ語フィジクスの正訳も「万物学」。だからピュシスの対立概念はノモス nomos。法共同体と訳されます。決まりで成り立つ集団、要は社会のこと。ピュシス＝万物がまずあり、その中にノモス＝社会があります。ノモスはピュシスではないというのは誤解です。飽くまでピュシスの一部です。

中世ヨーロッパはピュシス概念の代わりにコスモス cosmos 概念を使うようになります。「宇宙」と訳されます。ピュシスには「万物は人知を超えた出鱈目」という意味が含まれ、それをギリシャ神話が示します。また、万物の中にある以上は社会も出鱈目で、ギリシャ悲劇が示します。要は、「社会が秩序に見えるのは錯覚で、社会は無秩序の中の一瞬の夢だ」という世界観ですね。

テーベ王子オイディプスは生誕時にデルポイの神託で父を殺し母と交わると告げられる。父のテーベ王ライオスは彼を森に放置、逃げられず獣に食われるよう足に太い釘を刺す。羊飼いに拾われた彼はオリンポス王の養子になる。王は彼を「腫れた足＝オイディプス」と名付ける。成長した彼は戦闘中にそうとは知らずに父を殺し、その妻イオカステと結婚、テーベ王となる。

程なく自らが「父を殺し母と交わった」と知った彼は、自らの眼を突き、杖を突く盲人として一生を送る。有名なソポクレス『オイディプス王*』です。中3で松本俊夫

『オイディプス王』
古代ギリシャ三大悲劇詩人の一人ソポクレスが紀元前5世紀頃に書いた作品。

監督『薔薇の葬列』*を観て、自らの眼を切り裂くピーターがこのギリシャ悲劇への捧げ物だと知り、「世の摂理は人知を超える」という松本監督の世界観が、ギリシャ悲劇が象徴する世界観だと知りました。

　だからピュシス概念を文に開けば「世界はそもそも出鱈目」。僕が十数年前に書いた本のタイトル（『〈世界〉はそもそもデタラメである』メディアファクトリー）です。これに対してコスモス概念を文に開けば「神が定めた宇宙の秩序」。共に「人知を超える」を含意するものの逆方向。人知を超えた神の秩序＝コスモスの下に、社会＝ノモスがあり、社会の下に出鱈目＝カオスがあるというのが、中世ヨーロッパのキリスト教的世界観です。

「規定不可能なピュシス（万物）の中に、秩序に見えるノモス（社会）があるが、秩序は夢だ」という同心円的世界観から、「コスモス（神的な宇宙秩序）の下にノモス（社会）があり、ノモスが下からカオスに脅かされるのを上からコスモスが守る」という三層構造的世界観へ。これは頽落です。と言うのは、社会＝法共同体の法生活を、安全・便利・快適な自明性だと錯覚させるからです。

　僕の考えでは、それが「言葉・法・社会に閉ざされた社会のクソ化と人間のクズ化」という昨今の劣化の、今に始まったわけではない根深い出発点です。近代がフィジクス（万物学）を、フィジクス（物理学）とフィロソフィ（哲学）に分割したのも、同心円から三層構造への劣化による。それが、フィジクス（物理学）やそれに適合したサイエ

『薔薇の葬列』1969年の日本映画。監督は松本俊夫。ピーターこと池畑慎之介のデビュー作。

ンス（科学）を使う際の、目標混乱に関連します。

日本はこの目標混乱を更に加速する概念的建て付けです。富国強兵時代の追い付き追い越せゆえに「理科系」と「文科系」を分け、数物（数学と物理学）が不得意な子は文科系へという「理科系＞文科系」的な通念が拡がった。欧米は、ギリシャの万物学由来のリベラルアーツ*（自由七科）＝一般教育と、それを前提とした科学＝専門教育という二項図式。科学には数物を実装した社会科学も含まれます。

この日本的出鱈目で「万物学も数物も得意な子が、自然科学にも社会科学にも進む」という道が邪魔され、社会学や経済学や法学など社会科学の質を保てなくなります。更に91年からの大学設置基準大綱化で、一般教育（教養課程・教養部）軽視の動きが進み、社会科学の質だけでなく自然科学の質も下がった。大学ランキングで東大の上に中国やシンガポールの大学が連なります。

話にならない日本を置いて話を戻すと、自然科学の前提たる「自然 nature」概念の特殊さが教えられるべきです。元は、羊毛業とエンクロージャ*の連続攻撃で原生自然が跡形もなくなった英国で、失われた風景を後から再帰的に概念化したのが「自然」。だから自然は「壊した後に守るべきもの」としてある。ヘーゲル*学者ヨアヒム・リッター*が「埋め合わせ理論」として示しました。

教えたら学ぶとは限りませんが、以上のすべてが一般教育 general education として教えられた後で、専門教育 professional education が教えられるべきです。今の日

リベラルアーツ
古代ギリシャの自由人（奴隷でない市民）に必要とされた教養教育が古代ローマへと引き継がれ、言語系三学（文法・論理・修辞）と数学系四学（算術・幾何・天文・音楽）で構成される自由七科が体系化された。

エンクロージャ
281ページ参照

ゲオルク・ヴィルヘルム・フリードリヒ・ヘーゲル
ドイツの哲学者。1770～1831年。弁証法（アウフヘーベン）で有名。主著に『精神現象学』『法の哲学』がある。

ヨアヒム・リッター
281ページ参照

本はそれが皆無なので、圧縮した形で皆さんに話しました。更に圧縮すると、「世界（あらゆる全体）を貫徹する摂理を忘れるな」ですね。以上の学的背景を踏まえた上で、本日のディスカッションを始めたいと思います。

関山　ニュージーランドの森のようちえんのカンファレンスに参加したんですね。その基調講演で、いきなり私たちに対して、「靴と靴下を脱げ」と言うんです。裸足で土の上に立って、「あなたたちはピュシスとのつながりを忘れかけている」ということを言い出すんです。なるほどと思って。でも、森のようちえんの実践者は、今、宮台さんがおっしゃったことをすごくよく分かっているんですよ。だけどそれをなかなか言語化したり、抽象化したりは難しいですよね。

先日、森のようちえんの全国フォーラムがあって、北は北海道の稚内からも来てくれました。今、最北の森のようちえんは稚内にあります。冬になったらマイナス15度でワーッと吹雪いているんですけど、子どもは穴掘って遊んでいるんですね。そういうところから、南は沖縄ですね。沖縄の森のようちえんでは、ガジュマルの木で木登りをしているという。

子どもたちは、人間と自然とを区別することなく、ピュシスというものをよく分かっているなかで遊んでいるように思います。

では私たちがこれからどこにどう向かっていくことが、世界がよく変わっていくということになるんだろうか、ということを宮台さんにご助言いただければと思います。

社会課題への打ち手としての「森のようちえん」

宮台　日本がなぜこんなに劣化したのか。経済指標も社会指標も滅茶苦茶です。この10年、統計データを元にそう言って来ましたが誰も耳を傾けなかった。でもこの3年、アジア随一のコロナ敗戦があり、五輪疑獄があり、平均賃金も一人当たりGDPも最低賃金も台湾はおろか韓国にも抜かれ、激しい円安による購買力低下を物価上昇として体験し、眼が覚めてきたようです。

日本人の購買力は70年代の水準まで落ちました。更に、当時の国民負担率（税金＋社会保険料）は2割でしたが今は48％。可処分所得はむしろ減りました。「そんなことはない、豊かだ」と言う人もいますが、そう感じるのは僕が「昭和OS」と呼ぶ80年代までに整備された昭和インフラ――高速道・新幹線・地下鉄・鉄橋・水道網など――の御蔭です。今は老朽化で維持管理が大変ですがね。

日本が劣化した理由は簡単で、既得権益を動かせないから。80年代の中曽根民活で国鉄や電電公社が民営化され、新自由主義化が始まったとされる。市場原理主義化のことです。でも日本には新自由主義化はなかったのです。あったのは古くからの大企業の既得権益を軽くすべく、非正規労働化を進め、法人減税分を消費増税で補う政策。むしろ巨大既得権益を温存しました。

アベノミクスでデフレ脱却が唱われたけど、金融緩和・財政出動・産業構造改革の3本の矢で、実現したのは前二者だけ。金融緩和による投資活発化はなく内部留保を増やしただけ。実は、金利低下による円安誘導で、車や家電を海外で売る会社を身軽にするのが目的。だから産業構造改革は手付かず。米国の上位10社は殆どが今世紀の誕生ですが、日本は殆どが半世紀以上も前です。

既得権益を動かせない理由は、中国やアメリカと比べれば分かります。中国は独裁的政治権力で既得権益を動かします。広州から深圳への補助金付け替えが典型。アメリカは新自由主義で既得権益を動かします。投資と労働力が少しでも利益が増す方向に移動する。日本は護送船団方式の名残で資金調達が貸付けに偏り続け、会社共同体の終身雇用で労働力が移動しなかった。

労働市場の非流動性が初期値だったので、労組も既得権益にしがみ付いたから、非正規雇用が若い人に偏った。年長世代による年少世代の搾取も、既得権益が変えられないからです。ただ、年長世代のしがみつきは分かり易いけど、搾取されている年少世代が連帯して抵抗しない理由も問題になる。具体的には身体的・感情的劣化です。そこに森のようちえんの出番があるわけです。

マクロな劣化をミクロな劣化が支え、ミクロな劣化をマクロな劣化が支えるスパイラル。然るに人々はミクロにしか活動できず、直ちにはマクロを動かせない。ならばマクロな劣化を支えるミクロな機制を分析し、ミクロを変える。具体的には、古くからのヒラメ・キョロメの作法と、それを強化する80年代「新住民化」以降の共同体空洞化を、いじるしかありません。

そのために子どもたちの身体的・感情的能力に働きかけます。具体的には、ヒラメ・キョロメをもたらす、所属集団のポジション取りに淫する自信のなさ——エフィカシー（自己効力感）のなさ——と、共同体空洞化をもたらす、ＫＹを恐れてキャラを演じる作法——「なりきり」role playing の能力欠如——を、言外・法外・損得外でフュージョンして力が湧く態勢を培う営みで、克服します。

僕の考えでは、修学前の森のようちえん、学童期の森のキャンプ、思春期からの恋愛ワークショップ、成人期からの宗教ワークショップ、育児期の親業ワークショップ、すべてに関わるまちづくりワークショップを同時に活性化すべきです。個別に実践してきましたが、遠からず「すべてを実装した旅芸人方式での全国巡り」を実践したい。それには行政の支援が不可欠です。

おおた　この森のようちえんの認知を広めるという意味では、僕もいろいろなメディアから取材を受けることがあるんですけど、その時点で僕がすごく困ることがあります。「お母さんたちが読む雑誌なんです！　森のようちえんについて聞かせてください！」って来られると、結局「森のようちえんに通わせると、賢くなるんですよね」みたいな話に矮小化されがちになるんです。要するに、競争社会においてわが子がどれだけ有利になるか、という視点しかない。

もちろん森のようちえんにはそういう部分もあると思いますよ。子どものいろんな能力が引き出されるというところは当然あると思うんですけど、でも今、宮台さんがおっしゃったような、社会課題に対しての一つの打ち手としての森のようちえんという、もっと壮大な意味があるはずですよね。

「力」とは何か

宮台 社会課題に対しての打ち手としての森のようちえんの意味は、そういう劣化した親を子どもから引き剝がす点にあります。例えば、その手の親は例外なく「安全・便利・快適」厨ですが、彼らが容認しない「安全・便利・快適」ではない遊びが必要だから、森のようちえんがあります。その手の親を持つ子どもほど親を引き剝がす必要がありますが、そこに矛盾があります。

その手の親を持つ子どもを入園させると親の干渉で園の営みがスポイルされる可能性が高まるので、入園させられない。子どもには気の毒ですが、園の営みの公共性を守るには必要です。やり方は簡単。森のようちえん卒園者のほうが小学校のつまらなさから不登校になりやすい事実を告げるだけ。足りなければ、「取っ組み合いを止めませんが大丈夫ですか」と尋ねればいい。

つまらなさの我慢を美徳と考えるのも、喧嘩を見れば止めるのも、昨今の日本的劣等性です。ヒラメ・キョロメの回避にも、KYを恐れてキャラを演じる営みの回避にも、つまらなさを我慢しないことと、喧嘩を厭わないことが必要です。むろん昔から言うように、喧嘩の経験がないと、喧嘩の収拾方法を学べず、ほどほどに喧嘩する営み、つまり喧嘩の基本ルールを学べなくなります。

小学時代の大半を関西で過ごしましたが、月に一度は取っ組み合いしました。大人にも子どもにも「子どもの領分」が理解されていて、目潰し・噛み付き・窒息・骨折・武器使用がない限りチクリはなかった。喧嘩をしないとヘタレ扱いされ、喧嘩の仕方を間違うとチクられるので、派手に見えて実は効かない技を使いました。その経験なくして討論に強くはなれませんでした。

更に大切なこと。僕は年長の有名論者の多くと怒鳴り合いで仲良くなりました。西部邁*・芥正彦*・近田春夫*・三上治*などです。壇上で「なんだとぉ？　表に出ろ」「望む所だ、出てやろうじゃねえか」と立ち上がった瞬間にスタッフが阻止するパターン。阻止を当てにしてもいた（笑）。それで仲良くなれたのは、互いの本気度とビビらなさを尊敬し合えたからです。

西部邁
75ページ参照

芥正彦
75ページ参照

近田春夫
75ページ参照

三上治
75ページ参照

「安全・便利・快適」厨の劣化親を持つ子どもが不利にならないよう親業ワークショップを併設することが必要ですが、別の面でも親業ワークショップが要ります。森のキャンプ実践だと、親にも子どもにもレクリエーションとしての関わりが見られ、それを叩き潰す必要があるからです。日常の生活に何が欠けているのかを体験を持ち帰って理解するのが、森のキャンプ実践。

森のようちえんも森のキャンプも、つまらない日常を我慢するための回復実践ではない。むしろ適応してはいけないものを見極められるようになる実践です。卒園後、小学校で教室一律に同じことをさせられるつまらなさが我慢できずに、不登校になるのはむしろ健全です。ただし不登校に併せて、オルタナティブな何かに継続的に触れられる機会があると、子どもに力が湧きます。

大学時代の僕は映画制作の資金調達で時給6000円の家庭教師をしました。優秀な実績があったからです。秘訣の一つは、進学校で成績不振に悩む子どもの親に躊躇なく公立校への転校を勧めること。実績が高かったので翌日には進学校をやめて貰えました。進学校で成績不振をかこつより、公立校でクラス一番のほうが、進学校の生徒というしょぼいプライドを捨てられ、力が湧きます。

「力」とは何か。似非コーチングは自己肯定感（アファメーション）を焦点化しますが、バンデューラ*由来の正しいコーチングは自己効力感（エフィカシー）を焦点化します。「力」に当たるのが、自己効力感。また「力」は、僕が「損得勘定の自発性 voluntariness

アルバート・バンデューラ カナダ出身の心理学者。1925〜2021年。主著に『激動社会の中の自己効力』『モデリングの心理学―観察学習の理論と方法』がある。

より、内から湧く力の内発性 intrinsically が大切」と言うときの「内発性」に当たります。肯定感は静的で、効力感は動的です。

また僕が30年前からエマソン*由来で「プライドよりも自己信頼が大切」というときの、「プライド」が自己肯定感、「自己信頼 self reliance」が自己効力感に当たります。プライドは肯定感維持に都合がいいものだけ見る自己防衛につながり、自己信頼は自己防衛の解除で外に開かれます。30年前には、「子どもの地位達成をプライドとする親が、子どもの自己信頼を阻害する」と語りました。

おおたさんがおっしゃる「競争社会においてわが子がどれだけ有利になるかという視点」は、「車が外車のほうが威張れる」≒「子どもが進学校のほうが威張れる」類。プライドに淫する親は、自分の自己信頼が低い＝内から湧く力が乏しいので、子どもの自己信頼＝内から湧く力に感応せず、子どもをプライドのダシにします。そうして育った子どもが親になって問題を拡大再生産します。

90年代後半以降に大学生になった若い世代が、自分よりも幸せそうな人や力が湧いてそうな人を見ると、近づいて感染して学ぶ代わりに、視界から消したり、嫉妬でアラ探しをしてディスったり炎上させたりするのも、自己信頼が低くて力が湧かず、プライドに固着するからです。力＝内発性（宮台）＝自己効力感（バンデューラ）＝自己信頼（エマソン）という概念系列が大切です。

僕が宗教ワークショップを重視するのも、宗教には必ず「聖＝力が湧く時空」と

* **ラルフ・ウォルドー・エマソン**
アメリカの思想家。1803～1882年。主著に『自己信頼』がある。

「俗＝力を使って失う時空」の分割があるからです。従来になかった法生活ゆえに力を失う1万年前からの定住社会には長く「ケ（気）＝力の充溢」→「ケガレ（気枯れ）＝力の枯渇」→「ハレ（晴れ）＝力の再充塡」という循環がありました。「ケ」→「ケガレ」が日常の「俗」なる時空で、「ハレ」が祝祭の「聖」なる時空です。

法生活つまり「言葉で語られた法に、損得勘定で罰を避けて従う生活」が力を奪うので、「言外・法外・損得外に出る祝祭」で力を回復したというのが人類学の定説。それに従い、「言葉・法・損得＝社会」に閉ざされた「力を奪う人」をクズ、「言外・法外・損得外＝社会の外」に開かれた「力を与える人」をマトモと呼び、クズの量産で「社会の外」が消された社会をクソ社会と呼びます。

過去四半世紀で高校生と大学生の性体験率・交際率・交際経験率が半減した性的退却も、妊娠不安・性感染症不安・受験失敗不安「だけ」を煽る右の不安教育や、加害リスク・被害リスク「だけ」を煽る左の不安教育による洗脳もあって、同世代・近接世代が言葉・法・損得に閉ざされたクズだらけになったから。言外・法外・損得外に開かれた人は、容姿や収入など属性に関係なくモテます。

僕の考えでは、人から力を奪うクズが話すことは、いつも話半分で聞くのがいい。理由は今話したこと。公共マターを喋っていると見えても、クズが発する言葉の背後にある動機が、ショボい自己防衛だからです。逆に、その人のそばで話を聞いて、内容がよく分からなくても力を貰えるのなら、真剣に理解しようと思ったほうがいい。

　クズは誰からも真剣に愛されず、マトモな人だけが真剣に愛されるという「実存問題」に加え、俗情に媚びた感情的動員による民主政の誤作動問題を考えれば、今後存続する社会が、クズが蔓延するクソ社会か、マトモな人が大半を占めるマトモな社会かは、明らか、という「社会問題」があります。実存・社会の両問題を踏まえたとき、あなたはどちら側の子どもを育てたいのか。

「社会という荒野を仲間と生きる」戦略

関山　まさに今、森のようちえんでも、小学校段階での完全にオルタナティブな教育実践が動き出しています。僕が「クソ」って言っていいのかどうか分かりませんけれど、まあ、小学校はなかなかですけどね。「そういうところはなくなっちまえ」と宮台さんは言うかもしれませんけれど、それもなかなか時間がかかるものですから、ないものは自分たちでつくろうという動きですよね。幼児だけではなくて、小学校段階になっても、小学校とは何かという難しいことはあんまり考えずに、子どもたちが具体的に何をしたいのか、何を楽しいと感じるのか、何に興味があるのかを知って、それをとことんやってみようみたいな取り組みを、今、私のところでもやりだしたところです。

宮台　卒園者の溜まり場作りから始めれば、卒園者が毎年加わって溜まり場が拡がり、お誘い合わせ大歓迎の会食や催しで、溜まり場のアドバンテージが世の中に認知されるでしょう。権限を持つ役人が卒園者であれば行政にもできます。でも今は例外的。森のようちえんが危惧する身体的・感情的劣化を被った人が、公共心より安パイ狙いで公務員になる現状では無理です。

僕が設計した90年計量では、東大は早大・慶應・立教・青山に比べて公務員志望が数倍。大半が世のために働きたいと志望動機を語り、多くが公務員である親を見てそう思ったと応えた。他方、東大法学部の上位者が、以前と違いキャリア官僚を志望せず、外資系金融・コンサルを志望するようになってもいた。キャリア官僚の質と水準がどう変化していくかを予告するデータでした。

制度を変えれば社会が良くなると言う人がいる。でも制度を変えるのも運用するのも人です。だから、社会の変革に何が有効かを判断するには、どんな動機を持つ人がどう分布するかを踏まえる必要がある。それが計量分析を通じて僕が獲得した認識です。かつては今より遥かに学業優秀な者・遥かに公的動機を持つ者が、キャリア官僚になったという事実を、頭に置きましょう。

加えて過去四半世紀の新人官僚が、カテゴリーを超えた「言外・法外・損得外でのフュージョンで、同じ世界で一つになる体験」を知らないという「育ちの悪さ」ゆえに、現場に足を運ぶ営みを嫌い、デスクでパソコン上の辻褄合わせに淫しています。そんなパラメータの悪化を踏まえてもなお、社会を良くするには制度を変えれば済むと思うのか。臍で茶が沸きます。

だからこそ、各地域の実践で、例外的行政マンを味方に付けることが大切になります。ちなみに公的動機が満載の役人を行政マンと呼びます。役人は実例——法実務でいう前例——に弱くて、実例をデータで示すと動揺します。自分が実例を無視しても、同僚や後輩が実例を踏まえて首長を説得すれば立場を脅かされるからです。だから例外的行政マンを味方にして実績を積みます。

マクロな劣化をミクロな劣化が支え、ミクロな劣化をマクロな劣化が支えるスパイラルでは、マクロな劣化を支えるミクロな機制を分析し、ミクロを変えるのだと言いました。「社会という荒野を仲間と生きる」戦略です。僕の本のタイトル（『社会という荒野を生きる。』ベストセラーズ）です。「森のようちえんを卒園した人が生きづらい」なら、むしろそれを梃子にして実績を積み、役人が無視できない実例を増やすのです。

なぜ横浜を活動場所に選んだのか

おおた　僕、『ルポ　森のようちえん』のあとに、同じ集英社新書から、『不登校でも学べる』という本も出してるんです。そこでいろんなフリースクール*だったり不登校特例校だったり通信制高校だったりを紹介しています。

最新のデータでは、小中学生のおよそ25万人が不登校です。その1年前のデータでは20万人弱だったんですよ。一気に25%ぐらい増えたというデータが出てきました。

一つにはやっぱり、子どもたちにとって学校という仕組みが不適切だということだと思います。子どもが不適切じゃなくて、学校の制度のほうがもうおかしいんじゃないかという話です。もう一つは、不登校に対する世間の風向きの変化によって、無理して行かなくてもいいやって思える子どもや親が増えてきたというのもあるだろうと。両方の合わせ技で急激な増加になっているんだろうと思います。

一般的には「不登校を減らそう」って言われるわけなんですけども、学校へ戻すだけが方法じゃないよねと、文科省も方針を転換してるんですよね。子どもたちが自立することが目的なんで、学校でないところでも普通教育が受けられるように認めていこうという方向性にはなってきてるとは思います。

フリースクール
学校教育法によって「正式な学校」として認められていない学校のこと。義務教育期間にフリースクールに通う場合、法律的には公立の小中学校に籍を置くことになる。

だから、不登校がこれだけ増えてるというふうな事例を以て、学校は学校でさらにできるだけ多くの子どもにとって学びやすいところに変えていく必要もあるでしょうし、必ずしも学校に頼らない形での学びの場を用意していくことができると、森のようちえん卒園生たちもそのままで生きやすくなっていくんだろうと思います。そうやって少しずつ変えていくというのが一つの方向性なのかなという気がしますね。

宮台　そこに以下の要素も考えに入れるといい。新型コロナ禍は2020年秋以降で、3年目に入ります。その間、社会的な大変化がありました。当初はリモート化で対面が失われたことによるストレスを訴える高校生・大学生・新社会人が多数派でしたが、コロナ禍が終息に向かう今年に入ると風向きが逆転。対面がつらいからリモートでやれという若い人たちが多数派になります。

おおた　マスクを外したくないとかね。

宮台　はい。実はマスクブームはテン年代に入った頃から若い女性に拡がったもの。背景は先に話した自己防衛モード。表情から内面を見透かされないのと、関連して声掛けされやすい女性の「ナンパよけ」になるのが背景です。この自己防衛化の流れを踏まえれば、森のようちえんがますます重要化しています。「対面はストレスだ」と言う人の「育ちの悪さ」があるからです。

おおた　クソ化する社会に適応していった大人が子どもを育てるわけですから、ある程度もう構造的にしょうがないところがあると思うんです。そういう大人の意図の中だけに子どもを押し込めちゃうから危険なのであって、大人の意図の外にもっと子どもをリリースしていけばいいはずですよね。要するにノモスの外に子どもを放つということを、劣化した親なりに意識的にやっていくことが非常に重要なんだろうと思います。

それで言うと、関山さんはかつてニュージーランドでネイチャーガイドをされていて、日本に戻ってきてから自然というリソースを生かした子育てを通して社会を変えていきたいと思ったときに、なぜ北海道や沖縄のような大自然の中ではなくて、長野や岐阜のような山が多いところでもなくて、この横浜の、しかも比較的新しく開発された地域を活動の場に選んだのかを改めて伺いたいと思うんです。

関山　はい。ニュージーランドは本当にいい国で、もう本当に永住しようと思ったし、そこで暮らそうと思って日本を出たんですけど、でもやっぱり日本人だというアイデンティティーが出てきて、日本に帰ろうかなって思ったとき、自分がいったい何に貢献できるのかなって考えると、やっぱり自然だよなと。しかも対象を子どもにしようと。その問題意識はパタゴニアの頃からありました。会社としてもっと子どものことをやったほうがいいんじゃないかって、社長に直訴もしました。

じゃあ、日本のどこでやろうかと考えたとき、東京、大阪、名古屋には沢山人が住んでいる。そういうところにやっぱり子どもが沢山いる。そういうところでこそ、自然とのかかわりを伝える価値があるだろうと思ったんですね。

それはもう本当に感覚的な決断だったんですけど。そういうことをすることが、自分にとっては生きている証だなって思ったんでしょうね。

宮台　週末に森に入る「ブラック企業で疲弊しては、週末サウナでリフレッシュ」は文化と自然の往還です。里山で暮らす営みは文化と自然の相互浸透です。前者はそれゆえ言葉・法・損得に厳しく閉ざされた時空として社会を維持します。後者はそれゆえ言外・法外・損得外の「気配に開かれつつ」言葉・法・損得の時空を生きます。それを学問は「近代の社会概念がない」と言ってきた。

人類史上は「近代に届かない」日本の営みが普遍的。近代社会が特殊。千利休*は寺で修行していた千宗易時代、塵一つない庭の掃除を命じられ、熟考した上、庭木を揺さぶって葉を落とし、僧に褒められます。塵一つない庭=文化=部分への閉ざされ=特殊。程よく葉の散る庭=文化と自然の相互浸透=全体への開かれ=普遍。この再帰的*思考が室町の「わびさび」の出発点です。

千利休
戦国時代から安土桃山時代の茶人。1522～1591年。

再帰的
96ページ参照

これは「都市を前提とした再帰的構え」です。関山さんの実践が重要なのもそこ。北海道の原野や長野県の里山なら、身体能力・感情能力を保った親子が多いから、自然との関わりの価値を伝えるのは容易です。でも「日本の劣化を部分的ではあれ食い止める」という社会的な課題解決の視座に立てば、都市や郊外でやればこそ意義がある。そこでしか学べない再帰的構えがあるからです。

「なりすまし」です。人類学者ウィラースレフが*「森の哲学」と呼ぶ動植物や森への「なりきり」は、身体・感情能力の基盤です。それを伝えた上で、更に僕が幼小中高生を含む若い人に伝えて来たのが「なりすまし」。自然と文化の相互浸透つまり里山が、消えたことを前提とした再帰的構えです。その思考を欠けば、森のようちえんも森のキャンプもクソ社会の補完物で終わるのです。

「なりすまし」とは、社会＝言葉・法・損得の時空を、仮の姿でしのぐ営み。人を置換可能に道具化するシステム世界は、市場や組織に限らない。地域や家族が人を置換可能に道具化するなら、そこもシステム世界の延長。だから尊厳＝内から湧く力を保つべく、適応せず「適応したふり」に留める。この「なりすまし」あればこそ、力を保つホームベースたる生活世界を再形成できます。

初期ギリシャではノモス（法共同体＝社会）をピュシス（万物＝世界）に浮かぶ泡だとした。うたかたの泡。奇跡的に成立しただけ。いつ消えても不思議がない。社会は相対で世界は絶対。それを学ぶ機会が大災害。日本は大地震や大水だらけ。むろん古い日

***レーン・ウィラースレフ**
国立デンマーク博物館館長。人類学博士。1971年〜。主著に『ソウル・ハンターズ』がある。

本人はそれを弁えた。だから村外れの地蔵に人身御供の要石になって貰った。それを忘れると地震が大災害に「なる」と。

かかる意味論（概念と命題の複合体）を「忘れるな」と警鐘を鳴らすのが、95年の阪神淡路大震災を踏まえた99年の村上春樹『かえるくん、東京を救う』*と、２０１１年の東日本大震災を踏まえた22年の新海誠監督『すずめの戸締まり』*。予知システムやスーパー堤防を作ればいいとする思考は、「忘れる」ための「システム世界の思考」。「忘れない」ための「生活世界の思考」とは全く違う。

前者は「コントロール（制御）の思考」。後者は「フュージョン（相互浸透）の思考」。前者は「自然と文化を分ける近代の特殊的思考」。後者は「自然と文化の相互浸透を維持する普遍的思考」。でも、世代が下るにつれリテラシーが劣化。渾身の表現が鳴らす警鐘すら受け取れない惨状です。なぜ、僕が「自然 nature」概念より「万物 physis」概念が重要だと言うか。もうお分かりのはずです。

『かえるくん、東京を救う』
２９９ページ参照

『すずめの戸締まり』
２９９ページ参照

危険回避ゆえに訪れる危険

おおた　ピュシスと一体化することで、直感的にこれはまずいって感受できる能力を高めるわけですね。

宮台　はい。制御工学的には、部分的最適化の組み合わせによる合成の誤謬《ごびゅう》を避けます。身体能力と感情能力は、言外・法外・損得外の流れが見えるようになるには必須。この流れが見えるようになることは、言葉・法・損得に閉ざされた界隈＝社会への違和感を感じるには必須。この違和感は、社会をかりそめのものとして「なりすまして生きる」には必須。そんな論理関係です。

この論理関係への気付きはバタイユ*に遡ります。彼は元々ヘーゲル学者でした。ヘーゲルは全体性を志向します。その全体性は時間的です。歴史の終わりに全体が姿を現す、つまりさまざまな悲劇の意味が明らかになります。バタイユはもっと重大な全体性があると気付きます。その全体性は空間的です。言葉の外に言葉で覆えない膨大な流れがあるのを言葉が閉ざすと考えた。

言外の流れが「呪われた部分*」です。リーチ*が「境界状態」と言い換えて否定的意味を除きます。それらを後期ヴィトゲンシュタイン*の言語ゲーム論が精緻化します。その言語観は、言語＝模写説ならぬ言語＝使用説。言語は世界を摸写するのではなく、生活形式に役立つ言語使用だけが残ったもの。生活形式を脅かす言語使用が淘汰され、閉じたゲームに人が閉ざされるとします。

言語ゲーム論は、言語次第で世界はどうにでもなるとする相関主義*ではない。むしろ逆。生活形式を脅かす言語使用が淘汰される一方、生態学的に存続できない生活形

ジョルジュ・バタイユ
57ページ参照

呪われた部分
57ページ参照

エドマンド・リーチ
57ページ参照

ルートヴィヒ・ヴィトゲンシュタイン
108ページ参照

相関主義
私たちは思考と存在の相関のみにアクセスできるのであって、思考と存在のどちらかだけにアクセスすることはできないとする考え方。

式もまた淘汰されるからです。ハート*『法の概念』が示した理解です。文明史に鑑みれば、気候危機をもたらす生活形式は存続できません。同じ轍を踏まないためには、特定生活形式に閉ざされた言語使用の、外に開かれる必要がある。

だから「自然 nature」より「万物 physis」が重要なのだ、と先の災害論をパラフレーズできます。前者は、特定生活形式に閉ざされた社会の「中の人」の視座に紐付いていて、後者は、特定生活形式でしか通用しない条件プログラム（if-then 文）を懐疑する「外の人」の視座に紐付いています。つまり言葉には「内へと閉ざす言葉」と「外へと促す言葉」が存在するのです。とても大切な認識です。

ただし言語ゲーム論を法理論に結びつけたハートいわく、与えられた言語ゲームによる生活形式（1次ゲーム）の、外へと促す言葉もまた、新たな言語ゲームによる生活形式（2次ゲーム）を与えます。截然《せつぜん》とした「特殊／普遍」二元図式ではありません。でも、旧い生活形式では生態学的に存続不可能になった社会を、新しい生活形式で生態学的に存続可能にする道筋を指し示します。

生態学的思考は存在論的思考の別名です。認識論は、与えられた何かにさまざまな認識が付与される可能性条件を考える部分論的思考です。存在論は、与えられた何かが「ある」のはなぜかという存在の可能性条件を考える全体論的思考です。全体論的と言えるのは、存在の可能性条件が、前提する何か・前提される何か、が織り成す非線形的全体＝生態学的全体に結びついているからです。

フランスの哲学者カンタン・メイヤスーが『有限性の後で』で提唱した。相関主義はさらに弱い相関主義と強い相関主義に分類され、前者にカント、後者にヴィトゲンシュタインやハイデガーが属するとされる。

＊ハーバート・ライオネル・アドルファス・ハート
イギリスの法哲学者。1907〜1992年。主著に『法の概念』がある。

お前は特殊な言語ゲームの「中の人」だと指摘する人もまた、「中の人だ」と指摘する言語ゲームの「中の人」です。だから「外に出る」言語ゲームは、新生活形式の存続可能性が高まる限りで無限連鎖し得ます。新住民を懐疑する僕の「安全の追求は、安全か」「それは部分的最適化に過ぎず、全体的最適化を脅かす――社会の存続を不可能にする――のではないか」という問いも、同じです。

「中国は危険」とほざくウヨ豚も、「男は危険」とほざくクソフェミも、「森のようちえんは危険」とほざく新住民も、80年代「新住民化」――汎システム化――を前提とする神経症的安全厨で、存続可能性の乏しい生活形式に紐付いています。大切なのは「〇〇は危険だ。だがしかし……」。森のようちえんは安全厨から見て危険なことをやろうとしているのだから、「危険だ」はお笑いです。

登山支援アプリ「ヤマップ」を開発した春山慶彦さんがアプリに依存して軽装で山に入るなと釘を刺すのもそれ。本質的に原生自然がどう動くかは未規定で危険。危険を知らなきゃ危険を回避できない。本質的な危険から目を背けるために「ヤマップ」を利用してはいけません。この思考は一般化できます。本質的な危険を見たくないからと「システム世界」に依存してはいけません。

取っ組み合いの喧嘩は危険。でもそうした経験がないのもまた危険。①イザというときに暴力に立ち向かえない。②程度が分からず手加減できない。③本気の対立を収拾する仕方が分からない。④言語的対立に於いてすら本気を示せない。⑤長じて自己防衛のために公共的意義がある本気の対立に向かえない。⑥喧嘩したからこそ信頼を得て仲良くなるという回路を使えない、などなど。

総じて危険回避ゆえの劣化の危険です。それを昔の人は「雨降って地固まる」と伝えてきました。今はこの格言で思い出せるクオリアを欠く人だらけ。芥正彦編集『地下演劇7』が最近出ました。芥さんと僕の、120枚にも及ぶ対談が載っています。思えば1999年の出会い以降「この野郎、表に出ろ!」「望む所だぜ!」と立ち上がっては司会が食い止めるというトークを繰り返しました。

芥さんは素晴らしい。1度目のトークで「この野郎、表に出ろ!」「望む所だぜ!」。2度目も「この野郎、表に出ろ!」「望む所だぜ!」。その繰り返しで僕を信頼してくれ、「喧嘩→決別」ならぬ「喧嘩→信頼醸成」という回路を示されました。片鱗は『三島由紀夫vs東大全共闘』の記録映像から伺えます。その信頼関係ゆえに今回のトークでは誰も到れない深淵を語り合えました。

トーク直前に楽屋でお会いした芥さんの表情が忘れられません。本当に嬉しそうに僕の手を両手で握りながら、しかしいつも以上に爛々とした眼が「今日も本気で語るからな!」と伝えています。自己防衛なき本気と本気。お互い相手への遠慮など全くない所でのシンクロであればこそ、多くの観客が感銘を受けてお土産を持ち帰っていただけた。

おおた　芥さんというのは、学生時代に東大で三島由紀夫と対決した人ですね。

宮台　そう。まだ二十歳そこそこの芥さん。『地下演劇7』では当時の雄姿を示すさまざまなストリートパフォーマンス写真が、宇川直宏さんによるグラフィック編集で収められています。眺めていると、その雄姿が、芥さんの素晴らしさは当然として、当時の「街の微熱」に支えられていた事実を感得できます。「80年代新住民化」ゆえに90年代半ばに「街が冷える」以前の街です。

80年代「新住民化」で育った小学生が成人するのが90年代半ば以降。「育ちの悪さ」ゆえに言外・法外・損得外でシンクロする享楽を知らないからだと語ってきた。その物言いが指示するクオリアを「微熱の街」を知らない世代がバーチャルに獲得するのに効果的な写真群です。なお新住民化とは安全・便利・快適に近視眼的に閉ざされたジェントリフィケーション＝人畜無害化です。

日本で「森のようちえん」を実践するアドバンテージ

関山　僕も最初は小学生を相手にしていたんです。でも幼児を対象にするようになりました。

15年くらい前ですけど、長野の北アルプスの森のど真ん中まで行って、熊もガンガンいるようなところで小学生と3日間か4日間かテントでキャンプしました。沢の水を汲んで、火を焚いて、メシを食うっていう。トイレも自分たちでつくったりして。その頃、子どもにあげるクリスマスプレゼントのナンバーワンはゲームソフトでした。すると、毎日焚火を囲んでいても、子どもたちの話題はずーっとゲーム攻略法なんですよ。それはかなり衝撃的でした。この子たちは家に帰ったらいつも通りの生活に戻ってしまうんだろうし、もう二度と会うこともないわけで。それは自分の中ですごく考えました。もっと日常的に生活みたいなところで実践をしていかないと刺さらないだろうなと思いました。それで森のようちえんをやるようになりました。

その点、日本ではピュシスを日常的に感じるっていうのがもともと生活文化の一部になっていたんだと思うんですね。例えばデンマークやドイツの森のようちえんでは味噌づくりなんてしていませんからね。田植えして稲刈りして、そのお米で餅をつくとかしませんよね。日本で森のようちえんをやっている人たちは、自分もピュシスの中にいるという感覚が体に染みついていますよね。それを生活や文化を通して学んでいくんだということは、概ねの方々は分かっている。そこが日本で森のようちえんを実践するアドバンテージだと思いますね。

一般的には棒を持って振り回しちゃいけないという園が多いと思うんですけど、子どもたちは枝でチャンバラをしていると、スターウォーズかっていうくらい殺陣《たて》が上手なんです。えいっ！　えいっ！　えいっ！　って。
僕らは森のようちえんの中でそれをやっていますが、一般的な社会の中でもこういうことはもっと知ってもらったほうがいいんじゃないかと思います。

おおた　先ほど森のようちえんの卒園生たちが、学校制度であったり一般的なこの社会のシステムに適応できなくて、むしろ生きづらさを感じちゃうんじゃないかという話があって、それに対しての「なりすまし」という話が出てきたんでちょっとそこを補足しようと思います。
「ノモス」という、人間がつくった浮島のような存在が、「ピュシス」の中にポツンと浮かんでいて……。

宮台　その「ノモス」で使うコミュニケーション手段が「ロゴス」です。それは劣化だと過去100年多くの論者が指摘してきました。ヤコブソン*いわく「詩的言語から散文言語への劣化」。オースティン*いわく「パフォーマティブからコンスタティブへの劣化」。ジェインズ*いわく「二分心から意識への劣化」。吉本隆明*いわく「自己表出から指示表出へ（表出から表現へ）の劣化」など。
古代に遡り、初期ギリシャの終焉に「詩人による秩序から、哲人による秩序への劣化」を見出したのが、プラトン*の転向に照準したハヴロック*。彼いわく、かかる身体

ローマン・ヤコブソン
130ページ参照

ジョン・ラングショー・オースティン
156ページ参照

ジュリアン・ジェインズ
145ページ参照

吉本隆明
72ページ参照

プラトン
44ページ参照

エリック・アルフレッド・ハヴロック
67ページ参照

・感情的劣化は、ポリス*の過剰規模・貨幣浸透による市民内部の階層化・外国人の大量流入などによる、「共通感覚」や「共同身体性」の後退。プラトンの転向はそれゆえに余儀なくされたものだと。

ポリス
130ページ参照

おおた　我々はロゴスの力を使って作られたノモスの拡大した都市に暮らしていて、そこには人間同士がうまくやっていくために仕方なく作るいろんな言葉や決まりやシステムや損得勘定というものがあって、そこにやっぱり適応していかないと生きていけないというのが現実としてあるわけです。

でもそこで、生物学者の福岡伸一*先生の言葉を借りれば、「ピュシスの歌を聴け」ということになる。普段はノモスの中にいるけれど、いつでもピュシスの歌に耳を傾けられる構えでいなさいということ。

福岡伸一
30ページ参照

ピュシスともいつでもつながれる感受性を保ちながら、普段は表面的にはノモスに適応して暮らす。それを「なりすまし」と宮台さんは言っているわけです。そのなりすましの能力も、現代社会を生きていく上では身につけなければいけないわけですけど、それはあくまでもピュシスのベースがあった上でのとりつくろいであって、ノモスに過剰適応してロゴス一辺倒になってはいけないということが忘れられがちになっていることが問題の本質なんだろうと思います。

昔の親は学校に行く子どもに対して「先生の言うことをよく聞くんだぞ」と言った

と思います。それは先生の言うことが世の中の絶対なのではなくて、「学校の中はそういうところだからうまくなりすませよ」というメッセージだったんだろうと思います。逆に言えば、「学校を一歩出たらいつも通り好きにしていいから」という含意があったんだと思うんです。

そういう「賢さ」みたいなものを今の親世代も持たなきゃいけないですよね。これが社会のルールなんだから守りなさいとか、社会とはこういうもんだみたいなことばっかり言って、クソ社会の作法をあたかも真理のようにインストールするんじゃなくてね。

社会一般では喧嘩はダメと言われるけど、喧嘩してみないと言葉の外つまりロゴスの外でつながる感覚は分からない。その意味で喧嘩と性愛って僕は似ているところがあると思うんですけど、喧嘩の経験も十分になかったら、性愛によって言葉の外で人とつながる感覚もたぶん未熟なままになっちゃいますよね。だって、喧嘩が怖かったら、性愛も怖くなっちゃうでしょ。そしたら彼女とか彼氏とかをつくること自体が怖くなっちゃうのは当然なのかなって。

ピュシスの歌を聴く力

宮台　おおたさんの話を補足します。「歌」という表現が出てきたので、歌を位置づけます。「ロゴス」は古代ギリシャ語で、秩序・論理・それらを表す言語という意味です。論理を指す英語の「ロジック」はそこから派生しました。秩序と論理を表す言語は、ヤコブソンの散文言語です。先に話した通り、大規模定住（文明）を支えた文字（書記言語）の拡がりから生まれた言語使用です。

ヤコブソンが対比するのが詩的言語で、歌に近い言語使用です。鳴き声による遂行的コミュニケーションは多くの動物にあります。ネアンデルタール＊種やデニソワ＊種を含むヒト属は7万年前に、ＦＯＸＰ2と呼ばれるゲノム部位の働きで、従来より圧倒的に長くて多種の歌を獲得しました。それを「言葉の誕生」と呼ぶこともありますが、実質はストリーム＝歌です。

さて4万余年前、サピエンス種のみ、ＦＯＸＰ2周辺の遺伝子変異で、蛋白質が機能を邪魔して、ストリームがぶつ切れになり、入替可能な語彙を組み合わせる言語が誕生、伝達・蓄積できる情報量が増えます。それで石器や衣服の製作技術や組織の編成技術が蓄積的に高度化し、他の種が氷河期に滅んだのにサピエンス種のみ生き残り

ネアンデルタール
211ページ参照

デニソワ
211ページ参照

ます。その言語は韻律や抑揚や挙措を伴います。
だから詩的言語に近い。詩的言語と散文言語はどう違うでしょう。詩的言語は歌に近い。歌は感情を巻き込みます。悲しい歌を聴くと悲しくなる。詩的言語も感情を巻き込みます。散文言語は感情を直ちには巻き込みません。僕が悲しみとは何かを語っても皆さんは悲しくならない。それがコンスタティブ（記述的）に使える散文言語。散文言語と歌の中間が詩的言語だと言えます。

だから「ピュシスの歌」と言うとき、歌的・詩的言語的な巻き込みが含意されます。最初の哲学者とされるイオニア学派タレス*いわく「万物は流れ」。それに寄り添えば、「ピュシスの歌」は「万物の流れ」に人を巻き込みます。観察の如き能動的記述でも、災害の如き受動的被害でもない。「思わず何かをしたくなる」という意味で、受動的能動つまり中動的*巻き込みが示されるのです。

「ピュシスの歌」を聴く者には、モノや身体の動態にコールされて中動的にレスポンスするアフォーダンス能力と、佇まいからして偉大な者に感染するミメーシス*能力があります。つまり論理や秩序を記述するロゴスから自由に、心身が中動します。それが僕の言う「言語の外に反応する力」「言外でシンクロする力」。だから森のようちえんの目標は「ピュシスの歌を聴く力」です。

巷には子どもを勝ち組にしたい親が好む「非認知能力」という言葉があります（笑）。知能検査で測れない、気力・忍耐力・協調力・意志力など競争に勝つ力です。「ピュ

タレス
57ページ参照

中動的
21ページ「中動態」参照

ミメーシス
67ページ参照

シスの歌を聴く力＝アフォーダンス能力＋ミメーシス能力」はそれではありません。言外・法外・損得外の何かに呼び掛けられて思わず動き、言外・法外・損得外で人を思わず動かす、中動的なコール＆レスポンス力です。

１９９４年にＮＨＫＥテレで『シブヤ・音楽・世紀末』の制作に取材・ＭＣ・一部台本で関わる少し前から、時々ゼミ生を渋谷のクラブに伴いましたが、96年半ばから踊れないゼミ生が増えたことに気付き、クラブツアーをやめました。長くクラブの運営側に関わって来た人たちも「最近の子はなぜこんなに踊れなくなったのか」と慨嘆します。「ピュシスの歌を聴く力」が劣化したからです。

それが、60年代「団地化（専業主婦化＝地域空洞化）」→80年代「新住民化（法化＝家族空洞化）」→90年代後半からの「ネット化（キャラ＆テンプレ化＝個人空洞化）」と、親から子へ、その子が親になって親から子へ、と世代的に昂進する「育ちの悪さ」に起因すると言いました。この「ピュシスの歌を聴く力」あるいは「流れに巻き込まれ・巻き込む力」を如実に摑む機会がかつてありました。

アウェアネス・トレーニング（自己啓発セミナー）です。お試し版を含めて79年から86年まで関わりました。フロイト*いわく、脊髄反射的な過剰反応から生体防御するメカニズムが自我ego。自我は自己selfの恒常性を保つ方向に機能します。自己とは経験の取捨選択で構築された自己像。行為は自己像に縛られます。モテないという自己像を維持する自我の機能が、ナンパを不可能にする。

＊ジグムント・フロイト
１４６ページ参照

アウェアネス・トレーニング――ルーツは各所に書いたからスルーします――は、さまざまな仕掛けでクライアントを変性意識状態に誘って自己像を書き換えます。自己像は流派により「スクリプト」「ストーリー」「フレーム」「神経言語プログラム」とも呼ばれますが同じもの。オウム真理教がそうだったように洗脳ツールとして使えることから90年代に世界的に非難されて退潮しました。

86年までの初期アウェアネス・トレーニング（以下AT）のクライアントは各分野のエリートの卵たち。そこからATのトレーナーもリクルートされた。トレーナー候補者が教えられたのは、テクストならぬコンテクスト（テクストの横にあるもの＝文脈）に注目すること。相手の喋りの内容を聞かず、声色・顔色・挙措など身体から発せられる心の情報を聞く＝自分の中に引き起こす。

かくして、僕らが「相手の喋る内容」に「自分の喋る内容」を嚙み合わせる営みをしてきたのを、「相手の心の状態」に「自分の喋る内容」を嚙み合わせる方向へと修正させられます。相手の心の状態を見るとは、自我 ego による自己 self の恒常性維持の態様を見ること。目下《もっか》の喋りで相手がどんな自己像を維持したがっているのかを見ます。これを過剰に洗脳に引き寄せるのは誤りです。

恋愛がまともにできる人も、論争がまともにできる人も、まともな精神科医も、共通して相手の「自己の恒常性維持に向けた自我の働き」に反応します。ATでは「言葉に反応せず、オーラに反応しろ」と言われます。だから僕は討論に強い。競技ディベートの訓練をしたからではない。言外のオーラから相手が何を求めているのかを「なりきり」によって察知する訓練をしたからです。

平たく言えば、どのツボを押せば相手がどうなるかを相手に「なりきって」想像する訓練です。でも限界があります。討論番組で西部邁さんに「あなたの言うことは以下の3点で誤っています。1、2、3……」とやったら西部さんは帰っちゃった。ある視聴者から「宮台さんは論争に勝って動機付けに負けている」と指摘された。そう。僕にはアドラー*が言う「目標混乱」があったのです。

「相手よりも正しいことを言うこと」で相手やギャラリーを説得できると思っていたので「正しさ」に淫していました。でも相手やギャラリーの構えがシフトするのに必要なのは、「正しさ」ではない。そこを間違えました。今でも間違えます。僕には『正義から享楽へ』(blueprint) という本があるけど、正しいことより楽しいことを目指すことで、最終的に正しいことに目を向けて貰えます。

「正しさより楽しさだ」と気付いたのは深夜討論『朝まで生テレビ!』を出演辞退するようになってから。僕が出演すると視聴率が上がったのは、宮台一人対全員という演出が見世物的に楽しかったからに過ぎない。「相手よりも正しかったから勝てた、だから皆も今まで気づかなかった正しさに向けて動く」なんてことはなかった、僕が言ったことなど数時間で忘れられちゃう。

「正しいことを話せば受け容れてくれる」と考えた僕の錯誤は、「テクストよりコンテ

アルフレッド・アドラー
166ページ参照

クストを見よ」という教えを僕が充分に咀嚼していなかったからです。学者という生業を40年も続けてきた癖で、正しくない喋りを聞くと正しさをぶつけたくなります。それだと、相手の言葉尻を捉えて「それってただのあなたの感想ですよね」と煽る営みの痛快さと、大差がなくなります。

会場にいた子ども　それ、聞いたことある！

宮台　さーすが。僕の末っ子男児が小2のとき、僕が叱ったら「それってただのパパの感想ですよね」と来た。「何それ?」「学校の教室でみんな喋ってるよ」。みんなと言っても3人ぐらいだと思うけど(笑)、論破の享楽は小学生にも分かるくらいで、人を正しさに引き付けないんです。そんな、今でも克服しきれない僕自身の問題もあって、「言葉の自動機械・法の奴隷・損得マシンをやめて、言外・法外・損得外のシンクロに開かれよう」と言い続けてきたところが正直あります。

「ピュシスの歌を聴け」と、村上春樹のデビュー作『風の歌を聴け』ばりに呼び掛けるのは容易でも、その能力を鍛えるのは僕自身を振り返っても大変なことだと思います。だからこそますます「ピュシスの歌」を聴く能力を高める森のようちえんの営みが要求されざるを得ないのです。さもないと、すべての「正しさの要求」は、ローティ*が言うように「やってる感」で終わるでしょう。

*リチャード・ローティ
69ページ参照

あとがき　森のようちえんは、教育をはるかに超えた射程を持つ

宮台真司

教育に関わる近代の思考には二つの伝統があります。第一は、教育の良さを、子どもにとっての良さと見做す教育学の伝統です。第二は、教育の良さを、社会にとっての良さと見做す教育社会学の伝統です。後者は例えば「社会の存続」に資する「動機づけ→選別→動機づけ……」のメカニズムを問題にしました。

だから、教育学は教育の成功を主題化し、教育社会学は社会化の成功を主題化してきました。教育の成功とは、教育者の教育意図の局所的貫徹です。社会化の成功とは、社会による洗脳の全域的成功です。教育と社会化は全く異なります。だから、①教育の失敗が社会化の成功であり得るし、②教育の成功は社会化の失敗であり得ます。

①は、おおたさんと僕の母校である麻布中高の紛争期を事例として本文で示しました。②は、過去30年間いろんな本に書いてきましたが、学校での「良い子」（教育意図の貫徹）が、社会での「使えない人材」を生み出してきた昨今の日本の事例を想像すれば、思い半ばに過ぎます。

ただし社会化の成功失敗は「何が社会か」の準拠枠次第で変わります。教育者の価値観の物差し次第で一定の教育が成功視されるように、社会の同一性を定める価値観次第で一定の社会化が成功視されます。でも、人類史を遡り、長く続いた社会の共通項を参照すれば、価値観の恣意性を緩和できます。これを生態学的思考と言います。

近代社会の軸は思想・表現・信仰の自由です。価値観は違って当たり前という相対主義ゆえに、価値認識の可能性条件を考える「認識論」が優位になりました。その分、社会の存続を左右する生態学的全体性（自然生態系だけでなく社会生態系や両生態系の相互嵌入）という認識以前の事実を思考する「存在論」が忘れられます。

だからこそ、社会の存続の危機が主題化され、社会の存続の自明性が疑われるようになると、認識論から存在論への転回（存在論的転回）が生じます。学史上は二度生じました。第一次転回は、第一次大戦後の戦間期＝１９２０〜30年代です。第二次転回は、冷戦終焉とグローバル化開始＝１９９０年代半ば〜現在です。

第二次大戦後の製造業内需による稀有な中流化で、民主政が（一見）盤石化すると、「民主政を支える民主政以前的な前提」を考えるドイツ社会学から、「民主政の自明性」を前提にして「見えない権力」を思考するアメリカ社会学に移行し、社会学は第二次転回から残酷なほど取り残されました。

昨今の各国の民主制が出力する決定の出鱈目ぶりと、それを前提とした国際関係の出鱈目ぶりを、90年代半ばから政治学・政治哲学が「右傾化問題」として主題化しましたが、２００１年のブッシュJr.政権のネオコン化、２０１６年からのブレグジットやトランピズム化で、今や大衆に知られています。そう、皆さんも御存知のはず。

「民主政の民主政以前的な前提」とは、18世紀半ばからの思考伝統では感情能力（同胞を気にかける能力）で、感情能力の前提とは、19世紀末からの思考伝統では生活形式です。いわく、人間関係の共同性から便益を調達する生活世界を、市場や行政から便益を得るシステム世界が置き換えるほど、没人格化（ウェーバー）によって感情が劣化します。

他方、70年代ギブソンの生態心理学、80年代イリッチの生態学的社会学、90年代人類学の存在論化を経て、幼少期の身体的協働が培う身体能力こそ感情能力を前提付けるという当然の事実が見出され、翻って19世紀半ばからのプラグマティズム（内から湧く力に注目）や19世紀末からのシュタイナー（臨界期に注目）の先駆性も再認識されました。

だから僕は、２０１１年の東日本大震災後から、身体・感情能力を涵養する実践に乗り出しました。森のようちえんとのつながりは、コロナ禍前から宮台ゼミに所属していた、麻布中高の後輩おおたとしまさ氏との出会いの御蔭です。それで本書の元になる一連のトークがなされたという次第です。

いま流れを話してお伝えしたかったのは、森のようちえんは、僕が関わってきた森のキャンプ実践、海のカヤック実践、恋愛ワークショップ実践、親業ワークショップ実践、宗教ワークショップ実践などとひとつながりの、社会の存続可能性に関わる射程の大きなものだということです。子どもを勝ち組にするための非認知能力の養成ではありません。

生活世界を支えて来た自営業者をシステム世界に吸い上げることで生活世界を空洞化させてきた、70年代前半から一挙に進んだ「いい学校・いい会社・いい人生」の昭和スゴロク（本文で詳述）ですが、これは今や「沈みかけた船の座席争い」に過ぎず、森のようちえん実践はその外に出るためにあります。その理路を本文で御確認ください。

生成ＡＩの普及で、ほどなく多くの職種が人間からＡＩに置換されます。ベーシックインカムもその文脈で議論されるようになりました。そんな展開を20年前にハーバマスが見越しています。人間化したＡＩ、遺伝子改造で人間化した哺乳類、遺伝子改造でモンスター化した人間……未来の我々はどれを人間と見做すのか。人間的な存在を人間だと見做すのではないか。

複数の映画が描く通り、クズな人間（言葉の自動機械・法の奴隷・損得マシン）より、マトモな人間的ＡＩや人間化した哺乳類を、仲間にしたいと思うのが人間。だから僕らは「非人間的な人間」（クズ）よりも「人間的な非人間」（ＡＩや改造哺乳類）を人間だと感じるようになり、クズは、民主政のためにも、ＡＩによって効果的に隔離されるようになるでしょう。

ならば、体験デザイナー（親・教員・表現者・都市計画家……）は、隔離される「非人間的な人間」（クズ）の側に子どもが落ちないように──「人間的な非人間」（ＡＩや改造哺乳類）とコラボする資格が得られるように──育ち上がりの環境をデザインすべきです。森のようちえんがそのための最も有効な手立てであることを、御理解いただけたのではないでしょうか。

最後になりますが、ＮＰＯ法人森のＥＣＨＩＣＡ代表理事・葭田昭子さん、ＮＰＯ法人もあなキッズ自然楽校理事長・関山隆一さん、環境ＮＧＯ虔十の会代表・坂田昌子さんには、ご多用中にも拘わらず御登壇いただきました。本書を編集してくださった藁谷浩一さんは、全てのトークイベントに立ち会われて雰囲気を御確認いただいただけでなく、僕の作業が遅れたり複雑に加筆したりしたにも拘わらず、長期にわたる作業に携わっていただきました。御登壇いただいた方々と藁谷さんに、おおたとしまささん共々、心から御礼申し上げます。

本文の写真撮影地
写真①　森のようちえん「まるたんぼう」（鳥取県）
写真②　森の風こども園（三重県）
写真③　せた♪森のようちえん（滋賀県）
写真④　なかだの森であそぼう！（東京都）
※いずれも撮影はおおたとしまさ

撮影（帯）／野本ゆかこ

宮台真司（みやだい・しんじ）

1959年生まれ。社会学者。東京大学大学院社会学研究科博士課程満期退学。東京都立大学教授を長年つとめて2024年退官。著書は『制服少女たちの選択』（講談社）、『日本の難点』（幻冬舎新書）、『社会という荒野を生きる。』（ベスト新書）ほか多数。共著に『子育て指南書 ウンコのおじさん』『大人のための「性教育」』『こども性教育』（共に、ジャパンマシニスト社）など。

おおたとしまさ

1973年生まれ。教育ジャーナリスト。中高の教員免許をもち、私立小学校での教員経験、心理カウンセラーとしての活動経験もある。著書は『ルポ 森のようちえん SDGs時代の子育てスタイル』『不登校でも学べる 学校に行きたくないと言えたとき』『ルポ 無料塾 「教育格差」議論の死角』（以上集英社新書）、『男子校の性教育2.0』（中公新書ラクレ）ほか80冊以上。

子《こ》どもを森《もり》へ帰《かえ》せ

「森《もり》のようちえん」だけが、AI《えーあい》に置《お》き換《か》えられない人間《にんげん》を育《そだ》てる

2024年10月30日　第1刷発行

著　者　宮台真司《みやだいしんじ》　おおたとしまさ

発行人　茂木行雄
発行所　株式会社ホーム社
〒101-0051 東京都千代田区神田神保町3-29 共同ビル
電話 編集部 03-5211-2966
発売元　株式会社集英社
〒101-8050 東京都千代田区一ツ橋2-5-10
電話 販売部 03-3230-6393（書店専用）
読者係 03-3230-6080
印刷所　TOPPAN株式会社
製本所　ナショナル製本協同組合

ISBN 978-4-8342-5391-7 C0037